우리가 기댄 모든 것

SAKE WO YAMERARENAI BUNGAKUKENKYUSHA TO TABAKO WO
YAMERARENAI SEISHINKAI GA HONKI DE KATARIAKASHITA IZONSHO
NO HANASHI
Copyright © Toshihiko Matsumoto, Makoto Yokomichi, 2024
All rights reserved.
Original Japanese edition published by Ohta Publishing Company
Korean translation rights arranged with Ohta Publishing Company through
The English Agency (Japan) Ltd. and Danny Hong Agency (Korea)

Korean translation copyright © Gimm-Young Publishers, Inc., 2025

이 책의 한국어판 저작권은 대니홍 에이전시를 통한 저작권사와의 독점 계약으로 김영사에 있습니다.
저작권법에 의해 한국 내에서 보호를 받는 저작물이므로 무단전재와 무단복제를 금합니다.

우리가 기댄 모든 것

1판 1쇄 인쇄 2025. 9. 16.
1판 1쇄 발행 2025. 9. 23.

지은이 마쓰모토 도시히코·요코미치 마코토
옮긴이 송태욱

발행인 박강휘
편집 이승환 | 디자인 조명이 | 마케팅 고은미 | 홍보 박은경
발행처 김영사
등록 1979년 5월 17일(제406-2003-036호)
주소 경기도 파주시 문발로 197(문발동) 우편번호 10881
전화 마케팅부 031)955-3100, 편집부 031)955-3200 | 팩스 031)955-3111

값은 뒤표지에 있습니다.
ISBN 979-11-7332-339-3 03180

홈페이지 www.gimmyoung.com   블로그 blog.naver.com/gybook
인스타그램 instagram.com/gimmyoung   이메일 bestbook@gimmyoung.com

좋은 독자가 좋은 책을 만듭니다.
김영사는 독자 여러분의 의견에 항상 귀 기울이고 있습니다.

우리가 기댄 모든 것

술 못 끊는 문학 연구자와
담배 못 끊는 정신과 의사가 나눈
의존증 이야기

마쓰모토 도시히코,
요코미치 마코토

송태욱 옮김

일러두기
- 이 책의 원서에서 물질이나 행위에 병적으로 탐닉하는 상태를 뜻하는 다양한 단어(依存症, 嗜癖, アディクション, 中毒 등)는 한국어 독자에게 익숙한 '중독'과 '의존증' 등으로 맥락에 따라 적절히 번역했다.
- 정신질환 관련 용어는 《정신질환의 진단 및 통계 편람 제5판 수정판》을 따랐으나 일부 용어는 관용적이거나 원서에 쓰인 표현을 사용했다.
- 고전으로 분류, 인식되지 않는 문헌 중 한국에 번역 출간된 책은 각주에 한국어판 서지정보를 표기했다.
- '원주' 표시가 없는 각주는 모두 옮긴이 주이다.

여는 글

지금 이 책을 손에 든 당신은 어떤 사람인가요? 의존증 치료와 지원 분야의 전문가? 연구자? 의존증 당사자 또는 그 가족인가요? 아니면 그 어느 쪽도 아니고 그저 의존증에 관심이 있는 일반인인가요? 아니, 어쩌면 의존증 같은 것에는 털끝만치도 관심이 없으나 이상한 표지 디자인과 별나게 긴 책 제목*이 눈에 들어와 무심코 이 책을 집었을 뿐인 지나가는 사람일지도 모르겠네요.

  물론 어느 쪽이든 상관없습니다. 이 책을 골라주셔서 정말 감사합니다. 그리고 말이 나온 김에 한 가지 부탁드리고 싶습니다. '시시히디'며 이 책을 덮어버리기 전에, 조금만 더

• 이 책의 원제를 우리말로 옮기면 '술을 끊지 못하는 문학 연구자와 담배를 끊지 못하는 정신과 의사가 진솔하게 털어놓는 의존증 이야기'가 된다.

읽어주셨으면 합니다.

이 책은 의존증—여기서 의존증이란 알코올이나 약물과 같은 의존성 물질에 대한 의존증뿐만 아니라, 도박이나 게임과 같은 비물질(행위) 의존증도 포함하여 '그만둘 수 없고, 멈출 수 없는' 현상을 통틀어 이르는 말입니다—에 대한 다소 색다른 서신 교환집입니다.

어떤 점이 색다르냐 하면, 아마도 다음 세 가지 사실에서 그럴 것입니다. 첫째, 의존증 당사자인 문학자와 의존증 치료 전문의가 조합을 이뤘다는 점입니다. 둘째, '통설'이나 '학계의 공식 견해'를 고려하지 않고 거침없이 이야기해나간다는 점입니다. 마지막으로, 당사자든 전문의든 의존증을 어디까지나 '자신의 일'로 여기며 이야기한다는 점입니다.

의존증이란 어떤 '병'일까요? 어쩌면, 병이라고 하기엔 애매한 '문제' 같은 걸까요?

간단히 말하자면, **의존증이란 '그만둘 수 없고, 멈출 수 없는' 것을 자신이 어찌할 도리가 없게 된 상태를 의미합니다.** 이 '그만둘 수 없고, 멈출 수 없는' 대상에는 다양한 종류가 포함됩니다. 술, 담배, 카페인 등 각종 약물과 같은 의존성 물질의 사용, 그리고 도박이나 게임처럼 특정 행동을 지나치게 즐기는 경우도 이에 해당합니다. 현재로서는 공식적인 진단명으로 인정되지 않지만, 폭식, 손목 자해, 쇼핑, SNS, '덕질', 나아가 포르노 사이트 열람, 강박적 자위, 일탈적 섹스 등도 이러한 '그만둘 수 없고, 멈출 수 없는' 상태로 이어질 가능성을 내포하고 있습니다.

하지만 이런 것들과 전혀 관련이 없는 사람, 지금까지 한 번도 이런 경험을 해본 적이 없는 사람이 과연 있을까요?

이것이 어려운 점입니다. 앞에서 언급한 행동들은 하나하나 따져보면 경험자가 적지 않고, 그중에는 인간이라면 누구나 한 번쯤 경험해본 것이 상당수 있기 때문입니다. 설령 그것이 다소 지나치다고 하더라도, 결국 취향의 문제로 볼 수도 있고, 기껏해야 나쁜 습관 정도로 여길 수 있는 일인데 굳이 '의존증'이라는 병명을 붙일 필요가 있느냐는 반론도 충분히 가능합니다.

애초에 습관과 의존증 사이에는 명확한 경계가 없다고 볼 수 있습니다. 물론 의존증에 대해 '그 행동이 가져다주는 장점보다 단점이 더 큰데도 그것을 그만두지 못하는 상태'라고 설명할 수는 있겠지요. 하지만 그렇다면 과연 무엇을 장점으로, 또는 단점으로 간주할 것인가에 대한 기준은 여전히 명확하지 않습니다. 적어도 그 기준은 의학적으로 정립된 것이 아니라, 오히려 개인의 성향이나 문화적, 제도적 차이에 따라 달라진다는 것이 진실이겠지요.

게다가, 자신이 의존증에 빠져 그 치료를 위해 의존 대상을 끊었다고 해도 그것이 근본적인 해결로 이어졌는지는 여전히 의문으로 남습니다. 이는 '그만둘 수 없고, 멈출 수 없는' 대상이 '끊임없이 변하는' 특성을 가지고 있기 때문입니다. 실제로 금주를 시작한 뒤 담배를 더 피우게 되거나 단 음식을 과식하게 되는 경우, 혹은 금연했더니 커피나 차를 과도하게 마시게 되는 경우는 익히 잘 알려져 있지요. 물론 이러한 변화가 반드시 의존증 수준에 이르는 것은 아니지만, 그 나름대로 건강이나 경제적 안정에 악영향을 미칠 정도로 심해질 수도 있습니다.

이렇게, 지나치게 즐기는 대상의 변천까지 포함해서 모든 것을 "안 돼, 절대 안 돼"라고 제한하며 치료나 지원 대상으로 삼는 것은 비현실적입니다. 더군다나 그런 '중독 단속반' 같은 사회가 살기 편할 리 없습니다. 저 역시 담배뿐만 아니라 몹시 매운 카레나 탕면을 먹는 것 같은 자해적 성향의 악습에 기대어 어떻게든 살아가고 있다고 느끼곤 합니다. 개인적으로는, **사람이 건강하게 살아가기 위해서는 어느 정도 건강에 해로운 요소도 필요하다**는 사실을 소리 높여 외치고 싶을 정도입니다.

이런저런 생각을 해보면, 지금까지 의존증 치료 및 연구 현장에서 '진실'로 여겨졌던 많은 것들이 사실은 마치 치조농루齒槽膿漏에 걸린 잇몸처럼 취약한 기반 위에 세워진 잠정적인 가설에 불과하다는 것을 깨닫게 됩니다.

이 서신 교환에서는 기존의 정설과 통설을 일단 내려놓고, 의존증과 그 주변에서 일어나는 '진짜 이야기'를 과감히 전달하려 합니다.

여기서 이 서신 교환이 탄생한 과정을 조금 말해두는 것이 좋을 것 같습니다.

발단은 2022년 말경, 다이칸야마 쓰타야 서점에서 오기우에 지키 씨와 함께 대담했던 자리로 거슬러 올라갑니다. 이 대담은 오기우에 씨의 편저 《종교 2세*》(오타출판사)의 출간 기념 북토크였습니다. 이 책에서 개인적으로 가장 흥미롭게 느낀 것은 요코미치 마코토 씨가 기고한 챕터였습니다.

요코미치 씨는 이 행사에 온라인으로 참가해주었고, 그때 처음으로 대화를 나누게 되었습니다. 현장에는 편집자 후지사와 지하루 씨도 함께 자리하고 있었습니다. 그렇게 해서 그 자리에서 정말 '하늘에서 뚝 떨어진 듯한' 기획이 탄생하게 되었고, 이야기가 순조롭게 착착 진행되어 놀랍게도 이듬해 4월에는 이미 이 책의 원작이 되는 연재가 시작되었습니다.

그렇지만, '술을 끊지 못하는 문학 연구자와 담배를 끊지 못하는 정신과 의사가 진솔하게 털어놓는 의존증 이야기'라는 제목을 처음 접했을 때, 저는 꽤나 거부감을 느꼈습니다.

• '종교 2세'란 종교를 믿고 있는 가정에서 태어나 어린 시절부터 본인의 의사와는 무관하게 종교 생활을 강요받으며 자란 사람을 말한다. 특히 일본에서는 사이비 종교 또는 신흥종교 신자의 2세를 지칭하는 경우가 많으며, 이로 인해 다양한 사회적 문제가 발생하고 있다. 대표적인 사례로, 2022년 7월 8일 발생한 아베 신조 전 일본 총리 피살 사건의 범인 야마가미 데쓰야가 종교 2세였으며, 그의 범행 동기 중 하나로 이러한 배경이 지목되기도 했다.

아무리 그래도 저는 의료인입니다. 그런 제가 "흡연자입니다", 더구나 "담배를 끊을 수 없고 끊을 생각도 없습니다"라고 고백한다는 것은, 전대미문을 넘어 자포자기나 다름없고, 거의 자폭 테러에 가까운 행동이라고 할 수 있습니다. 이는 의사 자격이 없다고 단죄되어 의료계에서 추방당할 각오를 해야 할 정도로 심각한 문제일 수 있습니다. 자칫 잘못하면, 금연학회 관계자가 보낸 자객을 두려워하며 망명객으로 평생 음지의 삶을 살아야 할지도 모릅니다.

요컨대, 이것이 오늘날 담배와 그 애호가들이 처한 현실입니다. 불법 약물 사용자에 대한 낙인 감소와 인권 존중을 주장하는 위해성 감소 harm reduction 연구자조차도 담배만은 예외처럼 여기는 경우가 많습니다. 학회 등에서 '가열식 담배의 위해성 감소 가능성'과 같은 주제를 언급하면 도끼눈을 뜨고 노려보는 반응을 받는 일이 드물지 않습니다. 지금도 의존증 임상 분야에는 "마쓰모토는 '자기 치료 가설'을 자신의 흡연을 정당화하기 위한 논리로 악용하고 있다"고 비난하는 동료들이 존재합니다.

어쨌거나 결국 각오하기로 했습니다. '그쪽'으로부터 경멸과 혐오를 받더라도, 업계 내에서 호감도가 떨어지더라도, 두려워하지 않기로 결심했습니다.

아울러 '그쪽'에 대해 부연하자면, 의존증 임상 분야에서는 환자에게 금주나 약물 중단을 권하는 것이 일종의 속죄 행위인지, 과거부터 스스로 금주나 금연을 실천하는 전문가들이 일정 비율 존재해왔습니다. 물론 저는 그러한 삐뚤어진 청교도주의 자체를 부정하지는 않습니다. 하지만 '같이 끊자'는 암웨이식 권유는 자제해줬으면 좋겠다고 늘 생각합니다. 이런 권유를 받을 때마다, '아, 이 사람도 그쪽인가' 하고 내심 낙담하게 되는데, 여기서 말하는 '그쪽'은 바로 그런 의미를 담고 있습니다.

편견 가득한 제 사견을 덧붙이자면, 세상 사람들은 두 부류로 나뉩니다. 하나는 화려한 파티장에서 다수의 높은 분들과 인사를 나누고 명함을 돌리며 인맥 쌓기와 반짝이는 사교 활동에 열중하는 다수파입니다. 다른 하나는 파티장의 떠들썩함을 견디지 못하고 틈을 봐서 바깥의 으슥한 곳(대개는 흡연실 같은 곳이지요)으로 빠져나가, 같은 '아싸'(아웃사이더) 동료들과 모여 잡담을 나누고 은밀한 모의를 즐기는 소수파입니다. 그리고 말할 것도 없이, 저는 후자입니다.

'좋은 기회다, 이제 그만하자'라고 생각했습니다. 계속 자신을 미숙한 풋내기라고만 여기며 살아왔는데, 어느새 정신을 차려보니 나이도 꽤 들었고, 환갑까지도 슬슬 카운트다운에 들어갔네요. 이제 와서 자신을 숨기며 살아가는 것은 더 이상 불가능하다고 판단했습니다. 이런 결심 끝에 이 제목을 받아들이기로 했습니다.

아무리 그래도 막상 연재가 시작되니 놀라움의 연속이었습니다. 그중에서도 특히 두 가지가 저를 깜짝 놀라게 했습니다. 하나는 요코미치 씨의 놀라울 정도로 빠른 집필 속도였고, 또 하나는 자기 마음의 속살까지 드러내는 대담한 모습이었습니다. 특히 후자의 경우, 저에게는 정말 충격적이었고, 동시에 괴로움도 느꼈습니다. 저 역시 지금까지 저서에서 자기 노출을 한 적이 있지만, 그것은 이를테면 적나라한 듯하면서도 보호막을 갖춘 상태에서의 노출에 불과했습니다. 요컨대, 자신의 안전을 철저히 확보한 상태에서 일종의 연기를 한 것에 지나지 않았던 것입니다.

그런데 요코미치 씨는 먼저 스스로 벌거벗은 채 "헤이, 도시!" 하고 쾌활하게 손을 흔들어주었습니다. 그것이 저에게는 "너 설마 '수영 팬티를 입고 온천에 들어가는, 수학여행을 간 초등학교 6학년생' 같은 짓은 하지 않겠지?" 하고 말하는 듯한 암묵적인 압박으로 다가와, 연재가 진행되는 동안 저는 보호막은 물론 그 속의 가리개마저 벗겨지는 듯한 느낌에 계속 시달렸습니다.

그 효과였던 걸까요? 지금 전체를 다시 읽어보니, 제 단독 저서였다면 도저히 쓰지 못했을 것 같은 문장들이 여기저기 눈에 띕니다. 아마도 이 서신 교환을 통해 저는 지금까지 몰랐던 새로운 자신을 만났고, 혼자였다면 결코 표현하지 못했을 것들을 표현할 수 있었던 것 같습니다.

이 모든 것은 요코미치 마코토라는 뛰어난 '당사자 임상 철학자'가 만들어낸 놀라운 촉매 효과라고 생각합니다. 다시 한번 요코미치 마코토 씨에게 진심 어린 감사를 전하고 싶습니다. 그리고 감히 말하자면, 제가 망설이며 주뼛주뼛 벗은 최후의 가리개가 요코미치 마코토 씨에게도 영향을 미쳐, 그의 사색을 더욱 깊고 멀리 뻗어나가게 하는 데 일조했을 거라고 믿습니다. 그 결과물이 바로 이 서신 교환집입니다. 그러므로 이 책은 오늘날의 의존증과 그 주변을 둘러싼 '정통적이지 않은 논의'에서 하나의 결실이라고 자부합니다.

  마지막으로, 연재 기회를 만들어주고, 한 차례 편지 교환이 끝날 때마다 칼럼을 기고해준 오타출판사의 후지사와 지하루 씨, 그리고 마지막 장의 정담에 협조해 이 책을 더욱 빛내주신 공익사단법인 '도박 의존증 문제를 생각하는 모임'의 대표이사 다나카 노리코 씨께도 이 자리를 빌려 깊이 감사의 말씀을 드립니다.

  이 책이 의존증 치료 및 연구, 지원 분야를 넘어 많은 분들에게 읽히기를 진심으로 기원합니다.

2024년 8월
마쓰모토 도시히코

차례

여는 글 • 마쓰모토 도시히코 • 5

1 헤이, 도시! ——————————— 18
   요코미치 마코토, 2023년 4월 7일

   마코토의 의존 편력 — 절도, 섹스, 과식 그리고 술 • '왜 그런지 나만 잘 안 된다' • 의존증 전문 의사와의 만남

2 헤이, 마코토 ——————————— 28
   마쓰모토 도시히코, 2023년 4월 9일

   의지와 무관한 인사 발령과 의존증 자조모임과의 만남 • 의존증이란 무엇인가 — '의존'과 '의존증'의 차이 • 사람은 왜 의존증에 빠지는가 — 자기 치료 가설

3 자조모임과 지옥으로 가는 타임머신 ——————— 41
   요코미치 마코토, 2023년 5월 2일

   익명의 알코올중독자들(AA)과의 만남 • '종교 2세'의 트라우마와 자조모임의 종교색

4 "안 돼, 절대 안 돼"보다는 '회복 커뮤니티' ——————— 50
   마쓰모토 도시히코, 2023년 5월 5일

   자조모임에 대한 의사의 열등감 • 자조모임의 종교색 논란의 유래 • 젤리넥 곡선에 대한 의심 • "안 돼, 절대 안 돼"로는 효과가 없다 • 금주보다는 '회복 커뮤니티'

5 무력함의 수용과 회복 커뮤니티 ——————— 63
   요코미치 마코토, 2023년 5월 6일

   무력함의 수용과 남자다움이라는 병 • 자조모임의 활동 — 당사자 연구와 오픈 다이얼로그

6   한참 뒤처진 의존증 임상 ——————————— 72
    마쓰모토 도시히코, 2023년 5월 7일

    도처에 있는 회복 커뮤니티 • 자조모임 내 위계 구조와 '준비된 당사자' 문제 • 위해성 감소란 무엇인가 • 회복 커뮤니티에 필요한 것

7   당사자 이미지의 복잡성과 새로운 자조모임을 찾아서
    ——————————————————————— 85
    요코미치 마코토, 2023년 5월 31일

    미화할 수 없는 당사자들 • 중독과 잘 지내는 법 • 정신질환의 동반이환과 의존증

8   '힘들게 하는 사람'은 '힘들어하는 사람'
    — 자기 치료와 중복 장애 ——————————— 95
    마쓰모토 도시히코, 2023년 6월 10일

    약물 의존증과 발달장애 • ADHD는 어디까지 치료해야 할까 • '자기 치료'는 도처에 있다 • 치료와 지원의 틈새 • '힘들게 하는 사람'은 '힘들어하는 사람'

9   헤이, 도시(다시) ——————————————— 108
    요코미치 마코토, 2023년 6월 23일

    마코토의 중복 장애와 자기 치료 • 의존증과 정상적 의존의 경계

10 왜 사람은 뭔가에 빠지는가? ——— 119
마쓰모토 도시히코, 2023년 7월 19일

다시 한번 '의존증의 본질은 무엇인가'의 문제 • 물질보다는 행위가 중요하다 • 누구나 의존증의 맹아를 갖고 있다 • 놀이의 중독성과 치료적 기능 • 의존증의 약물요법에서 보이는 것들

11 신사 숙녀로서 도파민을 즐기는 방법 ——— 133
요코미치 마코토, 2023년 7월 20일

물질 의존과 행위 중독 • 즉각적인 보상과 관계 맺는 방법의 모색 • 약과 자조모임

12 대마초, 소년의 성 피해, 남자다움이라는 병 ——— 148
마쓰모토 도시히코, 2023년 9월 5일

대마초 사건 보도에 대한 분노 • 자니즈 문제와 각성제 • 남자다움 실격자 · 낙오자로서 • 타인을 멀리하기 위한 담배

13 자기 노출에 대한 장벽과 상담할 수 없는 병 ——— 163
요코미치 마코토, 2023년 9월 25일

'생산성' 있는 활동에 대한 의존 • 국제적 관점에서 본 일본의 문제 • 자신을 온전히 드러낸 도시에게 경례 • 상담할 수 없는 병

14 평범한 상담, 도요코 키즈가 모이는 장소 ——— 178
마쓰모토 도시히코, 2023년 10월 18일

'평범한 상담'을 할 수 없었던 약물 의존증 치료 • 시판 약 남용 — 정신과 의사의 승산 없는 싸움 • 규제와 위협으로는 안 된다 • 환각제, 신화, 새로운 커뮤니티

15 의존증과 공동체, 동료 네트워크에 대한 기대 ——— 194
요코미치 마코토, 2023년 10월 21일

정신분석에 대한 생각 • 몰입 상태와 공동체 • 마코토가 복용하는 여러 가지 약 • 신고보다는 회복 • 우라카와 베델의 집 — "손을 움직이기보다 입을 움직여라"

16 의존증 가족 지원과 너무 강하지 않은 관계 —— 209
마쓰모토 도시히코, 2023년 12월 1일

연결을 다시 생각하다 • 고립되는 의존자 가족 • 가족 지원의 중요성과 과제 • '손을 놓다', '관계를 끊다' 이외의 선택지 • 주치의는 누구 편인가 • 유대는 중요하지만……

17 의존증을 일으키는 것은 트라우마? ADHD? 아니면? —— 226
요코미치 마코토, 2023년 12월 3일

몰입 체험, 중독, 이야기 • 당사자 지원은 가족 지원에서부터 • 죽고 싶다는 생각과 중독

18 중독과 죽음을 응시하며 —— 240
마쓰모토 도시히코, 2023년 12월 28일

고립과 자살 • 중독과 죽음은 표리일체 • 중독은 회복의 시작 • 이야기의 재가동에 필요한 것

특별 정담
도박 중독 문제를 생각하다 —— 257
게스트: 다나카 노리코, 2024년 4월 30일

도박 중독의 현재 • 치유의 장이 된 경정장 • 마코토가 도박에 빠지지 않은 이유 • 도박 중독에 빠진 사람은 일을 잘할 수 있을까? • 당사자는 좀처럼 알아차릴 수 없다 • 자인과 회복 • 앞으로의 의존증 대책 • 도박 중독자 가족에 대한 지원

닫는 글 • 요코미치 마코토 • 290

찾아보기 • 294

추천의 글 • 303

1. 헤이, 도시!

요코미치 마코토, 2023년 4월 7일

마코토의 의존 편력 - 절도, 섹스, 과식 그리고 술

헤이, 도시! 처음 만나 의논할 때 이 서신 교환에서는 '마쓰모토 선생님'이나 '요코미치 선생님'이 아닌, 서로 '도시'와 '마코토'라고 부르기로 한 것이 참 기뻤습니다. 익명의 알코올중독자들AA과 같은 '익명 계열', 혹은 '12단계 계열'로 불리는 자조모임에서 참여자들이 서로 "헤이! ○○"이라고 부르는 것을 보고 "우와, 이거 실화냐?", "여기가 서양인가!" 하고 놀랐던 기억이 납니다. 그러면서도 한편으로는 제가 그런 '인싸'처럼 될 수는 없을 거란 생각에 살짝 동경하는 마음이 생겼던 것 같습니다. 답장을 보낼 때는 저와 마찬가지로 '아싸'를 자처하는(의논할 때 그러셨지요) 도시도 꼭 "헤이, 마코토!"라는 말로 시작해주시면 정말 기쁠 것 같습니다.

저는 의존증 환자입니다. 의존증의 시작은 초등학교 3,

4학년 때 클렙토마니아kleptomania, 즉 병적 도벽이 생긴 일이었습니다. 처음에는 단순히 갖고 싶은 물건이 있어서 절도 행위를 시작했지만, 점차 절도 자체에 빠져들어 갖고 싶지 않은 물건까지 훔치게 되었습니다. 그렇게 4년에서 5년 정도 지속되다가 결국 잡히는 일이 생겼고, 그때 부끄러움을 느껴 고칠 수 있었습니다. 이후로는 절도 행위를 하지 않았기 때문에 의존증 정도는 얕았을지도 모르겠습니다. 하지만 그 시절의 절도 행위는 제가 처음으로 명확하게 '가해자'가 된 경험이었기에, 오랫동안 조용히 마음속에 묻어두었습니다. 자조모임 경험을 바탕으로 책을 내게 되어도, 좀처럼 고백할 수 없었습니다.

조금 늦게 자위를 배웠는데, 원숭이처럼 푹 빠지게 되었습니다. 아니, 이런 표현은 원숭이에게 실례가 되겠네요. 원숭이가 자위에 병적으로 빠지는지 어떤지 저는 모르니까요. 어쨌든 공상 속의 원숭이 같은 이미지로 푹 빠져서 20대 무렵에는 성적인 일탈에 탐닉했습니다. 그래서 저는 '섹스 의존증'에 관심이 있습니다. 이른바 섹스 의존증은 아직 의존증인지 어떤지 결론이 나지 않았고, 제11차 국제질병분류 ICD-11에서는 '강박적 성행동 장애'라 부르는 것으로 알고 있습니다. 빨리 의존증으로 인정받으면 좋겠습니다. 술이나 약물뿐 아니라 도박도 의존증으로 인정되고 있으니, 섹스도 당연히 의존증일 거라고 저는(비전문가라서 그런지 모르겠지만) 생각합니다.

다른 의존증으로는 과식이 있습니다. 섭식장애도 의존증의 일종으로 여겨지고 있다고 들었습니다. 원래는 자폐스펙트럼장애 아동답게 저도 편식이 무척 심하고 소식이나 거식으로 고생했는데, 점심시간에 밥을 다 먹은 아이들이 주변에서 교실 청소를 시작해도 혼자 울며 싫어하는 채소를 씹고 있는 하루하루가 너무 싫어서 '오늘부터 뭐든지 먹겠다!' 하고 결심했습니다. 요령은 맛을 느끼지 않도록 거의 씹지 않고 삼키는 것이었는데, 그렇게 해서 뭐든지 먹을 수 있게 되었습니다만 그것이 과식으로 이어져 비만 경향이 있는 아이가 탄생해버렸습니다. 안타깝게도 저는 인생의 대부분을 '경도 비만'으로 살아왔습니다. 40대 중반이 된 지금, 이제 슬슬 어떻게든 해보고 싶지만 좀처럼 빠지지 않아 고민입니다.

그건 그렇고, 작년에 오랜 과식으로 인해 결국 당뇨병 진단을 받았습니다. 혈당치를 낮추기 위해 매일 몇 번씩 배에 주사를 맞고, 당분이 많은 음식을 절제하며 섭취하는 생활을 하게 되었습니다. 늘 즐기던 아이스크림과 초콜릿과 작별하고, 주스 같은 음료도 마시지 않으며, 매일 제로칼로리 코카콜라, 유산균 음료 칼피스, 스포츠 음료를 마시며 식욕을 달래고 있습니다. 밥, 빵, 면류 등 탄수화물 섭취를 줄이기 위해 미각적 쾌감을 줄 수 있는 육류를 많이 먹었습니다. 그 결과 혈당치는 감소했지만, 콜레스테롤 수치가 올라갔고, 결국 혈당을 낮추는 약 외에도 콜레스테롤 수치를 낮추는 약까지 처방받게 되었습니다. 이것은 먹는 약이라 더 슬

프네요.

　제가 가장 의존해온 것은 뭐니 뭐니 해도 술입니다. 1년 재수 후 열아홉 살에 대학에 입학하면서 학과 교수들에게 술을 배워 술꾼으로 거듭났습니다. 봄의 신입생 합숙 때, 새벽까지 계속 마시는 술자리가 있었는데, 제가 "더는 못 마시겠다"라고 하니 "남자 주제에 한심하기는" 하며 비난을 하고 경멸의 눈초리를 보내더군요. 1990년대 말의 공립대학에서도 그런 상황이었습니다. 그로부터 11년 후 모교에 전임교수로 부임했을 때, 동료가 된 저의 스승들이 입학식 후 학과 설명회에서 "미성년자가 술을 마시면 절대 안 된다"라고 힘주어 말하는 모습을 보며, "더는 못 마시겠다"라고 말했을 때 저를 쳐다보던 경멸의 눈빛이 떠올랐습니다. 시대의 흐름, 또 사람의 변화란 참 무섭다는 생각이 드네요.

'왜 그런지 나만 잘 안 된다'
이러한 개인적인 의존증 역사는 어린 시절부터 정신질환과 관련된 문제를 안고 살아온 데서 비롯되었다는 것이 저의 자기 분석입니다. 돌이켜보면, 정신질환에서 비롯된 고통에서 벗어나려 할 때마다 의존증 문제가 늘 가까이 있었던 것 같습니다. 도시가 소개해준, 의존증은 쾌락에 빠지기 위해서가 아니라 고통에서 벗어나기 위해 빠져드는 것이라는 '자기 치료 가설'은 무척 설득력이 있는 것 같습니다.
　유치원, 초등학교, 중학교, 고등학교, 대학, 대학원 때까지 '왜 그런지 나만 잘 안 되는 상황이 많다'고 계속 느꼈고, '이른바 학교 사회가 나와 잘 맞지 않는구나' 하고 생각했습니다. 그런데 사회인이 되어 일을 시작하니 놀랍게도 '일반 사회가 더 맞지 않는다'는 것을 알게 되었습니다. 인간관계는 잘 풀리지 않았고, 매일같이 플래시백flashback•이 일어나서(저는 이를 '지옥으로 가는 타임머신'이라고 부르고 있습니다) 결국 술에 빠져들게 되었습니다. 집에 돌아와 저녁 6시부터 11시까지 계속 술을 마시며 몇 번이고 편의점에 가서 술을 더 사왔고, 날이 바뀔 무렵에야 잠들었습니다. 열여덟 살부터 마흔네 살인 지금까지 간이 쉬었던 날은 총 30일도 안 되는 것 같습니다. 결국 수면 장애를 겪게 되었고, 우울한 상태에 빠져 휴직하기에 이르렀습니다.

의존증 이외에도 저는 발달장애가 있습니다. 마흔 살에 휴직한 뒤 처음으로 정신과 클리닉에 다니며 검사를 받고 알게 되었습니다. 자폐스펙트럼장애ASD(의사소통의 어려움, 집착, 감각 과민 등이 특징)와 주의력결핍 과잉행동장애ADHD(과잉행동, 충동, 부주의 등이 특징) 진단을 받았으며, 다른 발달장애도 가지고 있습니다. 발달성 협응장애DCD(심각한 서투름과 몸치가 특징)와 특정학습장애SLD(읽기, 쓰기, 산술연산 등에 능숙하지 못함이 특징)의

• 과거의 경험이나 그 경험의 일부를 비자발적으로 갑자기, 보통 강렬하게 재경험하는 심리적 현상.

경향이 있으며, 어렸을 때 상당히 심했던 틱장애의 흔적도 남아 있습니다. 발달장애 범주에 속하는 여러 정신질환이 동반된 상태입니다.

　진단을 받은 후 한동안 발달장애 문제를 전문으로 하는 클리닉에 계속 다녔습니다. 그러던 중 발달장애인 지원센터에 근무하는 지원자에게 술을 대하는 방식을 재검토할 필요가 있다는 지적을 받게 되었고, 그의 권유로 의존증 전문 클리닉에 다니기 시작했습니다. 한동안 두 클리닉을 동시에 다녔지만, 현재는 의존증 전문 클리닉에만 다니고 있습니다.

　저는 요즘 화제가 되고 있는 '종교 2세'이기도 합니다. 초등학교 저학년 때 부모님이 여호와의 증인에 입교하면서 생활이 크게 달라졌습니다. 일주일에 두 번은 밤에, 한 번은 낮에 모임에 나가 성경 공부를 했습니다. 그 외에도 일주일에 한 번 저녁에는 어린이를 위한 성경 이야기를 동료 신자들로부터 배우는 날이 있었습니다. 여호와의 증인은 오랫동안 '수혈 거부'로 유명했는데, 최근에는 '채찍질'과 '기피' 문제로도 주목받고 있습니다. 기피란 교단 내 규칙을 어긴 사람(대부분 결혼 전에 성행위를 한 사람)을 공개적으로 따돌림하는 '배척'과 탈퇴를 표명한 신자와의 인연을 끊는 '단절'을 의미하는데, 이것이 인권 침해가 아니냐는 논란을 일으킨 것입니다. 채찍질 문제는 과격한 체벌, 즉 부모 신자가 자녀 신자에게 가하는 신체적 폭력 문제를 말합니다. 저는 교통사고 등의 경험이 없어서 수혈 거부 문제와는 무관하고,

어릴 때 빠져나와 기피와도 무관하지만, 채찍질 문제에서는 큰 고통을 겪었습니다. 채찍으로는 가죽 벨트나 자 등이 쓰이는데, 저희 집에서는 가스 호스가 사용되었습니다. 그 딱딱한 고무 호스로 맞으면 굉장히 아파서 악몽 같았지요.

채찍질을 당할 때는 자신이 유체이탈하는 것을 느꼈습니다. 어머니에게 비난을 당하고, 한두 시간 동안 무릎을 꿇고 앉아 있어야 하고, 가스 호스로 엉덩이를 마구 맞고, 품에 안겨서는 '다 사랑해서 이러는 거야'라는 말을 듣는, 그런 일련의 행위를, 제 몸을 벗어난 제가 멀리서 냉담하게 내려다보고 있었습니다. 그 시기부터, 분열된 자신은 제 의식 속에 계속 남게 되었고, 그로부터 30여 년이 지난 지금도 그대로 남아 있습니다. 만화 〈죠죠의 기묘한 모험〉에 나오는, 등장인물의 특수한 능력을 시각화한 '스탠드'•와 같은 느낌이라고 할까요? 어쩌면 〈죠죠의 기묘한 모험〉의 작가 아라키 히로히코도 그런 신체 감각이 있어서 스탠드라는 발상에 도달한 것이 아닐까 하는 상상을 하곤 합니다.

진단을 받은 것은 아니지만, 저에게는 복합성 외상후 스트레스장애c-PTSD도 있다고 생각합니다. 외상후 스트레스장애를 유발할 수 있는 상황에 장기간 노출되어 PTSD가

• 사용자의 정신과 생명 에너지가 구현된 존재로, 초자연적인 능력을 가진 '또 다른 나'와 같은 존재. 보통 같은 스탠드 유저에게만 보이며 일반인은 인지할 수 없다.

더욱 복잡해지고 심각해지는 경우로, 이는 정신과 의사 주디스 허먼이 제안한 개념입니다. 과거의 사건이 간헐적으로, 재구성된 기억으로 떠오르는 것이 아니라 맥락 없이 플래시백 형태로 나타나는 증상은 자폐스펙트럼장애에서도 관찰된다고 알려져 있으며, 정신과 의사 스기야마 도시로 씨는 이를 '타임슬립 현상'이라고 명명했습니다. 일반적으로는 사소한 사건이 자동으로 재생되는 현상인 것 같습니다. 하지만 저의 경우 어린 시절부터 성인이 된 후까지의 가슴 답답했던 경험들이 뒤죽박죽으로 플래시백되므로, 이는 자폐스펙트럼장애의 특성이라기보다는 복합성 PTSD에 더 가깝다고 생각합니다. 복합성 PTSD는 2022년에 출간된 미국정신의학회의 《정신질환의 진단 및 통계 편람 제5판 수정판DSM-5-TR》에서는 아직 공식적인 정신질환으로 채택되지 않았지만, 2019년 제11차 국제질병분류에는 정신질환으로 등재되었습니다.

 2010년대에는 서양에서 종교적 트라우마 증후군RTS이라는 개념이 알려졌습니다. 종교 자체는 악이 아니지만, 인간이 조직을 운영하기 때문에 당연히 여러 미비점이 존재합니다. 따라서 경우에 따라 신자에게 해를 끼칠 수도 있습니다. '독성 부모toxic parents'가 아닌 '독성 종교'라 할 수 있겠습니다. 종교단체에 시달리며 정신질환을 연상시키는 증상이 나타난다는 개념은 심리학자 마를린 위넬이 주장한 것으로, 이 개념은 일본에서는 아직 거의 알려지지 않았기 때문에 널리 알려지면 좋겠습니다. 종교적 트라우마 증후군은 기본적으로 복합성 PTSD가 종교 문제와 얽혀서 나타나는 것이기 때문에, 이를 공식적인 '정신질환'으로 간주하기에는 다소 무리라고 생각합니다. 제가 정신의학이나 심리학을 전문으로 하는 지원자들, 즉 정신과 의사나 심리사들과 대화를 해봐도, 종교 문제에 대해서는 효과적으로 대응하지 못하는 경우가 많은 것 같더군요. 이러한 상황이 개선되면 좋겠습니다. 물론 종교적 경험으로 고통받는 환자들이 '어차피 말해도 소용없을 것'이라고 예상하여 처음부터 이를 화제로 삼지 않는 것도 그런 상황의 원인일 수 있겠습니다.

의존증 전문 의사와의 만남

의존증 전문 외래 진료를 받으면서 제 인생은 많이 달라졌습니다. 아직 술을 완전히 끊지는 못했지만, 이전처럼 무모하게 마시던 일은 많이 줄어들었습니다. 제 판단으로는, 일단 '적당히 마시는' 수준으로 유지해나갈 수 있지 않나 생각합니다. 물론 남들이 보면 다르게 받아들일 수도 있겠지만요. 도시가 전파하는 '위해성 감소'라는 사고방식이 참 훌륭하다고 생각해서 감동하고 있습니다. 술을 끊는 것은 어렵지만, 의존증의 해로움을 확 줄이는 것이라면 할 수 있다는 사실이 저에게 희망의 빛이 되었습니다.

그런데 의존증 치료를 위해 다니던 클리닉 2층에서 AA, 즉 익명의 알코올중독자들 모임이 열리고 있었습니다. 그곳에서 처음으로 자조모임을 경험할 수 있었고, 이후 곧 자조모임을 직접 주관하게 되었습니다. 그 활동은 제 인생에서 결정적인 의미를 가지게 되었습니다만, 이 이야기는 또 언젠가 글로 쓸 기회가 있겠지요.

2. 헤이, 마코토
마쓰모토 도시히코, 2023년 4월 9일

"헤이, 마코토."

이런 호칭으로 글을 시작하는 것은 제게 정말 처음 있는 일입니다. 약간 부끄럽기도 하고, 낯간지럽기도 하고, '이런 나를 자조모임의 동료로 받아줘도 되는 걸까?' 하고 어리둥절해지기도 합니다.

의지와 무관한 인사 발령과 의존증 자조모임과의 만남

저는 의존증을 전문으로 하는 정신과 의사입니다. 사실, 의존증이라는 분야는 제가 스스로 선택한 길은 아니었습니다. 물론 의대에 입학하기 전부터 막연히 '장래에 정신과 의사가 되고 싶다' 생각하고는 있었지만, 의존증은 전혀 예상하지 못한 분야였습니다.

제가 이 분야를 전공하게 된 것은 제 의지와 무관하게, 단순히 대학병원의 인사 발령 때문이었습니다. 정신과 영역 중에서 의존증은 '현저하게' 비주류이고, 인기 없는 분야입니다. 그뿐만 아니라, 전국의 의과대학을 살펴보아도 의존증을 전공하여 정신과 교수가 된 사람을 찾기는 매우 어렵습니다. 즉, 이 분야를 전공하는 순간 엘리트 코스에서 벗어나 '2류' 정신과 의사로 분류되는 셈입니다.

그래서 의존증 전문병원에 부임한 초기에는, 대학병원 의국 측의 "1년만 참아달라"는 말을 철석같이 믿고 어떻게든 의사로서 최선을 다하고자 했습니다. 하지만, 시비를 걸어오는 의존증 환자들을 대하는 과정에서 심신이 피폐해졌고, 한숨을 내쉬며 "빨리 평범한 정신과 의사로 돌아가고 싶다"는 푸념을 하곤 했습니다.

저를 크게 변화시킨 계기는 자조모임과의 만남이었습니다. 지금 돌이켜보니 28년 전이네요. 어느 일요일에 담당 환자가 "이번에 스피치를 하니 한번 들으러 오세요"라고 간청하더군요. 결국 '어쩔 수 없지'라는 생각으로 미적미적 교외에 있는 교회로 발걸음을 옮겼습니다.

그곳에서는 약물 의존증 자조모임인 익명의 약물중독자들NA의 오픈 스피커스 미팅이 열리고 있었습니다. 제가 난생처음 경험한 자조모임이었습니다. 교회 강당에서는 약물 의존증 당사자들이 차례로 연단에 올라 약물과 관련된 엉뚱한 이야기와 무용담을 재미있게 풀어놓으며 장내를 떠들썩하게 만들고 있었습니다.

그리고 새로운 연사가 등장해 "약물 중독자 ××입니다"라고 자기소개를 할 때마다 청중들은 한목소리로 "헤이, ××"라고 외쳤습니다. 이 외침은 '지금까지 어떤 훌륭한 일을 했든, 나쁜 짓을 저질렀든 상관없이, 지금 이 순간 여기 있는 그대로의 당신을 인정한다'는 무조건적인 지지와 응원을 담고 있었습니다. 이로 인해 강당은 신기할 정도로 강렬한 일체감으로 가득 찼습니다.

처음에 저는 일부러 무대에서 멀찍이 떨어져 방관자적인 태도를 취하려고 했습니다. 그러나 어느 순간 흥분의 소용돌이에 휩쓸려 자신도 모르게 사람들 사이를 비집고 앞으로 나아갔던 것 같습니다. 문득 정신을 차리고 보니 모임의 폐회식 격인 라인홀드 니부어의 '평온을 비는 기도'를 함께 제창하는 순간, 저는 당사자들과 일반 참여자들이 손을 잡고 만든 큰 원의 일부가 되어 있었습니다. 한 손은 클린 생활(술이나 약물을 사용하지 않고 생활하는 상태)을 한 지 20년이 된 다르크DARC* 관리자의 크고 울퉁불퉁한 손을, 다른 손은 그날 처음으로 자조모임에 온 사람의 손(땀으로 축축하게 젖은 그 손바닥은 직전까지 각성제**를 사용했던 사

- Drug Addiction Rehabilitation Center. 약물 의존증에서 회복한 당사자가 운영하는 민간 의존증 재활 시설. 일본 각지에 100개 정도의 시설이 존재한다. ─ 원주.
- 이 책에서 언급되는 각성제는 니코틴, 카페인 등이 아니라 주로 메스암페타민(필로폰)을 의미한다.

람의 손이었습니다)을 잡고 있었던 장면은 지금도 또렷하게 기억납니다.

> 하나님, 주시옵소서.
> 바꿀 수 있는 것을 바꾸는 용기와
> 바꿀 수 없는 것을 받아들이는 마음의 평온을
> 그리고, 그 둘을 구분하는 지혜를.

강당의 공기가 흔들리고 있었는지, 아니면 제가 떨고 있었는지는 지금으로서는 확인할 수 없습니다. 하지만 분명히 그곳에서 저는 뭔가 거대한 존재에 둘러싸여 있는 듯한 신비로운 경험을 했습니다.

그리고 의존증을 겪고 있는 사람들에게 선망을 느꼈습니다. 솔직히, '동료가 있다는 게 참 좋구나' 하고 생각했어요. 사람은 나이가 들수록 진정한 동료가 줄어들고 외로워지기 마련이니까요. 예전의 친구들은 성공을 다투며 경쟁하는 라이벌 관계로 변하고, 일을 통해 알게 된 사람들의 명함은 늘어나지만 결국 이해관계에 기반한 사이에 불과합니다. 사생활도 마찬가지입니다. 결혼을 하거나 아이가 생기는 등 사적인 생활에서 책임이 늘어날수록 가족 앞에서도 가면을 써야 하는 상황이 생기게 되지요.

그런데 의존증을 겪는 사람들에게는 진정한 동료가 존재합니다. 가면도, 마스크도 없이, 있는 그대로의 모습으로 연결되는 동료들입니다. 이러한 동료들에 대한 선망이 저로 하여금 '1년만 참는 것이 아니라, 조금 더 오래 지금의 병원에 머물며 이 세계를 들여다보자'고 마음을 고쳐먹게 만든 것 같습니다.

의존증이란 무엇인가 — '의존'과 '의존증'의 차이

그런데 의존증이란 어떤 병일까요?

여기서 주의해야 할 것은 '의존'과 '의존증'은 다르다는 사실입니다.

단언컨대, 의존은 결코 나쁜 것이 아닙니다(이 부분을 오해하면 마초적인 자율론이나 자기 책임론이 분출하게 됩니다).

사실 우리는 모두 무언가에 의존하며 살아가고 있지 않나요? 열심히 일한 보상으로 집에 돌아와 맥주 캔을 따거나 케이크와 초콜릿 같은 달콤한 것을 즐기는 일은 누구나 자연스럽게 하는 행동입니다. 뜨거운 커피나 차를 마시거나, 담배를 피우는 일도 마찬가지고, 파친코나 게임을 하는 것도 그러할 겁니다. 결국 '그것이 있기에 참고 노력할 수 있다'거나 '그것이 없다면 버틸 수 없다'는 마음이 있는 한, 그 사람은 이미 어떤 형태로든 무언가에 의존하고 있다고 볼 수 있겠지요.

사람은 누구나 무언가에 의존하며 살아갑니다. 산소, 수분, 음식과 같은 기본적인 요소는 물론, 동료나 가족과 같은 친밀한 관계 없이는 살아가기 힘듭니다. 인간은 본질적으로 나약한 동물입니다.

　문제는 바로 '의존증'에 걸린 사람들입니다.

　하루 종일 열심히 일한 후 마시는 맥주가 다음 날 활기차게 일할 수 있는 원동력이 된다면 좋겠지만, 밤에 과음하여 다음 날 몸 상태가 나빠지고, 일의 능률이 떨어지거나 결근을 하게 되는 경우도 있습니다. 또한, 술에 취해 폭언이나 폭행을 저질러 소중한 사람에게 상처를 주고 관계를 망가뜨리는 일도 생길 수 있습니다. 이는 결코 '건강한 의존'이라고 할 수 없습니다.

　그리고 이런 상황이 반복되는데도 여전히 술을 끊지 못하거나, 몇 번이고 끊겠다고 결심했다가 다시 마시는 일이 반복되는 것, 이것이 바로 의존증입니다. 여러 가지 단점이 뚜렷하지만, 순간적인 안도감을 얻기 위해 술을 찾고 마시는 '건강하지 못한 의존', 바로 이것이 의존증이라는 병입니다.

　하지만 이 골치 아픈 병은 '병'이라고는 하나 철저히 의학적인 질환으로만 볼 수는 없으며, 사회적 상황에도 일정 부분 영향을 받는 측면이 있습니다.

　예를 들면, 최근 자녀를 둔 부모들로부터 "아이가 밤새도록 게임만 합니다. 게임 중독인 것 같은데, 치료 방법을 알려주세요"라는 상담을 자주 받습니다. 하지만 부모님들이 속을 태우는 이유는 그것이 바로 게임이기 때문이 아닐까요? 만약 자녀가 밤새 공부를 했다면, 부모는 결코 정신과 의사에게 상담을 요청하지 않았을 겁니다.

결국, 부모가 속을 태우는 이유는 아이가 부모의 기대에 맞지 않는 행동을 보일 때 느끼는 좌절감 때문일지도 모릅니다. 그런 점에서 의존증은 시대적 문화, 가치관 그리고 사회적 통념과도 밀접한 관련이 있다고 볼 수 있습니다.

또한, 의존증이라고 한마디로 묶을 수 있지만, 의존 대상에 따라 치료가 필요한 시점과 기준이 크게 달라집니다.

예를 들어 매일 대마초를 피우는 사람과 매일 밤 폭음을 하는 사람을 비교해보면, 그 차이가 분명히 드러납니다. 전자의 경우, 체포되어 '사회적으로 매장당할 것'을 우려해 치료 시설을 찾는 경우가 있지만, 아이러니하게도 몸과 마음은 비교적 건강한 상태라 '이렇게 건강한 사람이 정신과 진료를 받아야 하나'라는 복잡한 심경에 빠지게 됩니다. 반면, 매일 밤 폭음을 하는 사람은 이미 간이 망가지고 얼굴이 흙빛으로 변해 반쯤 죽어가는 상태로 진료실에 나타나는 경우가 많습니다. 이때는 '좀 더 일찍 찾아왔어야 했는데, 이 상태라면 정신과보다 내과 치료가 우선일 텐데……'라는 또 다른 복잡한 심경이 듭니다.

여기에 의존성 약물(아, 알코올은 엄연한 약물입니다)의 수수께끼가 있습니다. 사실, 어떤 약물이 불법이고 합법인가를 구별하는 데 명확한 의학적 근거는 없습니다. 적어도 '건강 피해나 의존성이 심각해서 불법'인 것은 아닙니다. 다수에게 사랑받는 약물은 합법이고, 소수에게 사랑받는 약물은 불법, 굳이 말하자면 이렇게 다수결로 정해진다고 할 수 있겠습니다.

전 세계의 다양한 민족과 문화에는 각기 선호하는 약물이 존재합니다. 예를 들어, 아메리카 선주민들은 환각 선인장을 종교적 의식에 사용하는 풍습이 있습니다. 또한, 성인이 된 청년들은 장로들로부터 '올바른 환각 선인장 사용법'을 배우는 전통이 있었습니다.

대마초도 마찬가지입니다. 대마초는 과거 중근동 지역, 특히 알코올을 금지하는 이슬람권에서 소박한 오락으로 여겨졌습니다. 그러나 16세기 이후, 식민지화된 남미의 사탕수수 플랜테이션으로 아프리카에서 강제로 끌려온 노예들이 대마초를 가져왔습니다. 그들은 사탕수수밭 옆에서 대마초를 재배하며, 가혹한 강제노동 틈틈이 피로를 풀기 위한 기호품으로 대마초를 사용했습니다. 이내 대마초는 중남미의 대중적 오락으로 자리잡았습니다. '미국의 백인들은 그 풍습을 도저히 참을 수 없었다' 하는 말은 거짓말이고, 사실은 중남미에서 온 이민자들이 마음에 들지 않았던 것이겠지요. 그래서 대마초를 눈엣가시로 여기며 법률로 규제하게 된 것입니다.

현재 세계의 다수는 서구적인 그리스도교 문화권이 장악하고 있습니다. 그리스도교 신앙국이 아닌, 일본을 포함한 아시아 국가들조차 그 문화권(적포도주를 예수 그리스도의 피로 여기는, 알코올에 관대한 문화권)에 포섭되어 그 틀 안에서 불법/합법이 정해지는 것에 지나지 않습니다.

사람은 왜 의존증에 빠지는가 — 자기 치료 가설

이렇게 매우 의심스러운 '의존증'이기는 하지만, 병으로서의 의존증은 분명히 존재합니다.

다만 흔히 말하는 것처럼, 의존성이 있는 약물을 한 번이라도 사용하면 뇌의 보상 체계가 약물의 쾌감에 납치당하는, 그런 종류의 병은 아닙니다. 이는 약물의 효과를 과장해도 너무 과장한 것입니다. 유엔이 간행한 〈2016년 세계 마약 보고서〉에 따르면, 최근 1년 이내에 헤로인, 코카인, 각성제를 사용한 경험이 있는 사람 중 의존증 진단 기준에 해당하는 사람은 10퍼센트를 조금 넘는다고 합니다. 애초에 세상 사람들 대부분이 사용하는 알코올도 사실 상당히 강력한 의존성 약물이지만, 의존증이 되는 사람은 극히 일부에 불과하지요.

단언컨대, 인간은 지독히도 싫증을 잘 내는 동물입니다. 기분 좋은 것, 맛있는 것, 재미있는 것, 그 어떤 것이든 손만 뻗으면 언제든 즐길 수 있게 되면, 그 고마움은 금세 줄어들고 곧 질려버리는 것이 인간의 본성입니다.

누구든 상관없으니, 한 번의 개그로 단숨에 대박을 터뜨린 개그맨을 떠올려보세요. 순식간에 안방을 휩쓸며 시대를 풍미해 TV 채널 어디를 틀어도 그 개그맨이 나오는 상황이 되면, 그 개그맨의 수명은 기껏해야 3개월 정도입니다. 인기는 순식간에 시들해지고, 썰물처럼 사람들의 관심에서 멀어져갑니다. 연예계에는 그런 단발성 스타들의 무덤이 즐비하지 않습니까? 그들은 우리 인간의 질리기 쉬운 성향의 피해자들입니다.

그런 인간인데도 왜 일부 사람들은 질리지도 않고 특정 약물을 반복해서 사용하며, 도박이나 게임에 집착해 삶의 모든 것을 희생해버리는 걸까요?

생각건대, 그들을 약물로 몰아넣는 것은 쾌감이 아닙니다. 왜냐하면 쾌감이라면 금방 싫증이 날 테니까요. 아마도 그것은 쾌감이 아니라 **고통의 완화**가 아닐까요? 즉, 사람은 이전에 경험해보지 못한 아찔한 쾌감을 얻으려 약물에 빠지는 것이 아니라, 오래전부터 겪어온 고통이 그 약물로 인해 일시적으로 사라지거나 약해지기 때문에 빠지는 것입니다. 쾌감이라면 질리겠지만, 고통의 완화는 질리지 않습니다. 오히려 내가 나로 존재하기 위해서라도 그 고통의 완화를 놓을 수 없게 되겠지요.

참고로, 고통 완화에 도움이 되는 것은 단순히 기분 좋은 취기만이 아닙니다. 일반적으로 '고통'으로 여겨지는 것조차 도움이 되는 경우가 있습니다. 예를 들어, 손목을 긋는 자해 행위를 생각해보면, 언뜻 보기에는 쾌감과는 거리가 먼 행동처럼 보입니다. 그러나 그보다 훨씬 더 큰 고통으로부터 일시적으로 의식을 돌리는 데 도움이 될 가능성이 있습니다. 이러한 이유로 손목을 긋는 행위가 종종 습관화되는 것입니다.

이러한 관점은 의존증 임상에서 잘 알려져 있습니다. 일찍이 미국의 의존증 전문의 에드워드 칸치안은 "의존증의 본질은 쾌감이 아니라 고통이며, 사람에게 약물 복용을 학습하게 만드는 보상은 쾌감이 아니라 고통의 완화"라고 지적하며 **자기 치료 가설**self-medication hypothesis' 개념을 제시했습니다. 이 자기 치료 가설은 의존증의 본질을 이해하는 데 중요한 통찰을 제공합니다. 즉, 의존증은 장기적으로 생명을 위협하는 위험을 초래하지만, 아이러니하게도 단기적으로는 현재의 힘든 처지나 상황에서 살아남으며 '죽고 싶을 만큼 고통스러운 지금'을 일시적으로 견디는 데 도움이 될 수 있다는 것입니다.

사람이 무언가에 빠져들게 되는 데는 반드시 위기가 존재합니다. 그것이 소중한 관계의 상실이나 파탄 같은 중대한 사건일 수도 있고, 조금 무리를 하거나 현재 있는 곳이 왠지 불편하다는 정도의 작은 문제일 수도 있습니다. 정도의 차이는 있더라도, 그것이 위기라는 사실에는 변함이 없습니다.

이것은 의존증 임상 현장에서 매일 통감하고 있는 사실입니다. 왜냐하면 진료실에서 술이나 약물에 대한 이야기는 치료를 시작한 후 기껏해야 처음 1, 2년 동안 이루어지기 때문입니다. 치료 관계를 지속하면 대개 술이나 약물 문제는 점차 개선되기 마련이며, 그와 함께 진료실에서 화제가 되는 것도 일상의 고충이나 다시 피를 흘리기 시작하는 마음의 상처 이야기로 바뀌어갑니다. 그런 이야기를 들으며, 저는 이렇게 생각합니다. '이 환자가 정말로 힘들어했던 것은

술이나 약물이 아니라, 어쩌면 이쪽 문제였을 수도 있겠다.'

그런 의미에서 의존증 문제는 삶의 근본적인 어려움에 대한 응급처치에 불과하며, 문제의 본질은 술이나 약물과는 다른 곳에 있다는 생각이 듭니다. 경험을 쌓을수록 이 생각은 더 확고해졌습니다. 이는 손목을 긋는 자해 행위에도 해당됩니다. 또는 이렇게 표현할 수도 있을 것 같습니다. 의존증이나 자해는 '**지원으로 이어지기 위한 입장권**'에 불과하다고 말이지요.

이런 맥락에서 다양한 의존증으로 가득 찬 마코토의 삶을 떠올려보면, 그리고 '종교 2세'로서의 성장 과정을 되짚어보면 여러 가지로 깊이 생각할 것들이 많습니다.

이 서신 교환을 통해 '끊는다/끊지 못한다'라는 단순한 의존증 담론을 넘어, 의존증 이면에 있는 심연에 줄을 드리워 들어가보고자 합니다.

담당 편집자 F로부터

제가 마코토 씨를 만난 계기는 담당 도서인 《종교 2세》(오기우에 지키 편저)에 실을 원고를 부탁드렸던 일이었습니다. 만나서 논의하기로 했는데, 대낮인데도 마코토 씨는 발포주 단레이 롱캔을 한 손에 들고 나타났습니다. 그때 참석자는 저 혼자뿐이었기에 '내가 꿈을 꾸고 있는 건가' 하고 반신반의했던 기억이 납니다. 너무 황당한 상황이어서 현실을 받아들이기 어려웠지요.

하지만 그 후에도 여러 행사에서 마코토 씨가 시간과 장소를 가리지 않고 술을 마시는 모습을 자주 목격했습니다. 그래서 '이건 예삿일이 아니구나' 하고 생각하게 되었습니다. 편집자로서, 친구로서 그냥 지나칠 수 없다는 생각에 사로잡혔습니다. 생각해보면, 의존증은 현대인들에게 너무도 익숙한 '병'입니다.

의존증이라면 마쓰모토 도시히코 씨가 떠올랐습니다. 그래서 도시 씨에게 연락을 드렸고, 의존증 치료에서 당사자끼리 자신의 경험을 나누는 '자조모임'이 효과적이라는 점을 염두에 두었습니다. 도시 씨는 의존증 전문의이면서도 실제로는 엄청난 헤비스모커로 '니코틴 중독' 상태입니다. 어떤 의미에서는 당사자이기도 한 셈이지요. 그런 두 사람이 대화를 나누면 뭔가 특별한 일이 일어나지 않을까, 그리고 그 대화를 읽는 사람들에게도 분명히 긍정적인 영향을 끼치지 않을까 하는 기대가 있었습니다. 그런 기대 속에서 이번 서신 교환을 시작하게 되었습니다.

3. 자조모임과 지옥으로 가는 타임머신

요코미치 마코토, 2023년 5월 2일

고마워요, 도시.

도시가 쓴《의사는 누구를 위해 존재하는가: 약과 사람의 현대론》*을 읽고 나서, 저자에 대해 좀 더 알고 싶다고 생각했습니다. 이 책이 출간된 지 약 한 달 뒤, 저의 첫 번째 단행본인《모두가 물속: '발달장애' 자조모임의 문학 연구자는 어떤 세상에 살고 있는가》**가 출간되었습니다. 대학 문학과에서 부교수로 일하는 제가 과도할 정도로 적나라하게 자기 해부를 해보인 점이 '세일즈 포인트'였던 책입니다. 하지만 무명의 인물이었던 저는 사람들에게 주로 '이 사람, 도대체 누구야?'라는 반응을 불러일으켰을 뿐이겠지요(웃음). 거

- 《살아남기 위해 필요한 고통》(김영현 옮김, 다다서재, 2022)
- 《우리는 물속에 산다》(전화윤 옮김, 글항아리, 2023)

의 비슷한 시기에 이미 의존증 전문의로서 입지를 굳히고 있던 도시가 같은 방식으로 글을 썼다면, 그 영향력은 제 경우와는 비교도 할 수 없을 정도로 컸을 것입니다. 단지 그것만으로도 저는 질 수밖에 없었겠지요(웃음).

정신과 의사가 되고 싶은 사람의 특성을 생각해보는 것은 흥미로운 주제입니다. 사이토 다마키 씨는 기타 모리오의 팬으로, 자신도 비슷한 '정신과 의사이자 작가'가 되겠다는 꿈을 품었다고 합니다. 그래서 라캉과 정신분석을 연구하며 오타쿠론을 펼치고, 은둔형 외톨이를 지원하며 환자와 가족, 치료 팀이 함께 대화로 문제를 해결하는 정신건강 치료법인 오픈 다이얼로그의 보급에도 적극적으로 나섰습니다. 저 역시 기타 모리오의 팬으로, 문학에 눈을 뜨게 해준 작가 중 한 명으로서 무척 좋아했습니다. 그러나 발달장애 진단을 받은 이후, 예전의 주치의와 이차의견 second opinion*을 준 정신과 의사들 그리고 정신의학 학회에서 만난 의사들 중에서도 '이 사람들, 환자를 대하는 태도는 어떨까'라고 생각하지 않을 수 없는 경우가 많았습니다. 종종 깔보는 듯한 말투로 환자에 대해 이야기하거나, 환자가 치료제의 효과를 데이터로 제공하는 실험동물이라도 되는 듯한 태도를 느낄 때가 있었으니까요. 하지만 지금 다시 생각해보게 되는 점이

• 환자가 자신의 진단이나 치료 계획에 대해 다른 의사에게 추가적인 의견을 구하는 일.

있습니다. 《만화: 해보고 싶어지는 오픈 다이얼로그》에서 해설을 담당한 사이토 다마키 씨는 자신에게 적대적인 태도를 보이는 환자들 때문에 우울한 상태에 빠졌다고 고백한 바 있는데, 도시 역시 비슷한 경험을 한 것 같네요. 그렇다면 이는 '피차일반'인지도 모르겠습니다. '닭이 먼저냐, 달걀이 먼저냐'라는 문제처럼요.

　의존증을 전문으로 하는 현재의 주치의는 정말 훌륭한 분입니다. 그를 만난 것은 정신과 의사에 대한 저의 인식을 바꾸는 큰 계기가 되었습니다. 그의 말과 행동 하나하나에서 진심과 성실함이 느껴졌습니다. 장년기의 배우 가라사와 도시아키를 좀 더 잘생기게 만든 듯한 외모의 소유자이기도 합니다. 가끔씩 "마쓰모토 도시히코 선생님이라는 유명한 분이 있는데……"라는 말로 이야기를 시작하는 것을 보면, 도시를 존경하고 본받고자 하는 마음이 있을지도 모릅니다. 저는 순수한 마음으로 그의 '마쓰모토 도시히코 이야기'를 경청하고 있습니다. 지금 주고받고 있는 편지들이 책으로 출간된다면, 진료실에서 주치의에게 슬쩍 건네볼 계획입니다. 그때 주치의가 얼마나 놀랄지, 그 표정을 직접 볼 날이 기다려지네요.

　발달장애인답게 이야기가 옆길로 새는 것 같지만, 제가 정신과 의사에 대한 불만을 이야기했을 때, 사이토 다마키 씨는 "정신과 의사는 의학계에서 최하층으로 취급받고 있어요. 정신의학은 진단 기준이 자주 바뀌고, 수술이나 약으로 단번에 낫는 경우도 많지 않아요"라고 달래듯 말해주었습니다. 그 말을 듣고 정신과 의사에 대한 시각이 다시 한번 확 바뀌었습니다. 어쩌면 저처럼 발달장애나 외상후 스트레스장애, 의존증으로 고통받는 사람들과 정신과 의사들은 의외로 가까운 위치에 있는 게 아닐까 하는 생각이 들었습니다. 아마도 그들은 자신의 정신적 갈등을 제대로 언어화하여 해소할 기회를 만나지 못했기 때문에, 환자에 대한 냉정한 태도(적어도 그렇게 보이는 경우가 많습니다)로 이어지지 않았을까 싶습니다. 그래서 지금은 자조모임에서 "정신과 의사에게 부드럽게 대하자. 어떤 의미에서 그들은 우리처럼 약자인 동료니까"라는 말을 하고 있습니다. 제 자조모임에는 정신과 의사나 심리학자가 "도와주세요. 사실은 제가 장애나 병으로 어려움을 겪고 있습니다"라고 도움을 청하는 경우도 있습니다. 그런 분들을 만날 때 저는 "이 사람들은 '내려갈' 용기를 제대로 가지고 있구나!" 하고 감동하게 됩니다.

  그건 그렇고, 도시가 자조모임을 만난 것이 벌써 사반세기 전이라니 깜짝 놀랐습니다. 이 서신 교환에서는 도시가 정신의학계의 대표, 저는 자조모임계의 대표라는 인식이 있었는데, 도시가 자조모임에 대한 식견에서도 대선배라는 사실을 알고 나니, 전혀 그런 구도가 아니었네요(웃음).

익명의 알코올중독자들(AA)과의 만남

제가 대학을 휴직하고 발달장애 진단을 받은 것은 2019년 3월에서 4월쯤이었습니다. 같은 해 가을부터 의존증 치료를 시작하며 처음으로 자조모임인 '익명의 알코올중독자들', 즉 AA를 경험하게 되었지요. 지금으로부터 약 4년 전의 일입니다. 그보다 조금 앞서 쓰시마 류타 씨의 만화 〈섹스 의존증 환자가 되었습니다〉가 웹에 연재되고 있었는데, 그 만화에 섹스 의존증 환자를 위한 자조모임이 묘사되어 있었습니다. 이를 통해 처음으로 그러한 모임의 존재를 알게 되었지요(그건 그렇고, 섹스 의존증은 아직 정식 의존증으로 인정되지 않았는데도 불구하고 섹스 의존증 환자를 위한 자조모임은 활발히 활동하고 있네요).

제가 AA에서 경험한 것도, 그 만화 속에 묘사된 방식과 마찬가지로, 또는 도시가 경험한 것처럼 충격적이었습니다. 적나라하게 이야기되는 애처로운 기억과 이상야릇해 보이는 상황들은 현실 감각이 흐물흐물 엉망진창이 되어가는 것 같은 느낌을 주었습니다. (의료 비밀유지 의무에 따라 사실을 변조한 사례입니다만) 자신 탓에 가족이 뿔뿔이 흩어졌고, 몇 번이나 자살을 시도했지만 이루지 못했다고 울부짖는 초로의 여성. 어떻게든 술은 끊었지만 심야에 여장을 하고 돌아다니는 것을 멈출 수 없다고 말하는 마초적인 체격의 중년 남성. 그런 이야기를 듣다 보면, 저도 '가장 내밀한 부분'을 이야기하지 않으면 다른 참여자들에게 실례가 될 것 같다는 생각에, 그것을 흉내내어 뭐라도 말하게 되었습니다.

제가 쓴《모두가 물속》,《이스탄불에서 파랑에 빠지다: 발달장애인의 세계일주기》,《하나가 되지 않는다: 발달장애인이 섹스에 대해 이야기하는 것》은 모두 적나라한 표현으로 인해 충격적이라는 말을 듣기도 했습니다. 하지만 저는 그것이 결국 AA에서 개기 시작한 반죽의 완성품이라고 생각합니다.

'종교 2세'의 트라우마와 자조모임의 종교색

도시가 감동했다는 '평온을 비는 기도'는 저도 좋아하는 기도문입니다. 종교적인 색채가 느껴지기는 하지만, 그 내용 자체는 보편적인 지혜로 다가옵니다. 미국 작가 커트 보니것도 소설《제5도살장, 혹은 어린이 십자군: 죽음과 함께 의무로 추는 춤》에서 이 기도문을 인용했습니다. 이 소설을 저는 고등학생 때 읽었어요. 저는 '종교 2세'로서, 게다가 그리스도교 계열의 사이비 종교였기 때문에 '신'에 관한 이야기에는 남들보다 갑절이나 큰 거부감을 느꼈습니다. 한편으로는, 그러한 '가상의 적'과 맞붙어 싸우며 공평하게 평가하려는 생각도 있었습니다. 그래서 이 기도문은 제 기억 속에 깊이 각인되었지요. 고등학교 시절의 저에게 "25년쯤 뒤에 이 기도문과 다시 만나게 될 거야"라고 말해주고 싶네요.(웃음)

중요한 점인데, 사실 제가 주재하는 자조모임에서는 '평온을 비는 기도'나 AA 등의 '익명 모임'에서 회복 메커니즘의 전제로 삼고 있는 '신'이나 '하이어 파워higher power'의 원리를 채택하지 않고 있습니다. 이러한 모임(자조모임의 원류!)에서는 자신의 무력함을 인정하고 신이나 하이어 파워에 몸을 맡김으로써 회복해가는 과정을 보여줍니다. AA 참석을 그만둔 의존증 동료와 이야기를 나누다 보면 "종교적인 느낌이 들어서 싫었다"는 불평을 듣는 경우가 많습니다. 일본인에게 더 맞는 신토神道나 불교와 비슷한 분위기였다면 위화감이 덜했을지 모르지만, 익명 모임 계열은 아무래도 그리스도교 색채가 강하게 느껴지기 때문일 것입니다. AA의 경전이라 할 수 있는 《알코홀릭스 어나니머스》(일명 '빅북')에서는 어떤 신이라도 상관없다고 쓰여 있습니다. 따라서 반드시 그리스도교의 유일신에만 한정되지 않고, 알라, 부처님, 아마테라스 오미카미˙ 또는 자신이 상상한 초월적 존재 또한 믿는 대상으로 삼을 수 있는 구조입니다. 그러나 종교적 공간으로 이끌어가며 회복을 도모한다는 점은 결국 똑같습니다.

《유이가 간다!: 당사자 연구와 오픈 다이얼로그 분투기》 등의 제 책에서 자세히 논의한 바 있습니다만, 결국 이 익명

• 일본의 종교인 신토의 주신.

계열의 방식은 '의존 대상의 전환'이라고 볼 수 있습니다. 마음에 트라우마를 안고 플래시백 등으로 죽을 만큼 고통스러운 상태가 되어, 그 고통을 완화하기 위해 알코올이나 담배를 포함한 약물이나 문제 행동에 손을 댑니다. 일시적인 쾌락을 얻고 조금 나아진 듯 느껴지기에 점점 더 깊이 빠지게 됩니다. 하지만 아무리 물질이나 행위에 탐닉해도 고통은 완전히 제거되지 않습니다. 오히려 뇌 속의 과도한 화학물질로 인해 뇌 기능에 장애가 생기고, 의존증 환자가 되어가는 것입니다. 이런 상황에서 '더 안전한 것에 의존하면 된다'는 발상이 익명 계열의 기본적인 아이디어입니다. 이는 위해성 감소의 선구적인 관점으로 볼 수 있습니다. '신', '하이어 파워', 12단계 회복 프로그램, '평온을 비는 기도'에 의지하면 마음의 빈틈이 채워지고 의존증에서 벗어날 수 있다는 것입니다.

저는 이 구조를 쉽게 받아들일 수 있었습니다. 무척 이치에 맞는다고 생각하여 자조모임에 끌리게 되었지요. 그런데 종교 2세라는 제 배경 때문에 익명 계열에는 어떻게 해도 안주할 수가 없었습니다. 어떤 신이든 상관없다고 해도, 모임 공간은 결국 그리스도교적 분위기를 닮아갈 수밖에 없습니다. 무엇보다 모임을 위해 장소를 빌려주는 시설은 주민회관을 제외하면 그리스도교 관련 시설이 압도적으로 많았습니다. 그래서 저는 모임에 참가할 때마다 '지옥으로 가는 타임머신'이 움직이기 시작하는 느낌이 들어 견딜 수가 없었어요. 다른 참여자들은 모임에서 '동료'와의 연대를 통해 격려도 받고 마음의 공허감을 채우며 음주에서 멀어지는 반면, 제 경우엔 모임에 참여함으로써 지옥으로 가는 타임머신이 굉음을 내며 폭주해버리는 바람에, 집에 돌아온 뒤나 돌아오는 길에 오히려 술을 더 마시게 되는 결과를 초래했습니다. 이 문제를 어떻게 해결할 것인가가 자조모임에 참여하기 시작한 초기에 가장 큰 과제였습니다.

처음으로 AA에 참여하고 약 6개월이 지난 후, 저는 자조모임을 스스로 주재하기 시작했습니다. 그러나 결론적으로, 익명 계열과는 다른 유형의 자조모임을 운영하기로 결심했습니다. 발달장애인을 위한 자조모임, 어덜트 칠드런*을 위한 자조모임, 종교 2세를 위한 자조모임, LGBTQ+를 위한 자조모임 등, 그 종류가 점점 늘어나 현재는 아홉 개의 자조모임을 주재하고 있습니다. 하지만, 지면의 제한으로 인해 각 모임의 구체적인 설명은 다음으로 미루려고 합니다. 한 가지만 미리 말씀드리면, 제가 운영하는 자조모임에서는 '신'은 퇴장시켰지만, 도시도 감동했던 '동료'는 활발히 활동하며 핵심적인 역할을 하고 있다는 특징이 있습니다.

● 어린 시절의 트라우마나 가족 문제, 부모의 부적절한 행동 등에 기인하여 성인이 되고 나서도 그 영향을 지속적으로 받고 있는 사람.

4. "안 돼, 절대 안 돼"보다는 '회복 커뮤니티'

마쓰모토 도시히코, 2023년 5월 5일

마코토, 답장 감사합니다.

갑자기 전문가인 제가 자조모임의 선배인 것처럼 되어버리면 '전문가와 당사자의 만남'이라는, 당초 계획했던 이 서신 교환의 콘셉트가 깨져버릴 수도 있겠네요.

하지만 안심하세요. 저는 어디까지나 방관자의 입장에서 자조모임을 만났을 뿐입니다.

자조모임에 대한 의사의 열등감

그건 그렇고, 회복을 촉진하는 자조모임의 힘은 정말 대단하다고 생각합니다. 저도 임상에서 도저히 감당할 수 없을 것 같았던 '불량 환자'라는 꼬리표가 붙은 사람이 자조모임에 연결되어 말 그대로 '환골탈태'하는 경우를 여러 번 봤어요. 하지만 그런 만큼 초창기에는 '의사의 역할이 무엇인지'

제 전문성에 대해 의문을 품게 되었고, 그로 인해 자신감을 잃었던 것도 사실입니다.

사실 의존증 임상에서 '무력함'을 인정해야 하는 것은 당사자뿐이 아닙니다. 의사 또한 의존증 치료 과정에서 '무력함'에 직면하게 되며, 어떤 의미에서는 이러한 '무력함'을 견딜 수 있느냐 없느냐가 그 의사가 의존증 치료에 적합한지 여부를 가늠할 수 있는 리트머스 시험지가 된다고도 할 수 있습니다.

하지만 의사가 자신의 무력함을 받아들이는 데는 부작용도 있을 수 있습니다. 자조모임에 열등감을 갖는 일이 그 예입니다. 왜냐하면 의사들은 대부분 12단계를 경험해본 적이 없고, 제 경우 술과 담배는 현재진행형이며 회복할 생각조차 없기 때문입니다. 그런 제가 조용하고 겸손한 말씨의, 금주한 지 20년이 넘은 올드타이머(오랜 기간 금주하거나 약물을 끊고 있는 사람으로, 자조모임의 베테랑 회원)와 마주할 때, '아, 나는 역시 안 되는 사람이야' 하고 비굴해지는 것도 무리는 아닙니다.

그 결과, 의사는 자조모임을 지나치게 추천하게 될 수도 있습니다. "병원만으로는 부족합니다. 12단계 없이는 회복이 불가능해요"라며 환자를 자조모임으로 밀어넣을 뿐만 아니라, "AA에 갈 생각이 없다면 우리 병원에서는 진료를 받을 수 없습니다"라는 식의 거의 협박에 가까운 제안을 하게 될지도 모릅니다.

실제로 초창기의 제가 그랬습니다. AA를 지나치게 열심히 권유한 탓에 환자가 병원장에게 항의하는 편지를 보냈을 정도였으니까요. 투서 내용은 "현립병원에 근무하는 공무원 의사가 환자에게 특정 종교를 권하는 것을 어떻게 생각하느냐"는 것이었습니다.

자조모임의 종교색 논란의 유래

물론 AA는 종교가 아니지만, 그 안에서 종교적인 냄새가 느껴지는 것은 사실입니다.

그리고 이러한 특징에는 분명 이유가 있습니다.

AA 창시자 중 한 명인 빌 윌슨은 철학자 윌리엄 제임스의 저서 《종교적 경험의 다양성》*에서 다음과 같은 구절을 발견했다고 합니다. "내가 아는 한 알코올 의존증 환자의 충동에 대한 유일하고 근본적인 해결책은 종교적 열광religiomania 이다 …… (중략) …… 여러분은 종교 생활을 그 결과만으로 판단할 각오가 있어야 한다."(어니스트 커츠 지음, 가사이 겐타·오카자키 나오토·스가 히토미 옮김, 《알코홀릭스 어나니머스의 역사: 술을 끊은 사람들을 잇다》, 아카시쇼텐, 2020) 이는 어디까지나 제임스의 직감에 지나지 않지만, 빌 윌슨은 이 구절에서 '이거다!' 하고 벼락을 맞은 듯한 영감을 얻은 것 같습니다.

• 《종교적 경험의 다양성》(김재영 옮김, 한길사, 2000)

요컨대, 회복의 '도구'로서 종교를 활용한 것입니다. 제임스의 생각은 이후 실용주의로 발전하게 되었는데, 이 이론에 따르면 종교는 형이상학적 진리라기보다는 어디까지나 실용적이고 유용한 도구로서 그 가치를 인정받게 됩니다. 거칠게 요약하자면 "'신'이 누구인지는 중요하지 않다. 금주에 도움이 되기 때문에 일단 '신'을 받드는 것이다!"라는 개념입니다.

빌 윌슨은 훗날《알코홀릭스 어나니머스》를 집필할 때, 종교에 대한 제임스의 접근 방식을 그대로 채택했습니다. 그는 "AA는 특정 교리나 종교적 수양을 고집하는 것이 아니라, 신이나 초월자에 대한 감각을 주장한다는 의미에서만 종교적인 프로그램이다"라고 우회적으로 서술했습니다만 그 요지는 명확합니다. "지금까지 자신의 의지만으로 술을 통제하려고 애써왔으나 이제는 그 무력함을 인정하고, 앞으로는 지금까지와 정반대 방법으로 바꾸라!"는 것입니다. 이는 바로 자신의 의지를 넘어선 무언가(하이어 파워)에 자신을 온전히 맡기는 과정으로, 12단계 회복 프로그램의 첫 세 단계를 의미합니다.

하지만 지금에서야 깨달은 점은, 모든 의존증 환자에게 12단계가 반드시 적합한 것은 아니며, 12단계를 수행하지 않는다고 해서 회복할 수 없는 것도 아니라는 사실입니다. 마코토처럼 어린 시절 종교로 인해 깊은 상처를 입은 경험이 있는 사람에게는 AA의 종교적 색채가 그 자체로 트라우마가 될 수 있습니다. 또한, 학대나 왕따 피해로 인해 자신의 감정이 무시당하고 존재가 부정되는 경험을 겪으며 자신의 '무력함'을 오랜 시간 동안 뼈저리게 느껴온 사람들에게는, 1단계의 '무력함'이라는 단어가 잔인하게 느껴질 수 있습니다. 그 결과, 어떤 사람들은 '아, 그래, 역시 나는 무력한 사람이구나', '결국 내 무력함이 나쁜 것인가'라고 받아들여 자기 부정적인 감정을 더욱 강화시키기도 합니다.

자조모임에 열등감을 느끼는 의사가 이런 말을 하는 것은 다소 건방지다는 생각도 들지만, 만약 마코토가 AA에 의문을 느꼈다면, 그때는 제임스풍의 실용주의에 따라야 할 것입니다. 즉, "12단계가 맞지 않는다고 느끼는 순간, 그것은 나에게 유용하지 않다는 뜻이고, 따라서 진실도 아니다. 그러니 다른 효과적인 방법을 찾아보자"라는 결론을 이끌어낼 수 있는 것입니다.

젤리넥 곡선에 대한 의심

이쯤에서 잠깐 AA에 대해 조금 비판적인 이야기를 하고자 합니다. 결코 전면적으로 부정하려는 것이 아니라, 그 가치를 조금 상대화하려는 것입니다.

AA에서는 "알코올 의존증은 만성적인 진행성 질환이다. 완치는 불가능하지만 금주를 지속하면 회복할 수 있다"는 것을 중심 원리 central dogma로 삼고 있습니다.

하지만 이게 사실일까요?

알코올 의존증이 만성적인 진행성 질환이라고 주장한 사람은 예일대학교의 생물통계학자 E. M. 젤리넥입니다. 그는 1940년대부터 1950년대에 걸쳐 익명의 알코올중독자들 회원 약 2000명을 대상으로 설문 조사를 실시해 이 같은 사실을 밝혀냈습니다.

그가 원형을 만든 '젤리넥 곡선Jellinek curve'(아래 그림 참조)은 바로 그 조사에 기초한 것입니다. 이 빽빽한 U자형 곡선은 AA의 중심 원리를 단테적인 추락과 재생의 이야기로

그림 1 : 젤리넥 곡선

출처: Glatt, M. M.: Group theraphy in alcoholism. *British Journal of Addiction*, 54, 133-148, 1958

의존증 증상이 나타나는 것에서부터 바닥 경험, 그리고 거기에서 회복하기까지의 경과를 보여주는 그림.

시각화하고 있습니다. 술을 계속 마시는 동안 알코올 의존증 환자는 점점 더 하강하게 되며, 결국 '바닥rock bottom'을 경험하게 됩니다. 그러다가 종교적 회심을 체험하고 AA에 연결되어 금주를 지속하면, 인생이 상승세로 돌아서는 과정을 보여주는 것이 바로 이 곡선입니다.

너무 이상적인 이야기입니다.

물론 알코올 관련 의료 분야에서 젤리넥의 공헌은 매우 큽니다. 그가 없었다면 지금 우리가 알고 있는 '의존증'이라는 질병 개념도 존재하지 않았을 것입니다. 또한, 오늘날 알코올 연구에서 가장 권위 있는 상이 그의 이름을 딴 것에 대해서도 전혀 이의를 제기할 수 없습니다.

다만, 젤리넥에게는 다소 석연치 않은 점이 있었습니다. 뉴욕에서 태어나 헝가리에서 자란 그는 투기적 외환 거래에 실패하고 현금 밀수 혐의로 인해 경찰에 쫓기는 신세가 되었습니다. 이후 가까스로 헝가리를 탈출하여 잠시 시에라리온과 온두라스에 체류한 뒤, 미국으로 돌아와 이력서에 가짜 학위를 기재하고 대학에 취직했다고 전해집니다.

게다가 그의 설문 조사에는 방법론상의 문제가 있었다는 지적이 있습니다. 그는 AA의 기관지 〈AA 그레이프바인〉을 통해 조사 협력자를 모집했는데, 실제로 응답한 것은 AA 회원의 약 10퍼센트에 불과했습니다. 또한, 집계 과정에서는 여성 회원의 응답 등을 포함하여 전체 회신 설문지의 3분의

1 남짓을 폐기한 것으로 보입니다.

젤리넥 곡선 발표 후 약 20년이 지난 1970년대에는 AA의 중심 원리를 뒤집는 중요한 연구들이 이루어졌습니다. 이 연구들은 미국 국립 연구기관에서 수행한 것으로, 신뢰성이 높은 두 가지 대규모 연구로 알려져 있습니다.

하나는 알코올 문제가 있는 사람들을 장기간에 걸쳐 추적한 자연 경과 연구입니다. 이 연구를 통해 밝혀진 사실은, 알코올 문제가 있는 사람들 중 약 40퍼센트가 어떤 치료도 받지 않고 자연적으로 치유되었다는 점이었습니다.

그리고 또 하나는 알코올 의존증 진단을 받은 사람들을 무작위로 나누어 '완전 금주를 목표로 치료를 받는 그룹'과 '절주를 목표로 치료를 받는 그룹'으로 구분하고, 치료 종료 후 이들이 위험한 음주 패턴으로 돌아가는 비율을 비교한 연구입니다. 그 결과는 놀랍게도 두 그룹 간에 차이가 없다는 것이었습니다.

참고로, 이 연구 결과에 대해 당시 AA의 주요 회원들은 크게 분개하며 연구보고서를 무력화하기 위해 정치인들을 상대로 적극적인 로비 활동을 벌였다고 합니다. 이 연구 성과가 전문가들 사이에서도 널리 알려지지 않은 이유가 바로 그 때문일 가능성이 높습니다.

"안 돼, 절대 안 돼"로는 효과가 없다

"금주를 목표로 하든 절주를 목표로 하든, 치료 효과는 별반

다르지 않다."

확실히 이 결과는 AA 회원은 물론이고 의존증 지원자에게도 충격적이었겠지요.

하지만 저는 조금도 의외라고 생각하지 않습니다. 왜냐하면 일방적으로 "안 돼, 절대 안 돼" 하면서 술이나 약물을 금지하는 것이 얼마나 무의미한지를 이미 역사와 저 자신의 임상 경험을 통해 분명히 알고 있었기 때문입니다.

예를 들어, 법령에 의한 금지는 종종 '금지의 철칙'이라는 현상을 초래합니다. 지난 100년을 돌아보면, 아편 흡연을 금지했을 때 모르핀 피하주사가 늘어나고, 모르핀을 금지했을 때 헤로인 정맥주사가 증가하며, 헤로인을 금지했을 때는 강력한 의료용 마약(옥시코돈, 펜타닐)의 남용이 증가하는 식으로 약물의 위험성은 오히려 가속화되었습니다.

일본에서도 '탈법 허브' 등 위험 약물이 사회 문제가 되었을 때, 똑같은 일이 발생했습니다. 규제를 강화하면 강화할수록 더 위험하고 새로운 탈법 약물이 유통되었고, 그 결과 위험 약물 사용으로 인한 구급차 이송자 수와 사망자 수가 급증했던 것입니다.

엄격하게 금지하면 할수록 더 자극을 받는 것이 인간이라는 것은 이미 보편적인 이치라고 해도 좋겠지요. 애초에 일찍이 중국에서 아편이 널리 퍼진 이유는 무엇이었을까요? 익히 알려진 바와 같이, 당시 청나라 황제의 담배 금지령의 영향입니다.

치료 현장에서도 마찬가지입니다. 의사가 일방적으로 금주라는 치료 목표를 내세우면 환자가 치료 현장을 떠날 위험이 있습니다. 이는 치료 이전의 문제입니다. 운 좋게 치료를 계속 받아준다고 해도, 음주를 계속하고 있지만 의사 앞에서는 '마시지 않았다'고 우기는 상황이 발생하여 환자를 거짓말쟁이로 만드는 결과를 초래할 수 있습니다. 이는 바람직하지 않습니다. 환자가 술을 마시고 싶을 때 '마시고 싶다'고 말하고, 실제로 마셨을 때 '마셨다'고 솔직하게 표현할 수 있는 환경이 조성되지 않는다면 의존증 치료는 불가능합니다.

그중에는 정직하게 노력하는 환자들도 있는데, 그런 사람들은 실수했을 때를 두려워합니다. 이들은 한순간의 실수에도 "한 잔이건 백 잔이건 똑같다"며 자포자기 상태에 빠져서는 마치 모든 것을 포기한 것처럼 술을 마시는 경향이 있는데, 이는 전례를 찾아볼 수 없을 만큼 심각한 상태로 이어질 수 있습니다. 이러한 현상을 '절제위반효과 abstinence violation effect'라 부르는데, 의존증 임상에서는 매우 잘 알려진 현상입니다.

이런 맥락에서 중요해지는 것이 마코토가 언급한 '위해성 감소'라는 개념입니다. 위해성 감소에 대해선 다음 기회에 자세히 설명하겠지만, 간단히 말하자면 기존에는 지원에서 이탈했던 사람들을 지원의 장에 붙들어두고 조금이라도 더 나은 결과를 목표로 하는, 어떤 의미에서는 야심 찬 발상이라고 할 수 있습니다.

금주보다는 '회복 커뮤니티'

의존증 치료에 관한 대규모 연구는 우리에게 매우 중요한 사실을 시사합니다. 이 연구는 알코올 의존증 환자를 '12단계 프로그램 참여군', '인지행동치료 참여군', '재활 시설 입소군'이라는 세 개의 그룹으로 나누어 각 치료 방식의 효과를 비교한 것입니다.

그 결과, 모든 그룹의 치료 성과에 차이가 없다는 사실이 확인되었습니다. 그러나 하위집단 분석에서는 매우 흥미로운 결과가 도출되었습니다. 자신의 의지로 각 치료법을 선택한 환자의 치료 결과가 더 좋았으며, 초기에는 술을 마시더라도 치료를 중단하지 않고 조금이라도 더 오래 치료 관계를 유지한 환자의 치료 결과가 더 좋았던 것입니다.

또 한 가지 아주 흥미로운 연구가 있습니다. 이 연구는 코카인 의존증 환자를 대상으로 한 인지행동치료의 효과를 조사한 것입니다. 연구 결과, 치료 기간이 길수록, 치료 빈도가 높을수록 치료 결과가 더 좋았습니다. 그러나 무엇보다 놀라운 점은, 치료 종료 후에도 코카인을 끊은 환자들의 삶을 면밀히 관찰한 결과, 인지행동치료에서 배운 대처 기술을 실제로 사용하는 환자가 거의 없었다는 사실이었습니다.

이 연구가 시사하는 바는 다음과 같습니다. "회복의 열쇠를 쥐고 있는 것은 12단계도, 인지행동치료도 아니다. 중요한 것은 치료법이 아니라 좀 더 비특이적인 것, 즉 지원자나 동료와의 관계(저는 이를 '**회복 커뮤니티**'라고 부릅니다)를 유지하는 것이며, **술이나 약물을 끊었는지의 여부는 부차적인 문제다**."

어떤가요? 마코토가 지금까지 시도해온 마코토 방식의 자조모임, 전혀 틀리지 않았다고 생각하지 않나요?

담당 편집자 F로부터

이 책의 편집자 역시 종교 2세입니다. 종교 2세는 삶의 다양한 어려움에 직면하는데, 그중 하나는 이번에 주고받은 편지에서 다룬 것처럼 일상의 사소한 장면 속에서 외상적인 의례나 사건과 마주하는 경우입니다. 예전에 부모나 교단이 강요했던 것처럼 '극단적으로 해로운 것'은 아니라는 사실을 머리로는 이해하더라도, 종교적 의식이나 행사를 계기로 어린 시절의 나쁜 기억이 플래시백되어 심리적 안정감을 잃을 수 있습니다. 예컨대, 잡지나 텔레비전의 사소한 코너에 등장한 점쟁이, 관광 목적으로 방문한 신사나 사찰, 또는 참석한 결혼식이 열리는 예배당 같은 장소 등 다른 사람들에게는 아무렇지 않은 장면도 종교 2세에게는 공포와 불안을 불러일으키는 계기가 될 수 있습니다.

종교 2세에게는 '아무 생각 없이 참여하면 여러 가지로 이점이 있을 텐데'라고 생각되는 행사에 참여하지 못한다는 사실 자체가 열등감이나 자기부정으로 이어집니다. 과거에 사로잡혀 미래를 향해 나아가지 못하는 자신이 한심하게 느껴지는 거죠.

그런 종교 2세에게 도시 씨의 제안은 무척 힘이 되네요. 우리는 회복의 방식을 일부 조정할 수 있습니다. 중요한 것은 지속 가능한 '회복 커뮤니티'를 유지하는 것이라고 합니다. 이를 위해 어떤 노력과 선택을 할 수 있을까요? 다음은 수많은 자조모임을 운영해온 마코토 씨의 답장입니다. 현장의 실천적 지식에서 힌트를 얻을 수 있을지도 모르겠습니다.

5. 무력함의 수용과 회복 커뮤니티

요코미치 마코토, 2023년 5월 6일

고마워요, 도시. 지난번 편지는 자조모임광(?)인 저에게 정말 힘이 되는 내용이었습니다.

"회복의 열쇠를 쥐고 있는 것은 12단계도, 인지행동치료도 아니다. 중요한 것은 치료법이 아니라 좀 더 비특이적인 것, 즉 지원자나 동료와의 관계(저는 이를 '**회복 커뮤니티**'라고 부릅니다)를 유지하는 것이며, **술이나 약물을 끊었는지의 여부는 부차적인 문제다.**"

어떤가요? 마코토가 지금까지 시도해온 미코토 방식의 자조모임, 전혀 틀리지 않았다고 생각하지 않나요?

중독 치료의 권위자가 격려의 의미로 등을 토닥토닥 두드

려줄 때의 기분이 이런 것인가 싶어 감개무량합니다.

무력함의 수용과 남자다움이라는 병

AA를 열심히 다니던 시절,《빅북》에 흥미가 생겨 소책자판―미니북?(웃음)―을 구해 열심히 읽었습니다. AA는 결국 종교, 아니 그리스도교에 대한 다른 방식의 권유가 아닐까 하는 의구심이 있었지만, 이 책을 읽고 나서야 그게 아니구나 하고 믿을 수 있었습니다. 무엇이든 상관없이 자신이 믿을 수 있는 신을 믿으라는 제안이 적혀 있었고, 도시가 이야기했던 윌리엄 제임스에 대한 이야기도 나와 있어 '이 정도라면 믿을 만하다'는 생각이 들었습니다. 저는 종교 관련 전문가는 아니지만, 문학을 종교 문제와 연관지어 연구해왔습니다(어린 시절 '세뇌'되었던 것을 상대화하려고 발버둥쳐온 삶이었습니다). 젊은 시절에는 윌리엄 제임스가 제시한 종교적 다원주의가 하나의 이상적인 모델이라고 생각한 적도 있습니다. 종교적 경험(전형적으로는 신비주의적인 도취 경험)이 특정 종교의 정당성을 보장하는 것이 아니라, 모든 종교에 다 있다는 것을 보고 '이건 공정한 논의구나'라고 생각했습니다. 그래서《빅북》이 '윌리엄 제임스 계열'이라는 것을 알고 나니, 그 점만으로도 안심이 되었습니다.

도시가 인용한, 알코올 의존증 환자의 충동을 해결하는 것은 종교적 열광이라는 제임스의 지침은 대단한 발명이었다고 생각합니다. 하지만, 세속적 논리로 정비되지 않았을 뿐이지, 사실 19세기 서구에서 그것은 이미 '상식'에 가까웠던 것이 아닐까 상상해볼 수 있습니다. 19세기 소설을 읽다 보면 '주정뱅이에 개차반인 남자가 신앙에 눈을 떠 놀라울 정도로 진정한 인간으로 변신하는' 패턴의 이야기가 자주 등장합니다. 이것은 '너무 이상적인 이야기', '그야말로 지어낸 이야기'처럼 보일 수 있지만, 정말로 '흔히 일어나는 일'이었을 가능성도 있습니다. 의존증으로 인해 인생이 망가진 사람에게 신부님이나 목사님이 "신에게 의지하여 갱생하세요"라며 격려하곤 합니다. 어쩌면 '믿는 자는 구원받는다'는 교조주의적 방식이었을지도 모르지만, 실제로 신앙에 몰두하게 되면 술보다 신앙이 더 '강력하게 작용'하여 경건함으로 인해 의존증이 해소되는 마술과 같은 일이 벌어진 것인지도 모릅니다. 잘 짜인 시스템이라고 생각합니다.

도시가 쓴 것처럼, '익명 계열'의 12단계는 '무력함'을 받아들이는 것에서 시작합니다. 이것이 '남자다움이라는 병'에 빠져 있는 사람들에게 탁월한 효과를 발휘하는 이유를, 저 또한 이 병에서 완전히 자유롭지 않았기 때문에 잘 이해할 수 있을 것 같습니다. 도시는 약물 남용 문제로 대중매체를 떠들썩하게 했던 유명인들의 치료를 자주 담당한다고 어니선가 들은 적이 있는데, 그런 유명인들이 갱생한 후 보여주는 태도는 모두 예전에 드러냈던 화려하고 흉포한 남자다운 이미지에서 벗어나, 완전히 달라진 '귀여운 느낌의 아저씨'로 변모한 듯한 느낌을 줍니다. 풀이 죽은 듯 겸손한 모습을 보이는 그들의 변화는 인상적입니다. 그들을 볼 때마다 저는 '이 사람도 자신의 무력함을 받아들였구나. 정말 대단하다'라고 생각합니다. 저 역시 여러 허세를 포기하며 무력함을 받아들였으니, 그들의 마음을 이해할 수 있을 것 같아 살짝 울컥하기도 합니다.

  이 모든 것을 알고 쓴 듯한, "마코토처럼 어린 시절 종교로 인해 깊은 상처를 입은 경험이 있는 사람에게는 AA의 종교적 색채가 그 자체로 트라우마가 될 수 있습니다. 또한, 학대나 왕따 피해로 인해 자신의 감정이 무시당하고 존재가 부정되는 경험을 하며 자신의 '무력함'을 오랜 시간 동안 뼈저리게 느껴온 사람들에게는, 1단계의 '무력함'이라는 단어가 잔인하게 느껴질 수 있습니다"라는 부분을 읽고 '도시는 역시 믿을 만한 정신과 의사구나' 하는 생각이 들었습니다. 얼마 전 작가 이시다 쓰키미 씨와 이야기하던 중 쓰키미 씨가 "무력함을 받아들이는 것은 남성에게는 의미 있는 일이지만, 여성에게는 어떨까?"라고 말했는데, 정말 흥미로운 논점 같습니다. 남성이 여성보다 '전능감 omnipotence'을 느끼기 쉬운 반면, 여성은 남성보다 '무력감'에 시달리는 경우가 많을 테니, 어쩌면 여성에게는 여성만을 위한 '12단계'가 필요할지도 모르겠습니다.

자조모임의 활동 — 당사자 연구와 오픈 다이얼로그

제가 주재하고 있는 자조모임은 현재 아홉 개로, 거의 모든 모임이 당사자 연구를 중심으로 활동하고 있습니다. 이는 질환이나 장애를 안고 살아가는 당사자들이 유사한 특성을 가진 동료들과 함께 '어려움'의 구조를 연구하며 더 살기 편한 방법을 찾아가는 방식으로, '우라카와 베델의 집'에서 착안한 활동입니다. 조금 옆길로 샌 이야기일 수 있지만, 사실 처음에는 이 '우라카와 베델의 집'이라는 이름에 대해 '우웩' 하고 토할 것 같은 암울한 느낌을 받았습니다. 어린 시절 제가 강제로 믿어야 했던 사이비 종교에서는 '베델', '베델 봉사', '베델 가족' 같은 용어가 신자들 사이의 대화에서 자주 사용되었기 때문입니다. 또한, '베델べてる'을 히라가나로 표기하는 것도 더욱 기분 나쁘게 느껴졌습니다.

하지만 막상 직접 동료를 모아 모임을 열어보니 곧바로 당사자 연구에 몰입하게 되었습니다. 베델의 집에서 리더 역할을 맡아온 무카이야치 이쿠요시 씨는 개신교 신자이기 때문에, '어려움'을 동료와 함께 짊어진다는 이미지는 예수 그리스도와 신자 집단의 이미지를 기반으로 하고 있다고 볼 수 있겠지요. 그러나 당사자 연구가 종교와 연결되는 경우는 거의 없습니다. AA의 경우에는, 세 번째 편지에서도 언급했듯이 모임이 열리는 장소가 교회 부속 시설이거나 분위기가 그리스도교적이어서 그리스도교로 이어지기 쉬운 면이 있지만, 당사자 연구는 그러한 점에서 안전합니다. 하지만 원조 베델의 집에서는 조금 다른 모양입니다. 우라카와 교회와 밀접한 관계가 있는 것으로 보이니까요.

당사자 연구 외에도 제가 자조모임에서 진행하고 있는 활동 중 하나는 최근 정신건강 분야에서 유행하고 있는 오픈 다이얼로그라는 대화법입니다. 오픈 다이얼로그는 원래 핀란드 외곽 지역의 병원에서 조현병 환자를 치료하기 위해 개발된 집단치료였지만, 일본에서는 조현병 환자만을 대상으로 하지 않고, 보편적인 돌봄과 치료 기법으로서 인기를 얻게 되었습니다. 우리 그룹은 병원에서 시행되고 있는 방식을 자조모임에 접목시키는 과정에서, 오리지널 오픈 다이얼로그의 어떤 부분을 유지하고 어떤 부분을 변형해야 할지를 탐구하는 활동을 하고 있습니다. 다양한 질환이나 장애, 고뇌, 삶의 어려움을 겪는 사람들이 찾아와 활발하게 대화를 나누고 있습니다. 제가 오픈 다이얼로그에서 느낀 매력 중 하나는 환자에게 주는 메시지의 복수성, 다양성, 그리고 제한성을 긍정한다는 점입니다. 저는 이 대화법에서 메시지의 단일성, 특권성, 보편성을 지향하는 종교적이거나 신적인 공간과는 정반대의 인간적인 공간을 느끼며 안심할 수 있었습니다. 결국 저는 어릴 적부터 저를 깊이 물들였던 종교적인 것과 여전히 씨름하고 있다는 사실을 다시 한번 깨닫게 됩니다.

아무튼, 의존증 치료가 '회복 커뮤니티'를 발견한 것이 의존증 영역을 넘어 정신의학계 전체에서 큰 의미가 있었다고 말할 수 있는 날이 오기를 바랍니다.《모두가 물속》이 좋은 평가를 받으면서 발달장애 학회나 연구회에서도 강연 요청이 들어오곤 하는데, 저는 발달장애 자조모임에서의 경험담을 공유하며 이렇게 이야기합니다. "의존증은 치료가 매우 어려운 문제이고, 발달장애는 애초에 치료가 불가능하다고 여겨집니다. 하지만 어느 쪽이든 대화를 통해 상황이 안 좋아지는 것을 막을 수 있습니다. 자조모임을 통해 삶의 질을 개선할 수도 있습니다. 따라서 의존증 임상에서 자조모임이 표준으로 자리잡은 것처럼, 발달장애 임상에서도 자조모임을 표준으로 삼아야 한다고 생각합니다. 정신과 의사 여러분께서 이 아이디어를 이해하고 수용해주시길 바랍니다."

도시는 의존증 전문가로서 자조모임을 지지하는 자신의 태도를 다소 냉정하게 바라볼 수 있는 분일지도 모르겠으나, 저는 그런 태도를 존경합니다. 반면, 발달장애 전문가는 제가 보기에는 훨씬 더 오만한 인상을 주는 경우가 많습니다. 발달장애를 치료할 수 없다는 점은 모두가 알고 있지만 (사실, 이를 치료할 수 있는 의사는 없을 것입니다), "회복 커뮤니티가 도움을 줄 수 있다"라는 조언조차 하지 않는 경우가 대부분입니다. 자조모임뿐만 아니라 "임상심리사를 찾기 인지행동치료를 받아보라"는 제인조차 하지 않는 전문의도 많습니다. 의존증 임상은 어느 정도 역사가 쌓인 반면, 발달장애 임상은 아직 초기 단계라는 점이 이러한 차이를 설명할 수 있지 않을까 생각합니다. 또한 익명 계열의 접근 방식이 확립된 의존증 치료와는 달리, 발달장애인의 자조모임 활동은 여전히 걸음마 단계에 머물러 있는 것도 이러한 문제와 관련이 있을 것입니다.

'바닥'이 단테의 《신곡》 같은 세계관에서 비롯된 이야기라는 점은 저도 새롭게 알게 되어 흥미롭네요. 의존증 치료를 시작한 지 몇 년 되지 않아 도시의 책을 많이 접할 수 있었던 것은 정말 감사한 일이었고, 덕분에 '바닥' 신화와도 자연스럽게 거리를 둘 수 있었습니다. AA에서 동료들의 이야기를 듣다 보면 '바닥'에 대한 언급이 자주 나오는데, 이 신화가 의존증 치료 안에서 뿌리 깊게 자리잡은 현상은 대단히 흥미롭습니다. 그러나 생각해보면, '바닥'을 경험하고 거기에서 상승 회복을 한다는 이야기는 지나치게 극적이지 않나 싶습니다. 중독으로 내장이 손상되어 평균 수명보다 일찍 생을 마감하거나, 만취 상태로 교통사고를 당해 죽는 상황이 더 흔한 결과가 아닐까요. '바닥'에 도달하기 전에 중독에서 벗어나는 것이 당연히 훨씬 낫다고 생각합니다.

"안 돼, 절대 안 돼"라는 비판에 대해 조금 더 공부해야겠다는 생각이 들었습니다. 초등학교 때 만화 〈맨발의 겐〉을 읽으면서 원자폭탄이 초래한 직접적인 재앙의 충격도 컸지만, 마지막 부분에서 주인공 겐의 동료 중 한 명인 무스비가 필로폰에 중독되어 '폐인'으로 묘사된 장면 역시 트라우마로 남을 정도였습니다. 저는 겁이 많은 성격이라 '마약 같은 것은 절대 손대지 말자'고 다짐했지만, 결국 '이건 마약이 아니니까 괜찮아'라는 판단을 내리며 여러 가지 것들을 의존증 대상으로 만들어왔다는 생각도 들었습니다. 의존증이라는 현상은 정말 흥미롭네요(물론 이렇게 말하면 어폐가 있지만요).

6. 한참 뒤처진 의존증 임상

마쓰모토 도시히코, 2023년 5월 7일

답장 고마워요, 마코토.

의존증 치료가 '회복 커뮤니티'를 발견한 것이 의존증 영역을 넘어 정신의학계 전체에서 큰 의미가 있었다고 말할 수 있는 날이 오기를 바랍니다.

이번에는 마코토의 이 꿈 이야기에서 시작하겠습니다.

도처에 있는 회복 커뮤니티

저는 마코토의 꿈이 실현되기 일보 직전까지 와 있다고 생각합니다. 아니, 어쩌면 우리는 이미 그 단계에 들어서 있는지도 모릅니다. 지난 몇 년 동안 당사자 연구나 오픈 다이얼로그 등 당사자의 내러티브를 소중히 여기는 활동이 점점 더 주목받고 있는 것 자체가 그 가장 좋은 증거라 할 수 있겠지요.

최근에 저는 에릭 클라이넨버그의 《모이는 장소가 필요하다: 고립을 막고 삶을 지키는 '열린 장소'의 사회학》*이라는 책을 읽었습니다. 이 책에서 저자는 사람들이 모이는 장소(공원, 도서관, 카페 등 도시 속 다양한 공간)와 그곳에서 형성되는 가지각색의 다양한 연결이 사람들의 회복력을 높이고 생명을 지킨다는 사실을, 다양한 재난과 공중보건 위기를 예로 들어 밝히고 있습니다.

저자가 지적하는 '모이는 장소'가 바로 회복 커뮤니티의 필요조건이 아닐까요? 이는 꼭 물리적인 공간일 필요가 없으며, 마코토가 하고 있는 것처럼 온라인이라는 가상공간에서의 교류 또한 동일한 역할을 할 수 있을 것으로 보입니다.

저는 회복 커뮤니티를 상당히 넓은 의미로 보고 있습니다. 예를 들어, 오늘날 SNS에는 손목을 긋는 행위나 약물 과다 복용을 주제로 한 커뮤니티들이 많이 존재하는데, 이것 역시 일종의 회복 커뮤니티로 볼 수 있지 않을까요? 물론 이러한 커뮤니티는 때로 당사자를 위험에 빠뜨릴 수 있는 부정적인 측면도 내포하고 있습니다. 그럼에도 불구하고 고립에서 벗어나도록 도와주는 긍정적인 효과가 있습니다. 최

• 《도시는 어떻게 삶을 바꾸는가》(서종민 옮김, 웅진지식하우스, 2019)

근 젊은이들 사이에서 시판 약(일반의약품)의 과다 복용이나 '스트제로'*의 남용이 만연한 가운데 가부키초 도요코** 부근이 이런 남용의 중심지로 알려져 있는데, 개인적으로는 이런 곳 또한 부분적으로는 회복 커뮤니티로서의 기능을 하고 있는 것이 아닌가 싶습니다.

회복 커뮤니티란 '나 혼자가 아니라는 것을 아는 장소'라고 정의할 수 있으며, 이는 당사자 연구자 구마가야 신이치로 씨의 "희망이란 절망을 나누는 것"이라는 말이나, 외람되지만 저 자신의 "최대 비극은 끔찍한 일을 당하는 것이 아니라 혼자 고통받는 것"이라는 말과 본질적으로 맞닿아 있는 것이라고 생각합니다.

자조모임 내 위계 구조와 '준비된 당사자' 문제

마코토가 지적한 것처럼, 이러한 '회복 커뮤니티' 운동이 의존증 치료에서 시작되었다는 점은 부인할 수 없는 사실입니다. 그런 의미에서 일본의 의존증 치료는 다른 정신건강 분야에 비해 한발 앞서 있었다고 볼 수 있습니다.

• '스트롱 제로'의 줄임말. 산토리사의 탄산 칵테일 소주. 가격이 저렴하고 도수가 높아서 알코올 의존증으로 이어지기 쉽다.

•• 도쿄 신주쿠의 유명한 환락가인 가부키초에 위치한 토호극장東宝劇場의 앞글자 '도東'와 '옆'을 의미하는 일본어 '요코横'에서 유래한 말. 주로 인터넷에서 알게 된 친구들과 함께, 학교나 가정에서 기댈 곳이 없는 가출 청소년들이 모이는 장소로 알려져 있다.

하지만 최근 들어 저는 우리의 전문 분야가 방심하는 사이 다른 주자들에게 추월당해, 어느새 '한 바퀴 뒤처진 선두'가 되어버린 것은 아닌가 하는 생각이 들었습니다.

벌써 4, 5년 전의 일일까요, 저는 의존증이 아닌 정신건강 문제 전반의 당사자를 대상으로 한 '회복 포럼'에 초대받았습니다.

이 포럼은 놀랄 만큼 성황을 이루었고, 행사장은 수많은 당사자들로 붐볐습니다. 특히 흥미로웠던 점은 "환청은 계속 들리지만 약을 먹기 싫어서 병원에는 다니지 않는다"고 자랑스럽게 말하는 당사자나 "정신과 의사가 아주 싫다"고 당당히 말하는 반反정신의학 운동가 당사자들이 참석했다는 사실입니다. 물론 "나는 정신과 의료의 도움을 받았다"며 정신과 의료에 긍정적인 입장을 가진 당사자들도 있었고, 이들 양 진영은 입장 차이를 넘어서 서로 공감하며 교류하고 있었습니다.

다소 통쾌한 광경이었습니다. 병원에서는 걸핏하면 담당 의사에게 반항하는 악명 높은 불량 환자로 보였을 당사자들이 상당수 섞여 있었는데, 그들이 정말로 활기차고 빛나고 있었기 때문입니다. 진료실에서는 좀처럼 볼 수 없는, 건강하고 생기 넘치는 모습이었지요. '아, 그렇지. 회복이란 이런 거지' 하고 스스로 납득했던 기억이 생생합니다.

한편 의존증 분야를 보면, 저는 조금 다른 생각이 듭니다. 의존증 영역에서 당사자가 사람들 앞에서 이야기하는 경우를 살펴보면, 그들은 거의 항상 자조모임의 올드타이머나 다르크 같은 재활 시설에서 일하는 직원들입니다.

애초에 AA나 NA(익명의 약물중독자들), 혹은 금주회 같은 자조모임은 술과 약물을 전혀 하지 않는 삶을 목표로 합니다. 따라서 "나는 절주할 겁니다" 또는 "약물은 그만두겠지만 술은 계속 마실 겁니다"라고 말하는 사람은 그 모임에서 자신의 자리를 찾기 어렵습니다.

사실 자조모임 내에도 보이지 않는 위계 구조가 자리잡고 있습니다. 금주와 약물 끊은 햇수는 이러한 위계 구조를 가늠하는 가장 쉬운 지표가 됩니다. 더 추상적으로는 '회복'이라는 개념이 때로 남용되거나 악용되는 사례도 있습니다. 예를 들어, "저 사람은 아직 회복되지 않았어"라는 표현이 타인을 비난하거나 우위를 점하는 수단으로 쓰이기도 합니다. 이러한 이유로 오랜 시간 동안 술과 약물을 끊고 자조모임에서 인정받아오던 사람이 실수를 한 후, 어색함과 수치심을 견디지 못해 점차 모임에서 멀어지고 결국 고립되는 경우도 종종 있습니다.

요컨대, 의존증 분야에서 말하는 '당사자'가 꼭 모든 중독자를 대표하는 것은 아닙니다. 적어도 '무슨 일이 있어도 술을 끊고 싶지 않은 사람'은 이 체계 안에서 '당사자'로 간주되지 않습니다. 약물 의존증의 경우 상황은 더욱 심각합니다. "안 돼, 절대 안 돼"라는 계몽적 캠페인의 영향으로, 약물 사용자들은 '절대 해서는 안 되는 일을 하는 사람'으로 여겨져 목소리를 낼 기회조차 박탈당하는 경우가 많습니다. 결과적으로 이 분야의 '당사자'는 우리 의료인들에게 편리한 사람들로 제한되어버리는 것이 현실입니다.

이거 이상하지 않습니까? 왜냐하면 이미 의료인 진영으로 돌아선 사람들만 '당사자'로 불리고 있으니까요. 이는 마치 관공서의 위원회에서 '다양한 의견을 들었다'는 증거를 만들기 위해 소환되는 '준비된 당사자' 같은 느낌이 들지 않으세요?

회복이란 단순히 술이나 약물을 끊는 데 그치지 않고, 있는 그대로의 자신을 받아들이며 애써 노력하거나 긴장하지 않고 편안히 살아가는 방법을 익히는 것이라고 생각합니다. 의존증 치료 현장에서는 '사라지고 싶다', '죽고 싶다'는 마음을 달래기 위해 술이나 마약을 사용했던 사람이 정신력과 근성으로 술이나 마약을 끊었지만, 결국 자살로 내몰리는 상황에 직면하는 일이 드물지 않습니다. 이런 경우 술이나 마약을 끊는 것 자체는 회복에 아무런 기여를 하지 못하는 셈입니다.

저는 한참 뒤처진 의존증 분야가 다시 선두 그룹을 따라잡기 위해서는 이러한 문제를 어떻게든 해결해야 한다고 생각합니다.

위해성 감소란 무엇인가

더 넓고 포괄적인 의미에서의 '당사자' 지원을 고려한다면,

위해성 감소라는 공중보건 정책의 이념을 빼놓을 수 없습니다.

기존 약물 정책은 기본적으로 공급 감소와 수요 감소에만 초점이 맞춰져 있었습니다. 즉, 커뮤니티에 대한 약물 공급량을 줄이고(과세, 유통 관리, 판매 규제, 최종 사용자 단속), 나아가 사람들의 약물 수요를 줄임으로써(남용 예방 교육, 의존증 치료) 커뮤니티 전체의 약물 사용량을 줄이는 것을 목표로 했습니다.

그런데 이러한 약물 정책은 사회에 편견과 차별 의식을 확산시키며, 결과적으로 당사자를 고립시키는 문제를 낳습니다. 더불어 전문 치료를 받았다고 해도 오랫동안 약을 끊는 사람은 극소수에 불과합니다.

그래서 필요한 것이 바로 위해성 감소 개념입니다. 위해성 감소란, 세상에는 약물 사용을 계속하는 당사자가 반드시 일정 수 존재한다는 점을 인정하고, 약물 사용 자체를 줄이기보다 약물 사용으로 인한 2차 피해를 줄이는 것을 목표로 하는 접근 방식입니다. 구체적인 예로는 감염병 확산 방지를 위해 깨끗한 주사기를 무상으로 배포하는 것, 약물을 안전하게 사용할 수 있는 주사실을 설치하는 것, 그리고 비교적 해가 적은 대체 약물을 투여하는 것 등이 있습니다.

그리고 불법 약물 사용과 소지를 비범죄화(불법이지만 처벌하지 않는 것)함으로써, 당사자가 치료에 보다 쉽게 접근할 수 있도록 하고, 동시에 수감으로 인해 발생하는 사회적 고립을 방지해야 합니다. 또한, 약물 남용 방지를 표방하더라도 당사자를 좀비나 괴물과 같은 모욕적인 표현으로 묘사해서는 안 되며, 당사자가 편견과 차별의 대상이 되지 않도록 호소할 필요가 있습니다.

앞서 언급한 클라이넨버그도 저서에서 위해성 감소의 중요성을 강조했습니다. 그는 유대감이 높은 커뮤니티에 사는 사람들은 약물 의존증에 빠질 위험성이 낮으며, 반대로 사회적으로 고립된 약물 사용자는 약물 과다 복용으로 인해 사망할 위험성이 높다고 지적했습니다.

예컨대, 스위스에서는 1970년대 이후 헤로인 사용자가 급증하며 과다 복용으로 인한 사망자도 크게 늘어났습니다. 이에 대응하여 스위스 정부는 단속과 처벌을 강화하고 공공장소에서 약물 사용자를 배제하는 정책을 폈으나, 결과적으로 상황은 점점 더 악화되었지요.

그래서 스위스 정부는 과감히 정책을 전환했습니다. 먼저 헤로인 사용과 소지에 대한 처벌을 중단했으며, 헤로인 사용자의 생명을 보호하기 위해 안전한 양의 헤로인을 투여하는 방안을 도입했습니다. 이를 통해 의료기관에서 적절히 관리하는 형태로 헤로인을 처방하게 되었는데, 처방되는 헤로인은 금단증상을 방지하기에는 충분하지만 고양감 high에 빠지지는 않을 정도의 제한된 소량으로 제공됩니다.

이 정책 전환은 큰 성공을 거두어, 헤로인 사용으로 인한 사망자 수가 극적으로 감소했습니다. 동시에 의료기관에서 헤로인을 처방받으며 생활상의 어려움을 상담하는 과정에서 사용자들이 진심으로 헤로인을 끊고 싶다는 생각을 하게 되었고, 의존증 치료로 연결되는 사례도 나타났습니다. 더욱 놀라운 점은 일반 국민의 평생 헤로인 경험률도 낮아졌다는 것입니다.

영국에서는 술을 끊기 어려운 알코올 의존증 노숙인을 대상으로 흥미로운 위해성 감소 정책이 시행되고 있습니다. 바로 '무료 급식소'에서 소량의 알코올 음료를 무료로 제공하는 지원입니다. 단, 알코올 음료를 받으려면 단백질과 비타민 등 영양이 풍부한 식사를 하는 조건을 충족해야 합니다. 제공되는 알코올 음료는 적은 양으로, 노숙인이 매일 무료 급식소를 찾아야 하며, 그 결과 매일 영양가 높은 식사를 하게 되는 구조입니다.

이 시도는 노숙인의 간경화증 발병률과 사망률을 획기적으로 낮추었을 뿐만 아니라, 알코올 의존증 치료를 포함한 다양한 지원을 받는 노숙인 수를 증가시키는 데에도 기여하고 있습니다.

요컨대, 기존의 '무슨 일이 있어도 술은 안 된다'는 접근 방식은 지원자가 당사자와 알코올에 대해 솔직하게 이야기할 기회를 잃게 만들어, 단절을 초래하고 당사자를 고립시키는 결과를 낳게 됩니다.

회복 커뮤니티에 필요한 것

약물의 위험성을 강조하기 위해 과거에 자주 시행된 실험이 있습니다. 쥐 한 마리를 우리에 가둔 뒤, 경정맥에 주삿바늘을 꽂고, 레버를 누르면 주사 병에서 마약이 혈관으로 투여되는 장치를 사용한 실험입니다. 이 장치 안에 놓인 쥐는 하루 종일 버튼을 누르며 결국 과다 복용으로 죽게 됩니다. 이 이야기를 들으면 누구나 약물의 위험성을 강렬하게 느낄 것입니다.

하지만 우리는 이런 잘못된 믿음을 가진 유사과학에 속아서는 안 됩니다. 쥐가 약물 의존증에 빠진 것은 마약 자체의 영향이라기보다 '우리에 갇혀 있는 것', 즉 고립된 환경 때문이라는 점이 중요합니다. 실제로 쥐를 열댓 마리의 동료들과 함께 지낼 수 있는 쾌적한 환경에 놓아두면, 쥐들은 마약에는 거의 관심을 두지 않고 동료들과 놀거나 짝짓기를 한다는 사실이 훗날 '쥐 공원 실험' 연구를 통해 밝혀졌습니다. 심지어 이전에 우리 안에서 마약에 중독되어 마약의 '좋은 점'을 경험한 쥐조차도 마약보다 동료를 선택했습니다.

이 사실은 중독의 본질이 고립에 있다는 점을 시사하며, 동시에 회복 커뮤니티의 치유력이 어디에서 비롯되는지를 명확히 보여줍니다. 더 나아가, '문제를 가진 사람을 고립시키지 않는다'는 위해성 감소의 정당성을 강력히 뒷받침해주는 사례이기도 합니다.

다만, '같은 문제를 가진 사람들과 연결되는 것'만으로는 충분하지 않습니다. 회복 커뮤니티는 공평하고, 참여자 모두가 평등한 관계를 유지할 필요가 있습니다. 적어도 '술·약물을 끊은 지 △△년'이라는 이유로 서로를 깎아내리거나 위계 구조가 형성되어서는 안 됩니다.

  이것에 대해서도 참고할 만한 동물 실험이 있습니다. 원숭이 집단을 '마약을 마음껏 사용할 수 있는' 우리 안에 넣어두었더니 집단 내의 위계 구조에 따라 마약 섭취량에 차이가 있는 것으로 나타났습니다. 집단 최상위에 군림하는 '지배자 수컷'은 마약을 전혀 사용하지 않았던 반면, 위계 구조 최하위 계층인 '노예 수컷'은 집단 내 최대 마약 소비자가 되었습니다. 아마도 굴욕감과 욕구 불만을 달래기 위해 마약이 많이 필요했겠지요.

  그렇습니다. **위계 구조는 회복과 정반대되는 요소인 것입니다.**

  …… 이런 글을 쓰고 있자니 니코틴 의존증 환자(흡연자) 주변에 떠도는 그 살벌한 분위기가 떠올라 다소 우울해지네요. 왜 살벌한가 하면, 흡연자와 가장 격렬히 대치하는 것은 태어나서 한 번도 담배를 피워본 적도, 피울 생각을 해본 적도 없는 사람이 아니라 '전前 흡연자'이기 때문입니다.

  아직도 담배를 피우고 있으며, 적어도 현재로서는 담배를 끊을 생각이 전혀 없는 저는 전 흡연자가 의기양양한 얼굴로 드러내는 우월감에 일상적으로 시달립니다. 그뿐만 아니라, 금연의 장점과 성공 비결에 대해 '위에서 내려다보는 듯한 시선'으로 늘어놓는 설교까지 듣고 있지요.

바로 얼마 전 직장 건강검진에서 검진 의사가 "담배를 피우는 것은 니코틴이라는 약물에 대한 의존증입니다"라며 일방적으로 설교를 하고, 자신의 금연 성공담을 늘어놓더군요. 저는 '의존증에 대한 그 설명, 누구한테 하는지 알고나 있는 거냐, 이 자식'이라며 속으로 분노를 느끼면서도 그 자리에서는 검진 의사를 눈을 홉뜨며 흘겨보는 데 그쳤습니다.

그런 설교는 저의 금연 동기부여에 전혀 긍정적인 영향을 주지 못합니다. 오히려 음울한 열정이 고개를 쳐들어, 저는 '오기로라도 끊나 봐라' 하는 결의를 새롭게 다질 뿐입니다.

안타까운 이야기입니다. 적어도 삶의 어느 시기에는 같은 것을 사랑했던 사람들인데, 이 깊은 단절은 대체 무엇 때문일까, 무엇이 원인일까 생각하며 요즘 들어 문득 슬픔이 밀려오곤 합니다.

담당 편집자 F로부터

제가 고등학생에서 대학생으로 넘어가던 시기였을까요? '멘헤라メンヘラ'라는 인터넷 속어가 유행하기 시작했습니다. 이 단어는 '멘탈헬스(정신건강)'의 줄임말로, '감정 기복이 심하고 마음이 불안정한 상태의 사람'을 가리키는 표현이었습니다. 이 말이 유행하던 시기에는 정신건강 문제와 그 대책에 대한 지식과 노하우가 사람들 입에 오르내리곤 했습니다.

물론, 지금까지 눈에 띄지 않았던 문제가 사회적으로 인식되기 시작했다는 점에서 긍정적인 면도 있었습니다. 그러나 한편으로는 '자기 긍정감self-affirmation'이나 '인지 왜곡' 같은 표현이 오히려 당사자를 공격하는 데 남용되거나 악용되는 이른바 '테라피 스피크therapy speak'●도 눈에 띄게 되었습니다. 이러한 상황에서 정신질환 당사자를 모질게 대하는 사람들은 단지 정신건강에 무지한 이들만이 아닙니다. 자신이나 가족, 혹은 가까운 사람이 정신질환을 겪고 이를 자신의 노력으로 '극복'했다고 생각하는 사람들 또한 여기에 포함됩니다. 도시 씨가 언급한 금주회나 금연자의 우월감 경쟁은 그것을 떠올리게 합니다.

이런 슬픈 단절은 대체 어떻게 극복할 수 있을까요?

● 심리 치료와 정신건강 분야에서 사용하는 전문 용어를 일상 대화에서 사용하는 현상을 가리킨다. '트라우마'나 '가스라이팅' 같은 용어를 사용해 타인을 비판하거나 자신의 행동을 정당화하는 등 부정적으로 남용되는 경우가 늘면서 비판적인 용어로도 쓰이고 있다.

7. 당사자 이미지의 복잡성과 새로운 자조모임을 찾아서

요코미치 마코토, 2023년 5월 31일

도시, 이번에도 고마워요. 지난번에 저는 발달장애 치료 현장에서 자조모임이 표준으로 자리잡았으면 좋겠고, 발달장애 지원자는 의존증 치료 현장에서 보고 배울 필요가 있다고 썼습니다. 이는 일반적으로 정신과 의사보다 낮은 위치에 놓이는 '환자'를, '당사자'라는 대등한 상대로 대우했으면 좋겠다는 바람이 담겨 있다고 할 수 있습니다.

그나저나 저번에 도시는 의존증 치료 현장이 '한참 뒤처지게' 되었다는 우려를 토로했습니다. 도시는 매우 착실하군요. 자신이 몸담고 있는 현장의 문제점에 대해 많은 관심을 기울이고 있으니까요. 지 역시 환자이자 당사자로서, 사조모임 활동을 하는 사람들 중 전문가(정신과 의사, 심리상담사 등)를 업신여기는 이들이 있다는 점을 우려해왔습니다. 도시와 마찬가지로, 저도 '우리 쪽'의 문제점이 마음에 걸린다고 할 수 있겠네요.

미화할 수 없는 당사자들

이러한 '교만'은 의존증 치료와 연동된 익명 계열의 자조모임이 아니라 익명 계열에서 멀어진 집단에서 더 많이 보이는 경향이 있다고 생각합니다. AA는 '자신의 무력함을 인정하는' 것을 출발점으로 삼기 때문에, 자조모임 참여자들도 상대적으로 겸손한 태도를 보이는 경우가 많지 않을까요? 도시가 쓴 것처럼 '술·약물 끊은 지 △△년'이라고 과시하며 우위를 다투거나 위계 구조가 생기는 일이 있다고 해도 말입니다. 익명 계열이 아닌 자조모임은 '무력함을 인정하는' 것을 기반으로 삼지 않기 때문에, 담론 공간에서 좀 더 오만한 인상을 주는 경우가 많습니다. 사실 저는 그런 점에서 '무력함을 인정하는 AA 같은 곳은 정말 훌륭하군'이라고 생각하기도 합니다.

솔직히 말해서, 저 역시 오만함이 언제나 금세 생겨나곤 했고, 그로 인해 실패한 경험이 많았기에 느끼는 바가 큽니다. 고대 그리스 문학에서는 우수한 남녀가 오만hybris에 사로잡혀 신도 두려워하지 않는 불손함을 보이며 난폭하게 굴다가 호된 벌을 받는 이야기가 자주 등장합니다. 그런 작품에는 늘 배울 점이 많다고 생각해왔습니다. 성서에 기록된 바벨탑 이야기도 비슷합니다. 유일한 절대적인 신도 두려워하지 않고 인간의 영역을 넘어 하늘에 닿기 위해 건축물을 세우자 격노한 신이 파괴합니다. 결국, 어리석은 사람들은 언어가 혼란스러워져 서로 뿔뿔이 흩어지게 됩니다. 어린 시절 경험했던 사이비 종교를 기반으로 한 '성서 연구'는 견딜 수 없을 만큼 싫었지만, 창세기의 그 부분만큼은 제가 겪은 실패와 겹쳐 보여 왠지 이해가 되는 부분도 있었습니다.

그러므로 발달장애 동료들에게 '환자'로서 고개를 떨구고 비참한 기분으로 살아가지 말고 '당사자'로서 당당하게 살아가기를 바라면서도, '우리 당사자가 의사나 상담사보다 훨씬 더 많이 알고 있다'는 불손한 태도를 보이는 사람들이 있다는 점에는 늘 한숨이 나옵니다. 그런 태도는 오히려 전문가들이 당사자에게 질려버리게 만들고, 결국 서로를 지지하지 못하는 상황을 초래하니까요. 한마디로 당사자라고 해도 개성은 천차만별이니, 미화될 수 없다는 점은 명확합니다.

도시가 쓴 '준비된 당사자'라는 표현에는 뭐라 말하기 어려운 복잡한 감정이 드네요. 저도 '발달장애 당사자'나 '종교 2세 당사자'라는 입장에서 대중매체에 등장하거나 기고와 강연 요청을 받곤 하지만, 저 자신도 '편리한 당사자'라는 위치에 놓여 있는지도 모릅니다. 의료나 복지는 제 전문 분야가 아니지만, 문학 연구라는 전문 영역에서는 프로라는 자부심을 갖고 있습니다. 전문 분야가 아닌 곳에서 전문가인 척 발언한 적은 없으며, 기본적으로 성실한 태도로 의료나 복지에 대해 꾸준히 공부하고 있기 때문에 엉뚱한 내용을 부주의하게 말하는 일도 거의 없습니다. 하지만 그런 저조차도 특수한 사례라고 생각합니다. 그래서 제가 '당사자 대표'처럼 비춰지는 것을 뭐라 말할 수 없는 기분으로 바라보는 발달장애인이나 종교 2세가 있을지 모른다는 생각에 불안해지기도 합니다.

이 문제는 늘 신경이 쓰입니다. 그래서 제 책은 나 자신을 깊이 탐구하는 형식뿐만 아니라, 다른 당사자들을 인터뷰하거나, 다수의 경험을 픽션으로 재구성하는 형식을 취하고 있습니다. 독자들이 '발달장애인/종교 2세란 요코미치 마코토 같은 사람'이라고 단정짓는 일이 없도록 하기 위해서요. 앞으로도 이러한 태도를 꾸준히 지켜나가려고 합니다.

그런데 당사자와 마찬가지로, 미화되기 쉬운 의존증 자조모임에 대해 도시가 쓴 다음 내용은 정말 중요한 포인트라고 생각합니다. "AA나 NA(익명의 약물중독자들), 혹은 금주회 같은 자조모임은 술과 약물을 전혀 하지 않는 삶을 목표로 합니다. 따라서 '나는 절주할 겁니다' 또는 '약물은 그만두겠지만 술은 계속 마실 겁니다'라고 말하는 사람은 그 모임에서 자신의 자리를 찾기 어렵습니다." "오랜 시간 동안 술과 약물을 끊고 자조모임에서 인정받아오던 사람이 실수를 한 후, 어색함과 수치심을 견디지 못해 점차 모임에서 멀어지고 결국 고립되는 경우도 종종 있습니다." 새로운 의존증 이해를 기반으로 한 새로운 시대의 자조모임이 요구되고 있는 것은 분명합니다.

그런 모임은 무엇보다 위해성 감소라는 관점을 채택해야

하지 않을까요? '술·약물을 끊는다/목숨도 버린다'와 같은 극단적인 방식이 아니라, '안전한 방식으로 섭취한다/안전하지 않다면 섭취하지 않는다'는 보다 유연한 방침을 핵심으로 삼아야 합니다. 사람은 누구나 흑백으로 단순히 나눌 수 없는 회색의 특징을 갖고 있습니다. 그리고 인간 사회의 관계에도 흑백 논리로 구분할 수 없는 복잡성이 있습니다. 이런 점을 고려한 모임이 되어야 하겠습니다. 술이나 약물에 대한 욕구를 인정하되, '무엇이든 허용'하는 것은 아니라는 경계선을 그을 필요가 있습니다. 새로운 자조모임의 형태와 가능성이 더 널리 논의되기를 바랍니다. AA는 훌륭한 조직으로 자리잡았지만, 이제 그 100년에 가까운 역사 속에서 발생한 노후화를 검토해야 할 시점이 아닌가 싶습니다.

 애초에 인간은 모두 불완전합니다. 스물여섯 살의 나이에 세상을 떠난 여성 시인 가네코 미스즈의 동시 중에는 〈나와 작은 새와 방울과〉라는 유명한 작품이 있습니다. "방울과, 작은 새와, 그리고 나, 모두 달라서, 모두 좋아"라고 노래합니다. 무척 멋진 시이지만, 제가 친하게 지내는 발달장애 당사자 동료는 "발달장애인은 모두 다르고, 모두 엉망"이라며 웃었던 적이 있습니다. 하지만 결국 인간이란 존재 자체가 그렇습니다. "모두 나르고, 모두 엉망"인 것입니다. 그 진실한 모습을 서로 허용할 수 있는 자조모임이 생겼으면 좋겠습니다. 그리고 가능하다면 그런 모임이 자조모임에만 머무르지 않고, 공동체 전체로 확산되어 사회도 함께 변화할 수 있기를 바라 마지않습니다.

중독과 잘 지내는 법

이전 편지에서 도시가 언급한 외국의 위해성 감소 사례는 매우 인상적이었습니다. 감염병 확산을 방지하기 위해 깨끗한 주사기를 무상으로 배포하거나, 비교적 안전한 대체 약물을 투여하는 실례가 있었지요. 헤로인의 경우에도 금단현상을 일으키지 않을 정도의 양을, 그러나 고양감에 빠지지 않도록 조정하여 투여하는 방식이 사용되었습니다. 더불어, 생활의 어려움을 상담함으로써 중독에서 벗어나는 사람이 증가하고, 약물 남용 경험률도 감소했다고 합니다. 또한, 단백질이나 비타민 등 영양이 풍부한 식사를 제공한다는 조건으로 노숙인에게 알코올 음료를 제공하는 사례도 있었지요.

결국, 중독과 잘 지내는 방식을 통해 중독이 치명적인 것이 아니게 됩니다. 그렇게 중독과의 관계를 잘 다루다 보면, 중독과의 '인연을 끊을' 기회도 생길 수 있습니다. 이러한 접근에는 큰 희망이 담겨 있습니다. 따라서 약물 남용 방지라는 명분이 있더라도, 당사자를 좀비나 괴물 같은 모욕적인 표현으로 묘사해서는 안 된다는 점도 충분히 이해할 수 있지요. 그런 표현을 들은 당사자는 굴욕감에 자포자기하며 중독에 더욱 깊이 빠져들게 될 가능성이 높기 때문입니다. 저는 복고풍 물건을 좋아하는데, 히로뽕(과거 일본에서 판매되었던 각성제) 포스터를 골동품 시장에서 본 적이 있어요. 그 포스터에는 암흑 속에서 몸을 흐느적거리며 쓰러져 있는 사람 위에 해골이 올려져 있었고, 주변에는 '범죄', '정신병', '폐인'이라는 단어가 적혀 있었습니다. 말 그대로 꺼림칙한 인상을 주는 포스터였습니다. 이런 식으로 약물 남용 당사자에게 꼬리표를 붙이는 것은 그들을 우울한 기분으로 몰아넣어, 더욱 참혹한 방향으로 치닫게 할 수 있습니다.

도시의 유머 감각은 정말 뛰어나서, "'의존증에 대한 그 설명, 누구한테 하는지 알고나 있는 거냐, 이 자식'이라며 속으로 분노를 느끼면서도 그 자리에서는 검진 의사를 눈을 홉뜨며 흘겨보는 데 그쳤습니다"라는 글에 저는 웃음을 터뜨리고 말았습니다. 좌우간 설교는 악수惡手의 대표적인 예이지요. 제가 주재하는 자조모임에서도 '설교하지 않는다'는 것을 기본 규칙으로 삼고 있습니다. 이전에 발달장애 지원센터나 장애인 직업재활시설에서는 술 문제로 흔히 야단을 맞곤 했습니다. 물론 '염려하는 마음으로 말해준다'는 것을 충분히 이해하면서도, '어차피 너희들은 몰라'라는 반발심이 강하게 들었습니다. '너희들도 트라우마로 매일 몸부림칠 정도로 괴로워해보고 나서 말해'라고 생각했던 적도 있습니다. 미국의 금주법 시대를 떠올려보면, 당시 밀주는 오히려 급증했고, 결과적으로 마피아는 이전 시대보다 더욱 활개를 쳤습니다. 욕망을 강제로 억압하려고 하면 반동이 올 뿐이라는 사실을 보여주는 사례라고 할 수 있겠습니다.

노숙인에게 영양이 풍부한 식사와 함께 알코올을 제공한

다는 이야기는 어쩐지 일본 학교에서 콘돔을 나눠주느냐 마느냐를 두고 벌어진 논쟁을 떠올리게 하네요. 사실, 저는 처음에는 이 생각에 부정적인 입장이었습니다. 반대하는 사람들 대부분이 우려하듯, '긁어 부스럼'을 만드는 일이 되지 않을까 걱정했기 때문입니다. 그런데 실제로는 원치 않는 임신을 한 여성이 중절 수술을 하거나, 화장실에서 몰래 낳은 아기를 죽이는 일이 벌어지곤 합니다. 임신을 시킨 남성은 '사정한 책임'을 지지 않는 경우가 많고요. 그렇다면 차라리 콘돔을 나눠주는 것이 훨씬 낫다고 생각하게 되었습니다.

슈에이샤의 온라인 웹사이트에 올라온 "콘돔은 아이들의 놀이 도구!? 놀랄 만한 호주의 성교육 사정"이라는 기사를 읽어보니, 여러 가지 흥미로운 현지 정보가 실려 있었습니다.* 호주에서는 성교육을 일본보다 훨씬 넓은 의미로 받아들이는 듯합니다. 예를 들어, 여학생이 화장을 하고 학교에 오면 일본처럼 '화장 금지'라고 잘라 말하지 않고, 이유를 물어본 뒤 "하려면 좀 더 연구하고 나서 수준 높은 화장을 하라"고 지도한다고 합니다. 이 점은 무척 좋다고 생각했습니다. 저도 여성들로부터 고등학생까지는 '화장 금지'인데, 대학생 때부터는 '화장하는 것을 당연하게 여기는' 것에 대한 불만을 여러 번 들은 적이 있으니까요.

• コンドームは子どもたちの遊び道具!? 驚くべきオーストラリアの性教育事情 (集英社オンライン, 2022年9月15日, https://shueisha.online/articles/-/54001) - 원주.

그리고 슈퍼마켓에서는 어린아이가 콘돔을 사서 풍선처럼 불거나 물을 넣어 놀기도 한다고 합니다. 피임 도구로서가 아니라, 먼저 생활 속에서 친근한 물건으로 접하게 하는 것이지요. 이후 학교에서 올바른 사용법을 가르친다고 합니다. 그 기사를 읽고 나니, 제가 왜 학교에서 콘돔을 나눠주는 것에 부정적이었는지 알 것 같았습니다. '그렇게 음란한 것을 교육 현장에서 나눠주다니'라며 눈살을 찌푸렸던 것이지요. 그런데 그것 자체가 '성'에 대한 저의 편견이 아니었을까 하는 생각이 들었습니다. 우리 마음속에 자리잡은 다양한 낙인을 씻어냄으로써 더 많은 것이 제대로 이루어질 수 있지 않을까요? 술이나 약물 같은 의존증 대상에 따라붙는 낙인도 물론 여기에 포함됩니다.

정신질환의 동반이환과 의존증

도시는 커뮤니티의 확보를 통해 의존증 문제가 개선될 수 있다고 상세히 써주었지만 저는 사실 그 문제에 대해 오래 고민해왔습니다. 이를 도시에게 보내는 편지에 적는 것은 마치 '공자 앞에서 문자를 쓰는 일' 같아 부끄럽지만, 미국의 조사에 따르면 ADHD 환자의 15.2퍼센트가 의존증을 동반하고 있다고 합니다.[**] 또한, PTSD가 있는 경우 알코올

[**] 依存症と重複しやすい発達障害(依存症全国対策センター, https://www.ncasa-japan.jp/notice/duplicate-obstacles/developmental-disorder) - 원주.

및 약물 의존증을 동반하는 비율이 46.4퍼센트에 달하며, 담배를 피우는 습관이 있는 사람도 37.9퍼센트에 이른다고 합니다.*

발달장애나 PTSD로 고생하는 사람들은 의존증에 매우 취약한 경우가 많습니다. 하지만 난감하게도, 저를 포함해서 이런 사람들 대부분이 소통에 어려움을 안고 있습니다. ADHD는 인간관계를 파탄에 이르게 하기 쉽고, 플래시백으로 인해 제대로 된 대인 관계를 유지하기 어려운 문제도 있습니다. 이러한 문제를 안은 채 사회와 어떻게 협력하며 살아갈지, 자조모임에서 어떻게 이탈하지 않을지를 고민하는 것이 우리의 중요한 과제입니다. 결국 이런 과제를 해결하는 데 있어서도 새로운 자조모임이 열쇠가 될 가능성이 있지만, 저처럼 여러 자조모임에 참여하고 있어도 여전히 산뜻한 전망을 얻지는 못하는 경우가 많은 형편입니다. 이러한 정신질환의 '동반이환comorbidity' 문제는 의존증 치료 논의에서도 좀 더 본격적으로 다뤄졌으면 좋겠습니다. 물론 제 공부가 부족해서 이런 생각을 하는 것일지도 모르지만요.

• "Prevalence and Axis I comorbidity of Full and Partial Posttraumatic Stress Disorder in the United States: Results from Wave 2 of the National Epidemiologic Survey on Alcohol and Related Conditions"(https://www.ncbi.nlm.nih.gov/pmc/articles/PMC3051041/) - 원주.

8. '힘들게 하는 사람'은 '힘들어하는 사람'
― 자기 치료와 중복 장애

마쓰모토 도시히코, 2023년 6월 10일

약물 의존증과 발달장애

마코토, 답장 고마워요.

지난번 편지의 마지막 부분에서 언급한 ADHD 문제는 의존증 임상에서 매우 중요한 주제입니다.

의존증 전반은 ADHD와 깊은 관련이 있지만, 특히 약물 의존증 임상에서는 ADHD를 동반하고 있는 환자를 만날 기회가 많습니다.

예를 들어, 각성제 의존증 환자가 대표적입니다.

보통 각성제를 사용하면 기분이 고양되고, 말이 많아지고 빨라지며, 침착하지 못하고 분주히 돌아다니는 등 시끄러운 느낌이 듭니다. 그러나 ADHD인 사람의 경우에는 완전히 반대로, 오히려 조용해지는 반응을 보입니다.

그뿐 아니라, ADHD 특유의 단점도 개선됩니다. 늘 안절부절못하며 두리번거리고, 충동적이고 갈팡질팡하면서 결정을 내리던 사람이 침착하게 생각하게 됩니다. 술자리에 갈 때마다 가게에 스마트폰을 두고 오거나, 신칸센을 탈 때 승차권을 어느 주머니에 넣었는지 잊어버리는 일도 사라집니다.

왜 그럴까요? 아시는 것처럼 ADHD의 치료제는 일종의 약한 각성제입니다. 그래서 ADHD를 가진 사람들은 치료제와 약리 효과가 비슷한 각성제를 통해 삶의 괴로움이 완화되는 경험을 하게 됩니다.

물론, 그만큼 각성제가 일상생활에 불가결한 것이 되어 순식간에 의존증 상태에 빠질 위험이 높아지고, 행복한 기간은 오래 지속되지 않습니다. 아울러 약물을 끊는 과정에서도 평소보다 훨씬 더 큰 고통과 어려움을 겪게 됩니다. 이는 각성제로 인해 일시적으로 '적정화'되었던 뇌의 균형 상태가 다시 원래의 불균형 상태로 돌아가기 때문입니다. 약물을 끊었을 때 느끼는 초조함과 갈망은 더 심해지고, 대부분의 경우 그 어려움을 견디지 못해 다시 각성제를 복용하게 되지요.

이런 경우, ADHD에 대한 약물요법을 적절히 시행하는 것이 중요하다고 생각합니다. ADHD 치료제는 약한 각성제와 유사한 작용을 하며, 서방성徐放性 제제로서 환자가 효과 발현을 자각하기 어렵게 설계되어 있습니다. 또한, 의사와 약제사가 협력하여 처방과 조제 관리를 하기 때문에 남용 위험성이 최소한으로 억제됩니다.

이 치료는 약물 의존증 자체의 치료에도 큰 도움이 됩니다. 약물을 끊었을 때 나타나는 금단증상이나 갈망이 확실히 줄어들며, 지금까지 각성제로 해결해온 '삶의 고충'을 안전한 방식으로 해소할 수 있게 되기 때문에 각성제를 다시 사용할 이유가 없어집니다. 당연히, 결과적으로 약을 끊을 확률도 높아지는 경향이 있는 것 같고요.

ADHD는 어디까지 치료해야 할까

지난 몇 년간, 힙합 뮤지션들이 제 외래 진료실을 자주 방문했습니다. 대마관리법 위반으로 체포된 후, 변호사의 권유로 "치료 프로그램에 참여하세요"라는 지시를 받아 찾아온 경우가 많았습니다.

거의 모두가 20년 가까운 긴 세월 동안 매일 담배를 피우듯 대마초를 사용해온 이들이었습니다. 건강상의 특별한 문제도 없었고, 훌륭한 뮤지션이자 좋은 가정인이었습니다. 대마초 애호가라는 점만 제외하면 말이지요.

그러나 체포를 계기로 생활을 개선하며, 말 그대로 20년 만에 대마초 없는 삶을 시작합니다. 대마초는 각성제처럼 강렬한 갈망을 느끼게 하지 않기 때문에, 많은 사람들이 놀라울 정도로 단호하게 약을 끊을 수 있었습니다.

다만 주변 사람들은 상당히 힘들어했습니다. 실제로 가족들이 "대마를 끊은 건 좋았지만, 최근 들어 쉽게 화를 내고,

잊어버리는 일이 잦아졌으며, 잃어버리는 물건도 늘어났습니다. 이게 대마의 후유증인가요?"라고 상담해오기도 했습니다.

하지만 자세히 이야기를 들어보면, 이러한 문제들은 대마 사용 이전부터 존재했던 것으로 밝혀집니다. 예를 들어, 초등학교 시절 수업 중에 혼잣말을 자주 하거나, 갑자기 교실 안을 돌아다니거나, 심지어 교실을 나가버리는 행동을 보였다고 합니다. 이로 인해 교사로부터 지속적으로 주의를 받거나, 부모님이 학교에 호출되는 일이 잦았으며, 결국 교단 옆에 책상을 따로 놓고 수업을 받았다는 에피소드도 있었습니다.

다시 말해, 대마초를 애호하던 래퍼들 중 다수가 ADHD를 가지고 있는 것으로 보입니다. 특히 사티바sativa 종류의 대마초가 ADHD 치료제로서의 효능을 가지고 있는 듯합니다.

이 때문에 치료 과정에서 대마초 대신 ADHD 치료제를 투여하는 경우가 있습니다. 물론 효과는 있습니다. 태도가 온순해지고, 사물을 차분하게 판단할 수 있게 됩니다.

하지만 문제도 있습니다. 바로 '치료를 너무 많이 하는 것'입니다. ADHD 치료제를 복용하면 과잉행동이 해소되면서 래퍼 특유의 손짓과 몸짓이 눈에 띄지 않게 되어, 그 사람에게서 '래퍼다움'이 사라지는 결과를 초래하기도 합니다.

또한 ADHD 치료제는 특유의 '과집중'을 완화하는 데 효과적입니다. 대마초는 과집중을 개선하지 않기 때문에, 오히려 이를 활용해 래퍼들이 가사 쓰기에 몰두할 수 있습니다. 그런데 치료제를 복용하면 이상하게도 마음이 차분해지면서, 단숨에 가사를 써내려가는 특유의 기세를 잃게 되는 경우가 있는 것 같습니다.

오해를 무릅쓰고 말하자면, 힙합 뮤지션들에게 대마초는 ADHD를 지나치게 억제하지 않으면서도 '그 사람다움'을 유지시켜주는 마법 같은 치료제일지도 모릅니다.

'자기 치료'는 도처에 있다

앞서 제시한 두 사례는 모두 약물을 ADHD에 대한 자기 치료로 사용했다는 점에서 공통점이 있습니다. ADHD는 어디까지나 하나의 사례에 불과하지만, 이처럼 의존증에 더해 다른 정신장애가 함께 나타나는 병태를 우리는 '중복 장애'라고 부릅니다.

사실, 중복 장애 문제는 일반 정신과 의료와 의존증 의료 모두에서 '비전형적인 사례'로 간주되어 그다지 주목받지 못했습니다. 그 배경에는 어떤 고정관념이나 미신이 영향을 미쳤다고 볼 수 있습니다. 정신과 분야는 전통적으로 일반 정신건강 환자와 의존증 환자를 별개의 범주로 구분해왔으며, 더 나아가 두 집단이 상호 배제적이라는 암묵적인 이해가 자리잡고 있었던 것 같습니다.

이러한 암묵적인 이해는 술이나 약물 문제가 조금이라도 있으면 그들의 이야기를 제대로 들어보기도 전에 의료진이

"우리는 진료할 수 없습니다" 또는 "우리의 치료 대상이 아닙니다"라며 의존증 전문병원으로 보내버리는 모습에서 드러납니다. 마치 일반 정신건강 환자는 '좋은 환자', 의존증 환자는 '나쁜 환자'라는 식의 구분이 존재하는 것처럼요.

물론, 이것은 미신에 불과합니다. 정신건강 문제를 가지고 있다는 것 자체가 의존증 발병에 대한 취약성을 의미하며, '자기 치료'에 대한 잠재적인 필요가 있다는 사실을 보여줍니다. 이는 당연한 이치입니다. 아무런 걱정이나 불안 없이 자기 자신에 만족하는 사람보다, 불안, 긴장, 초조감에 시달리는 사람이 술이나 약물이 가져다주는 효과를 더욱 강렬하게 체감할 가능성이 크기 때문이지요.

실제로 일반 정신과 환자들을 주의깊게 관찰해보면, 그들 역시 다양한 정신활성물질을 은밀히, 그러나 일상적으로 사용하고 있는 경우가 많습니다.

예를 들어, 조현병 환자들의 흡연율은 매우 높습니다. 데이케어 센터나 직업재활시설에서는 이러한 환자들이 흡연실에 모여 하얀 연기를 자욱하게 피워 올리는 모습을 흔히 볼 수 있습니다. 그중에는 담배를 필터 끝까지 피우는 습관 때문에 손끝이 까맣게 그을어, 손가락이 마치 '숯'처럼 변해버린 사람도 있습니다.

그리고 그들은 무척 진한 커피를 즐겨 마십니다. 인스턴트커피 가루와 설탕을 듬뿍 넣어, 까맣고 걸쭉한 중유 같은 액체를 만들어 마시는 모습이 자주 관찰됩니다.

니코틴과 카페인은 모두 각성제 계열의 약물로 분류됩니다. 아마도 그들은 조현병의 음성 증상(의욕이 생기지 않고 모든 일이 귀찮아지는 지속적인 증상)이나 복용 중인 항정신병 약물의 진정 작용에 필사적으로 저항하고 있는 것이겠지요.

또한, 여성 환자들 역시 예상외로 높은 흡연율을 보이고 있습니다.

섭식장애를 가진 여성 환자들이 특히 눈에 띕니다. 진료를 마친 후일까요, 병원 부지 밖에서 언뜻 보면 굉장히 청초한 느낌의 야위고 젊은 여성 환자가 젓가락처럼 가느다란 다리로 장승처럼 우뚝 서서 담배를 피우는 모습을 발견할 때가 있습니다. 그들은 담배 연기를 깊숙이 들이마신 뒤, 마치 에어쇼를 하는 비행기처럼 콧구멍에서 하얀 연기를 기세 좋게 내뿜습니다. 그 모습에서는 체형과는 어울리지 않는 강렬함이 느껴집니다.

그리고 대기실에서는 블랙 아이스커피 페트병을 들고 벌컥벌컥 마시는 모습도 자주 보입니다. 아마도 니코틴이나 카페인 같은 각성제 계열 약물의 식욕 억제 효과를 활용해, 자신의 과식 충동을 억제하려는 일종의 자기 치료 시도일지도 모릅니다.

트라우마 관련 문제를 안고 있는 여성 환자들 중에는 플래시백이나 그로 인한 자기혐오, 죽고 싶은 생각을 없애기 위해 술로 자기 치료를 시도하는 경우가 있습니다. 이들은 술을 좋아해서가 아니라, 치료제로서 필요성을 느끼기 때문에 종류나 품목에는 크게 신경 쓰지 않습니다. 가장 중요하게 여기는 것은 비용인데, 그래서 자주 선택하는 술이 우락부락하게 큰 페트병에 담긴 소주 다이고로大五郎입니다.

역시 흡연율도 높은 편입니다. 북미 선주민이 발견한 가짓과 식물인 담배는 다소 신기한 만능약처럼 보입니다. 얕고 빠르게 흡연하면 각성제처럼 작용하고, 깊고 천천히 흡연하면 진정제처럼 작용하는 특성이 있지요. 이러한 특징을 활용해 플래시백으로 인한 괴로운 시간을 의식 속에서 일시적으로 정지시키거나, 빠르게 앞으로 돌려 현재를 살아가는 데 약간의 도움을 받고 있는 겁니다. 물론, 장기적으로는 수명을 단축시키는 결과를 초래하지만요.

그렇게 보면, 쌀쌀맞게 "술을 끊으세요", "담배를 끊으세요"라고 말하는 의료인은, 참으로 죄 많은 사람들이라고 느껴질 때가 있습니다. 이는 일종의 건강 파시즘이라 할 수 있어요. 왜냐하면 건강에 좋지 않은 이러한 기호품 또는 가까이에 있는 약물을 필요로 하는 배경에는, 사소하게 보일지라도 당사자의 진지한 자기 치료 시도가 숨어 있기 때문입니다.

치료와 지원의 틈새

다시 중복 장애로 화제를 돌려보겠습니다.

중복 장애는 정신과 의료 현장에서 흔히 경시되거나 무시되며, 장애 복지 제도에서도 소홀하게 다루어지는 경향이 있습니다.

정신장애인 보건복지 수첩이나 장애연금에서 장애 정도를 판정할 때, 예컨대 '우울증'이나 '조현병'에 더해 '알코올 의존증' 또는 '약물 의존증' 같은 의존증 관련 진단명이 추가로 기재되면, 종종 매우 불리한 상황에 처하게 됩니다. 낮은 등급으로 판정받는 경우가 있기 때문입니다. 다시 말해, 주요 진단인 우울증이나 조현병이 알코올이나 약물 문제의 후유증(이를 '자신이 뿌린 씨앗'으로 보는 자기 책임론)으로 간주되어 장애복지 서비스 대상에서 제외되는 일이 발생할 수 있다는 뜻입니다.

그뿐만 아니라, 의료에서도 배제되는 일이 발생하며, 때로는 생명과 직결되는 문제로 이어지기도 합니다.

과거에 저는 자살자의 실태를 조사하는 연구(심리학적 부검이라 불리며, 자살한 사람의 유족을 정보원으로 삼아 자살자의 생활 태도와 죽음의 모습을 상세히 분석하는 연구)를 진행한 적이 있습니다.

그중에서도 알코올 의존증인 자살자가 상당수 있었습니다. 심지어 그들 중 다수는 유명한 의존증 전문병원에서 치료를 받은 이력도 있었지요. 하지만 거의 모든 사례가 중복 장애를 가진 사람들이었습니다. 정신장애를 함께 앓고 있었던 탓에 집단 활동에 서툴렀고, 전문 병동의 집단치료 프로그램에 적응하지 못해 "우리 치료 대상이 아니다"라는 이유로 거절당한 뒤 일반 정신과로 전원되는 경우가 많았습니다.

이때부터 불행한 전개가 시작됩니다. 일반 정신과에서는 "우리는 알코올 의존증이 있는 사람은 진료할 수 없습니다. 먼저 의존증 치료를 받고 일정 기간 금주를 한 후에 오셨으면 합니다"라며 역시 거절하지요. 결국 정신과 치료를 중단한 상태에서 자살이 발생하고 말았습니다.

오늘날에는 중복 장애를 치료할 때, 의존증과 정신장애를 별도로 치료하는 것이 아니라 두 가지를 동시에 치료하는 것이 가장 효과적이라는 사실이 밝혀져 있습니다. 그러나 일본에서는 정신과 의료 전문가의 세분화가 진행되면서 중복 장애인이 치료와 지원의 틈새로 떨어져 목숨을 잃는 현실이 존재합니다. 참으로 슬픈 일입니다.

'힘들게 하는 사람'은 '힘들어하는 사람'

알코올이나 약물, 도박, 게임 의존증은 자연스럽게 호전되는 경우도 꽤 있습니다. 반면, 자연스럽게 호전되지 않아 치료나 지원 현장으로 가야 하는 사람들은 대부분 중복 장애를 앓고 있거나 알코올이나 약물로 자기 치료를 시도해온 경우가 많습니다. 이런 맥락에서 보면, 흔히 사회적으로 '힘들게 하는 문제'로 여겨지는 의존증이라는 상황에 처한 사람 대부분은 그 문제의 배경에 또 다른 '힘든 사정'을 안고 살아가는 '힘들어하는 사람'이라고 표현할 수 있을 것입니다.

그런 의미에서 보면, 요즘 불법 약물만큼이나 꺼려지고 있는 담배도 누군가에게는 살아남기 위한 하나의 전략일지 모릅니다. 아마 저도 그러한 부류에 속할 겁니다. 생각해보면, 나면서부터 '아싸'로 살아온 저에게는 대인공포증 기질이 있어 정신적 부담이 극심한 대면 직업인 정신과 의사는 처음부터 제 능력을 넘어서는 일이었을 것입니다. 진료(많은 사람들의 시선에 노출되고, 타인의 이야기를 받아들이며 샌드백처럼 심한 타격을 받는 과정) 이후, 담배의 연막과 입술을 통한 자기 자극의 세계로 도망치는 그 순간은, 취약한 제가 자신을 되찾을 수 있는 소중한 시간입니다.

이런 사실을 알지 못한 채 불문곡직하고 "끊어"라고 말하는 동료가 많습니다. 대개는 "안 끊어. 난 의지가 강하니까"라고 가볍게 받아넘기지만, 기분이 나쁠 때는 반론하기도 합니다.

"너는 의료인으로서 당뇨병 환자에게 '인슐린 주사를 맞지 마'라거나 갑상샘저하증 환자에게 '갑상샘호르몬제를 끊어'라고 말할 수 있어? 나한테는 담배가 그것과 마찬가지야. 잔인하지 않아?"

뭐, 정말 엉터리 의사 같은 궤변이긴 합니다만.

의존증 전문의들 중에는 자신의 사생활에서 금연과 금주를 실천하고 그 경험을 환자 지도에 활용하는 사람들이 있습니다. 실제로 신출내기 시절, 의국에서 담배를 피우다가 선배에게 충고를 들은 적이 있습니다.

"금연하면 좋아하는 것을 끊어야 하는 환자의 마음을 이해할 수 있어."

그때 저는 '뭔가 이상한 말이네' 하며 수상쩍다고 생각했던 기억이 납니다. 왜냐하면 그 선배의 진료실에서는 항상 설교를 늘어놓는 성난 목소리가 새어나오곤 했으니까요. 그리고 선배의 하얀 눈썹을 물끄러미 바라보고 있자니 문득 제 두개골 안에서 뭔가 '찰칵' 하는 소리가 나는 듯한 순간이 있었습니다.

'그런 거였구나.'

그 순간, 저는 일부러 '끊지 못하는 의존증 전문의'라는 위치에 있겠다고 결심했습니다.

담당 편집자 F로부터

지난 편지에서 마코토 씨는 정신질환의 '동반이환' 문제를 제기했습니다. 마코토 씨 본인이 발달장애와 의존증을 함께 앓고 있는 당사자이기도 하지요. 이번 편지에서는 그 구체적인 실태의 일단이 도시 씨의 임상 경험을 통해 밝혀졌다고 생각합니다.

저 역시 '의존증'으로 진단받지는 않았지만, 아침, 점심, 저녁 하루 세 잔의 커피와 단 것, 매주 한 번 이상의 음주 없이는 살아가기 힘든 상황입니다. 이러한 '의존'의 원인은 주로 업무 스트레스와 종종 플래시백되는 어린 시절 종교 2세로서 경험한 일들 때문입니다. 커피를 과하게 마시면 카페인 때문에 몸 상태가 나빠질 수 있고, 올해 건강검진에서 좋지 않은 수치가 나와 단 음식을 줄이라는 권유를 받았지만, 그렇게라도 하지 않으면 버티기 어려운 날도 있습니다. 저에게 '의존 물질'에 지나치게 의지하는 성향이 있다는 점은 자각하고 있기에, 흥미가 생기더라도 담배만큼은 가까이하지 않겠다고 굳게 마음먹고 있습니다.

그러나 제가 '의존 물질'에 대해 억제적인 태도를 유지할 수 있는 것은 그저 우연일 뿐이라는 것이 솔직한 심정입니다. 인간은 본질적으로 뭔가에 '의존'하는 것이 필요하지만, 그것이 당사자나 지원자에게 상처를 주는 '의존증'으로 발전하면 그 폐해는 심각해집니다. 따라서 '중복 장애' 당사자가 의료 기관을 전전하다 결국 치료에서 이탈해버리는 슬픈 사태를 막는 동시에, 중복 장애로 인해 문제가 복잡해지기 전에 접근하고 지원하는 방법 또한 절실히 필요합니다.

9. 헤이, 도시(다시)

요코미치 마코토, 2023년 6월 23일

헤이, 도시! 오랜만에 이런 인사를 던져보고 싶네요. 첫 번째 교환 서신이 온라인에 게재된 직후, 익명 계열의 자조모임 분위기라면 "하이, 도시!"라고 하는 편이 더 자연스럽지 않냐는 지적이 트위터(현 X)에 올라왔습니다.

실은 일부러 그렇게 한 것입니다. AA에 수십 번이나 참석한 경험이 있어서 당연히 "하이!"라는 인사도 알고 있었습니다. 다만, 지리적인 차이 때문인지 참여자들의 연령층 때문인지 모르겠지만 활기차게 "하이!"라고 외치는 모임은 거의 없었습니다. 굳이 말하자면 대부분은 기어들어가는 목소리로 "하이……, 마코토……"라고 말하는 경우가 많았지요. 어쩌면 참여자들 스스로도 마음속으로 '여기가 서양이냐?'라고 투덜거리며 자신감 없이 "하이……, 도시……"라고 말하지 않았을까 싶습니다.

그래서 어느 날 저는 "헤이!"라고 말해봤습니다. 그 소리가 어쩐지 더 큰 목소리를 낼 수 있을 것 같았기 때문입니다. 그리고 그게 잘 통했기 때문에, 그때부터 저는 "헤이!"라고 발음했습니다. 아마 주위 사람들은 '헤이가 아니라 하이야'라고 속으로 딴죽을 걸지 않았을까 싶네요.

요컨대 "헤이!"는 자폐스펙트럼장애 때문에 생긴 이상한 고집에서 나온 '마코토식' 표현입니다. 아마 도시도 '헤이가 아니라 하이잖아'라고 속으로 중얼거리면서도, 제 기대에 부응해 답장의 첫마디를 "하이, 마코토!"가 아닌 "헤이, 마코토!"로 써준 게 아닐까 생각합니다. 역시 마음씨가 참 고운 분이에요, 도시는.

♪도시 군은 말이죠, 원래 이름은 도시히코예요. 그런데 마음씨가 고와서 자신을 "도시"라고 부르는 것도 허락해주는 거죠. 마음씨가 참 곱네요, 도시(동요 〈삿짱〉의 가락에 맞춰서).

마코토의 중복 장애와 자기 치료

ADHD와 의존증 간의 친화성에 대한 지난 편지의 설명은 정말 흥미로운 내용이었고, 저 역시 많은 것을 배울 수 있었습니다. 저도 대마, 각성제, 담배 등과는 거리를 두고 살아왔습니다만, 특별히 의지가 강해서라기보다는 겁이 많았던 탓에다가 단순히 우연의 흐름이었다고 생각합니다.

대마나 각성제에 대해 무서운 이미지를 가지고 있었던 데다, 제가 속해 있던 커뮤니티가 학계였던 덕분에 인연이 없었어요. 《하나가 되지 않는다: 발달장애인이 섹스에 대해 이야기하는 것》을 쓸 때, 음악 활동을 하던 '발달장애인 동료'가 약물 남용에 빠져들던 모습에 대해서도 인터뷰를 했는데, 저 역시 살짝 길을 잘못 들었다면 그렇게 되었을지도 모르지요. 한때 유럽의 나이트클럽에 자주 다니면서 전자음악을 들으며 홀짝홀짝 술을 마시던 시절이 있었습니다. 몇 번인가 불법 약물을 파는 사람이 말을 걸어왔지만, 불결하고 무서운 이미지가 있어서 결국 손을 대지 않았습니다.

담배에 관해 말하자면, 성인이 되기 전후에 교제했던 여자친구에게 알레르기가 많았는데, 그 친구는 담배 연기를 조금이라도 마시면 발작을 일으키는 사람이었어요. 당시 대학 친구들 중에는 담배를 피우기 시작한 애들도 많았지만, 저는 그래서 시도해볼 생각조차 들지 않았습니다. 그 이전으로 돌아가보면, 초등학생 때 불량스러워 보이는 동급생과 자주 학교 수업을 빼먹고 시내를 돌아다니곤 했습니다. 그때 그 친구로부터 담배를 권유받은 적이 있었지만, 두려움 때문에 연기를 폐까지 빨아들일 수 없었습니다. 지금은 중근동의 물담배(시샤)를 즐길 수 있는 가게에 가면 가끔 뻐끔뻐끔 피우곤 합니다. 이는 중동을 여행했을 때의 추억이 떠올라서일 뿐, 평소에 일상적으로 즐길 생각은 들지 않고요.

ADHD 약에는 크게 흥미를 느끼지 않았습니다. 지금도 스트라테라(성분명 아토목세틴)를 처방받아 복용 중인데,

처음 복용했을 때는 오감이 또렷해지는 느낌이 들어 감동했지만, 금세 익숙해져 효과를 잘 느끼지 못하게 되었습니다. 콘서타(성분명 메틸페니데이트염산염)는 '각성제 같은 느낌으로 딱이다!'라는 이야기를 들었지만, 굳이 시도해보고 싶지는 않았습니다. 논픽션 작가 다카노 히데유키 씨는 미얀마에서 반정부 게릴라와 함께 아편을 재배하거나 예멘에서 카트khat(마약성 식물)에 푹 빠지기도 했기 때문에 그가 콘서타를 동경한다는 말을 들었을 때, '뭐, 그럴 수도 있겠지'라고 생각했습니다. 얼마 전, 이가쿠쇼인의 편집자 시라이시 마사아키 씨가 다카노 히데유키 씨와 도시의 서신 교환을 기획했는데, 우리 연재가 먼저 시작되자 "당했다! 싫었어요"라며 웃었다고 하더군요.

도시는 지난 편지에서 "트라우마 관련 문제를 안고 있는 여성 환자들 중에는 플래시백이나 그로 인한 자기혐오, 죽고 싶은 생각을 없애기 위해 술로 자기 치료를 하는 경우가 있습니다"라고 썼습니다. 그런데 거기서 여성 환자를 남성 환자로 바꾸면 저와 똑같다고 느껴졌습니다. 제가 술에 절어 살게 된 이유는 ADHD 때문이기도 하고, (진단받지는 않았지만) PTSD 때문이기도 하며, (역시 진단받지는 않았지만) 이인성 비현실감 장애depersonalization-derealization disorder 때문이기도 한 것 같습니다.

최근에 정신질환의 새로운 진단 기준인 《정신질환의 진단 및 통계 편람 제5판 수정판》의 일본어판이 이가쿠쇼인

에서 출간되었습니다. 그런데 그 책에서는 과식성 장애를 '마구 먹기증むちゃ食い症'으로 번역하고 있어 살짝 웃음이 나왔습니다. 저도 과식을 하지만, '마구 먹기증'이라는 표현이 무척 귀엽게 느껴지더군요. 알코올 의존증도 '마구 마시기증'으로 바꿔볼 수는 없을까 싶습니다. 그리고 약물 의존증은 '마구 빨기증' 같은 표현으로 바꿔보는 것도 재미있을 것 같네요.

앞에서 언급한 ADHD 약인 스트라테라는 몹시 목이 마르거나 성욕이 감퇴하는 등 불편한 부작용이 있습니다. 하지만 포만감을 쉽게 느끼게 해주는 부작용 덕분에 과식하는 경향은 많이 줄어들었습니다. 저는 오랫동안 과식이 고민이었는데, 요즘에는 하루에 두 끼만 먹고 있습니다. 아침과 저녁만 먹고 점심은 생략하는 방식입니다. 만약 과식하는 문제가 없었다면, 담배나 불법 약물에 의존하게 되었을지도 모르겠네요.

그리고 카페인, 그러니까 커피가 있습니다. 저에게는 술을 마시지 않는 날이 없는 것처럼, 커피를 마시지 않는 날도 전혀 없습니다. 지금은 당뇨병 진단을 받았기 때문에 제로 칼로리 시럽과 크림을 넣어, 뜨겁게도 차게도 마시고 있습

• DSM-5-TR 원문의 'binge-eating disorder'를 번역한 표현. 'binge'가 갖는 구어적이고 비격식적 어감을 살리기 위해 '마구, 무턱대고'의 뜻을 지닌 표현(むちゃ)을 사용했다. 한국어판 DSM-5-TR에서는 '폭식장애'로 번역하고 있다.

니다. 매일 간식으로 즐기던 케이크, 초콜릿, 아이스크림은 모두 끊었기 때문에, 커피가 없었다면 아마 미쳐버렸을지도 모릅니다.

알코올 의존증 약으로는 렉텍트(성분명 아캄프로세이트 칼슘)를 처방받아 복용하고 있습니다. 이 약은 알코올을 섭취하고 싶은 생각을 억제하는 데 도움을 주는데, 처음에는 효과가 있는 것 같았지만 지금은 특별히 효과를 느끼지 못하게 되었습니다. 아침, 점심, 저녁으로 나눠서 복용해야 하지만 ADHD 때문인지 자꾸 잊어버리는 경향이 있는 저에게는 무척 어려운 일이라, 아침에 3회분을 한꺼번에 복용하는 탓인지도 모릅니다. 나눠서 복용하려고 하면 대체로 깜빡해서 약이 계속 남더라고요.

알코올 의존증 약으로 셀린크로(성분명 날머펜)를 처방받은 적도 있습니다. 이 약은 술을 너무 많이 마시면 기분이 나빠지는 효과가 있다고 들었기 때문에, 결국 한 번도 복용하지 않았습니다. 옛날부터 사용되던 녹빈(성분명 디설피람)이나 시안아미드도 마찬가지로, 복용한 사람에게 불쾌감이나 고통을 주어 술에서 멀어지게 한다는 점에서 그 발상이 어떻게 여겨지는지 궁금하네요. 지금은 이러한 약들이 아무렇지 않게 처방되고 있지만, 앞으로는 분명히(과거의 정신과 치료가 현재 흔히 그런 비난을 받고 있는 것처럼) '비인도적인 과거의 유물'이라는 평가를 받고 처방이 금지되지 않을까 하는 생각이 들기도 합니다.

돌이켜 생각해보면, 열 살 전후와 서른다섯 살 전후의 시기에 저는 컴퓨터에 몰두하며 거의 게임 중독(게임 장애)에 가까운 상태였다고 생각합니다. 그런데 그 두 시기가 모두 제 인생에서 특별히 힘든 시기였던 만큼, 게임 역시 저에게는 '자기 치료'의 역할을 했다고밖에 생각되지 않습니다. 음악도 마찬가지였습니다. 어렸을 때부터 하루 종일 음악을 틀어놓고 계속 듣곤 했는데, 이는 소음에 민감한 자폐스펙트럼장애를 가진 사람들에게는 드문 일이라고 느껴집니다. 제 경우에는 플래시백이나 죽고 싶은 생각이 강하게 찾아오는 때가 많아서, 음악을 들으며 머리를 어느 정도 마비시키지 않으면 오히려 더 힘들어졌습니다. 이렇게 보면 음악 또한 저에게 '자기 치료'로 사용된 것은 분명합니다. 그렇다면 '음악 의존증'이라는 것도 존재할 수 있지 않을까 하는 생각이 들기도 하네요.

저는 인기가 없어서 아저씨가 된 지금까지도 섹스보다는 자위를 적극적으로 하고 있습니다. 그런데 죽고 싶다는 생각이 강해지면, 그것으로 득을 보는 일은 거의 없지만 자위의 쾌락만은 확 올라가는 느낌이 듭니다. 그건 다행스러운 일입니다. 평소의 강렬한 고통이 일시적으로 완화되기 때문에 그 차이의 힘으로 성적 흥분을 느끼기 쉬워지는 것인지, '아직 죽고 싶지 않다'는 생존 본능이 자극되어 그 메커니즘으로 기분이 좋다고 느끼는 것인지, 아니면 다른 이유가 있는지는 잘 모르겠습니다. 여성의 경우는 어쩌면 그런 메커니즘 때문에 자해 행위와 비슷한 방식으로 섹스 의존에 빠져드는 사람도 많은 건가 하는 상상을 하기도 합니다.

성 문제라고 하면 지난번 두 번째 회의에서 "마코토는 이 연재에서 처음부터 발가벗었어요, 도시는 어떻게 할 거예요?" 하는 문제에 대해 논의했었죠. 제가 "마쓰모토 선생님은 몰래 만나는 애인 같은 거 없습니까? 있다면 이참에 써서 확 벗어버리죠!"라고 제안했더니 도시가 "있다고 해도 그런 걸 이런 데 쓸 수 없잖아!?"라고 즉각 정색하고 거절한 것이 재미있었습니다.

의존증과 정상적 의존의 경계

중복 장애를 겪으면 치료와 지원의 틈새에 놓여 적절한 치료나 복지 혜택을 받기가 어려운 상황이 생길 수 있다는 이야기도 흥미로웠습니다. 저는 처음에 발달장애 전문 클리닉을 이용했지만, 발달장애인 지원센터 심리사의 권유로 의존증 전문 클리닉도 함께 다니기 시작했습니다. 현재는 의존증 전문 클리닉만 다니고 있고요. 사실 트라우마나 해리(유체이탈 같은 신체 감각)와 관련해서도 도움을 받고 싶지만, 현대 의학으로는 해결이 어려울 것 같아 특별히 누구에게도 상담하지 않고 체념한 상태입니다.

결국, 정신의료 현장이나 상담에서도 '이거다!' 하는 담론 공간을 찾을 수 없었던 것이 원인이 되어, '어떤 담론이라도 모두 괜찮다'는 장점을 가진 자조모임을 주재하게 되었고,

그 모임에 깊이 빠지게 되었다는 것이 저의 자기 인식입니다. 도시가 "끊지 못하는 의존증 전문의"라는 표현을 사용했기에, 저도 잠시 그 표현을 차용하여 '끊지 못하는 자조모임 주재자'라 칭해야겠습니다.

이 서신 교환에서는 처음부터 저의 병적 도벽이나 섹스 의존 경향을 주제로 삼았지만, 가능하다면 도시가 전문가의 의견을 준다면 기쁠 것 같습니다. 독자들 역시 '어디서부터 어디까지를 의존증이라고 할 수 있을까?'라는 문제에 대해 관심이 높을 것 같고요.

예를 들어, 최근 애나 렘키의 저서 《도파민 중독》[*]이 화제가 되었습니다. 이 책에서는 SNS와 같은 활동도 24시간 도파민 분비를 유발하며, 거칠게 말하자면 중독으로 간주된다고 설명합니다. 저는 사우나실에서 몸을 뜨겁게 데운 후 찬물에 푹 담그며 느끼는 '행복감'을 무척 좋아하는데, 《도파민 중독》에서는 냉수욕 역시 도파민 분비를 촉진하는 행위로 언급되어 있습니다. 이 의견에 따르면, 저 또한 사우나 의존 상태일지도 모릅니다.

얼마 전 도시도 편저자로 참여한 신간 《게임 장애 재고: 중독인가 발달장애인가, 아니면 어른의 조바심인가》를 읽었습니다. 이 책은 제목 자체가 많은 것을 생각하게 합니다.

- 《도파민 네이션》(김두완 옮김, 흐름출판, 2022)

게임에 몰두하며 어려움을 겪는 것이 과연 중독이라 할 수 있을까요? 어쩌면 이는 ADHD의 과집중일 수도 있고, 혹은 게임에 대한 어른들의 비과학적 비난일 뿐일지도 모릅니다. 또한 스즈키 다다시 씨의 신간 《중독과 금융자본주의 정신》은 과연 신뢰할 만한 내용을 담고 있을까요? 저는 그 책을 주문하여 읽어보았는데, 그 직후 《우울혼!! 죽고 싶은 내가 살아남기 위한 결혼 활동》의 저자 이시다 쓰키미 씨가 트위터에 올린 글을 접했습니다. 이는 스즈키 다다시 씨의 책에 대한 비판은 아니라고 생각되지만, 더욱더 도시의 의견을 듣고 싶어졌습니다.

> 굳이 포함할 필요가 없는 것까지 의존증 모델로 설명하는 것은 그만두는 게 좋지 않을까요 … 특히 "모든 인간은 의존증 환자다"라든가 … 이전 세대가 피와 눈물을 흘린 끝에 지금의 '병'이라는 인식이 널리 퍼진 건데 … '모든 인간이 의존증 환자'라면 그것은 '병'이 무효가 된다는 뜻입니다. 또한 '의지가 약한 탓'으로 되돌아가기 때문에 … 제발 아무쪼록 … / 즉 '모든 인간이 의존증 환자'라면 그중에서도 심각한 상태에 빠져 있는 사람은 다른 의존증 환자와 뭐가 다른가, 하는 말이 되기 때문에 … '모든 사람이 환자'라면 특정한 사람을 '환자'라고 여기지 않기에 … '그 사람 탓'이 될 가능성이 있다는 뜻입니다. 주제넘은 소리일지 모르지만 … 아무쪼록

… 아, "모든 인간은 뭔가에 의존하고 있다"는 말에 대해서는 전적으로 동의합니다. "자립이란 의존한 대상의 분산"이니까요.

2023년 6월 22일

마지막에 적은 것은 구마가야 신이치로 씨의 명언이지요. 여러 가지 것들에 의존하지 않으면 자립조차 확보할 수 없습니다. 그런데 그 의존이 제대로 분산되지 못하는 상태가 의존증이라는 것입니다. 도시 나름의 장대한 인류학적 의존증론이 있다면 꼭 가르쳐주십시오.

그런데 도시와 저의 문체는 투명함을 추구하며 잡맛을 배제하고 싶다는 욕구가 확실히 드러나네요. 제 경우에는 얼음장같이 차갑고 목 넘김이 좋은 맥주의 매력과 통하고, 도시의 경우에는 머릿속을 맑게 해주는 담배 한 모금의 느낌과 통하는 게 아닐까 싶습니다. 그렇다면 우리의 문장에도 중독적인 의미가 있는 걸까요? 이런 문장을 쓰는 게 곤란한 건 아니니, 결국 '건강한 의존'이라고 할 수 있겠지요.

10. 왜 사람은 뭔가에 빠지는가?

마쓰모토 도시히코, 2023년 7월 19일

첫 편지에서 "헤이, 도시!"라고 불렀을 때 순간적으로 '어? 하이라고 해야 하는 거 아니야?'라고 생각했습니다.

하지만 '헤이'는 '하이'보다 더 친근함이 담긴 캐주얼한 호칭입니다. 그렇다면 이 호칭은 저와 마코토의 관계가 단순히 주고받는 편지의 활자 속 관계에만 머물지 않는다는 뜻이 아닐까 하는 생각이 들었습니다.

사실 이 서신 교환 관련 회의에서도, 비록 온라인상이었지만 마코토는 술을 마시고 저는 담배를 피우며, 마치 술자리에서 농담을 주고받는 것처럼 이런저런 아이디어를 나눴지요. 그렇다면 이제 우리의 관계는 '하이'가 아니라 '헤이'라고 해야 할 것이다, 그렇게 생각했습니다.

그래서 다시 한번, **헤이, 마코토!**

이번 편지는 여러 가지 반향을 불러일으킨 것 같네요. 그

중에서도 '뭐든지 다 의존증이라고 하면 곤란하다'는 의견이 있었다고 합니다.

아, 이런 의견은 굉장히 기시감을 느끼게 하네요. 정확히 10년 전, 도박과 인터넷 게임 문제를 처음으로 진단 범주로 포함시킨 《정신질환의 진단 및 통계 편람 제5판》이 세상에 나왔을 때에도 같은 말을 자주 들었던 기억이 납니다.

특히 큰 소동을 벌였던 사람들은 의존증 임상에 종사하지 않고, 약물 규제와 관련된 정책 제언 및 약물 남용 방지 계몽 활동을 통해 학계에서 입지를 다져온 중진 의사들이었습니다. 그들은 이렇게 말했습니다.

"물질과 행위를 같은 차원으로 보아서는 안 된다. 의존성 물질은 그 자체에 의존성이 있어 일정 기간 사용하면 열 명 중 일고여덟 명은 의존적으로 사용하게 된다. 그러나 도박이나 게임 등의 행위는 그렇지 않다."

"물질은 내성을 형성해 사용 양상을 점차적으로 확대시키는 성질이 있으며, 그 결과 사용을 중단할 때 손이 떨리거나 땀이 나는 등의 금단증상을 일으키지만, 행위에는 그러한 증상이 없다."

다시 한번 '의존증의 본질은 무엇인가'의 문제

지금 생각해도 이상한 논리였다는 생각이 듭니다. "의존성 물질을 일정 기간 사용하면 사용 경험자의 70~80퍼센트가 의존증에 빠진다"니, 정말 거짓말도 유분수라는 말이 절로 나옵니다.

 우선, 이 논리는 알코올이라는 의존성 물질의 존재를 간과하고 있습니다. 알코올은 매우 강력한 의존성 물질이지만, 일상적으로 사용하는 사람들 중에서 의존증에 빠지는 경우는 극히 일부에 불과합니다.

 그리고 유엔의 〈2016년 세계 마약 보고서〉에 따르면, 헤로인, 코카인, 대마 등 규제 약물을 경험한 사람들 중 의존증 진단 기준에 부합하는 이는 불과 10퍼센트 남짓이었다고 합니다. 물론 그 수치도 결코 작다고 할 수는 없지만, 역시나 70~80퍼센트는 아닙니다. 적어도 약물 남용 방지 교실에서 연신 외치는 "한 번이라도 손을 대면 인생은 파탄난다"는 주장은 사실과 거리가 있습니다.

 또한, 물질 사용이 내성과 금단증상을 일으킨다는 주장도 다소 이상하게 느껴집니다. 금단증상은 알코올, 벤조디아제핀, 헤로인, 모르핀 등 '진정제 계통' 약물에서 두드러지게 나타나는 특징입니다. 반면, 필로폰이나 코카인 같은 '각성제 계통' 약물은 자율신경계의 반응을 동반한 극심한 금단현상을 일으키지 않는다는 점에서 차이가 있습니다.

 오늘날 내성과 금단증상('신체의존'이라고 함)은 중추신경계 활성 물질을 반복적으로 섭취한 생체에서 나타나는 생리적 반응으로, 그 자체가 병적인 의미를 가진다고 보지는 않습니다. 병적인 것은 '그만둘 수 없고, 멈출 수 없는', 그리고 '알고 있음에도 그만둘 수 없는' 갈망과 물질 사용 통제력의 상실('정신의존'이라고 함)입니다.

내친김에 말하자면, 인류의 '그만둘 수 없고, 멈출 수 없는' 역사는 물질보다 행위가 더 오래되었습니다. 역사상 가장 오래된 중독 관련 기록은 도박에 관한 것인데, 이미 기원전 1000년경 고대 인도의 경전《리그베다》와 서사시《마하바라타》에는 주사위 도박에서 승리해 왕이 되는 자와 패배하여 모든 것을 잃는 자의 모습이 그려져 있습니다.

한편, 물질에 관해 말하자면, 도박보다 약 600년 늦은 기원전 4세기경 알렉산드로스 대왕의 술버릇이 중독과 관련된 최초의 기록으로 알려져 있습니다. 그는 중앙아시아 원정 중 밤마다 술에 취해 온갖 방탕을 일삼았으며, 정복한 도시를 술에 취해 불바다로 만들기도 했습니다. 또한, 최측근인 중신을 살해하고, 최후에는 폭음으로 인해 30대 초반이라는 젊은 나이에 생을 마감했습니다.

물질보다는 행위가 중요하다

정신의존의 본질에 대해서는 지난 편지에 마코토가 언급한《중독과 금융자본주의 정신》에서 매우 세심하게 검토되었습니다. 그 책에는 아주 흥미로운 동물 실험이 소개되어 있어요.

그 실험은 두 마리의 쥐를 준비해 서로 다른 조건에 두고, 어느 쪽이 더 의존성 물질 섭취가 일어나기 쉬운지를 비교하는 것이었습니다. 첫 번째 쥐는 버튼을 누를 때마다 정맥에 코카인이 주입됩니다. 반면, 두 번째 쥐는 스스로 버튼을 누를 수 없고, 첫 번째 쥐가 버튼을 눌렀을 때만 같은 타이밍에 동일한 양의 코카인이 강제로 주입됩니다.

당연히 두 쥐의 혈중 코카인 농도 변화는 정확히 동일하게 유지됩니다. 차이점은 코카인을 자발적이고 능동적으로 섭취하느냐, 아니면 수동적으로 투여받느냐 하는 것뿐입니다. 그리고 실험 결과, 의존증적 섭취 행동 패턴이 유발된 것은 놀랍게도 첫 번째 쥐뿐이었습니다.

이 결과는 다음과 같은 점을 시사합니다. 물질의 약리작용보다는 '자신의 힘으로 기분을 바꿀 수 있다'는 행위를 통한 자기 통제의 성공 경험이 훨씬 더 강력한 보상으로 작용하여 의존증을 유발할 가능성이 높다는 것입니다.

이는 저의 임상 경험과도 일치합니다. 정신과에서 처방하는 항불안제나 수면제, 또는 완화 치료에서 사용하는 의료용 마약의 경우, 이러한 약제를 의사의 지시에 따라 정기적으로 복용하는 사람보다 '힘들 때'나 '아플 때' 한 번씩 복용하는 약으로 사용하는 사람, 또는 정기적인 처방에 더해 추가로 사용하는 사람이 훨씬 더 의존증에 걸릴 위험이 높습니다.

요컨대, 사람을 의존증에 빠지게 하는 것은 물질의 약리작용이 아니라 행위를 통한 자기효능감의 경험, 즉 심신에 자극을 주고 신체 감각의 변화를 통해 기분 조절에 성공하는 경험에 있지 않나 싶습니다. 그리고 신체 감각의 변화를 유발하는 행위는 일정한 약리작용을 가진 물질의 섭취일 수도 있고, 스릴과 흥분을 일으키는 파친코나 게임일 수도 있겠지요.

만약 물질 섭취 행위와 비물질적 행위의 의존성 정도에 차이가 있다면, 이는 보상이 발현되기까지 걸리는 시간 차이에 기인한다고 볼 수 있습니다. 사실, 일반적으로 물질은 행위보다 더 즉각적인 보상을 제공하는 경향이 있습니다.

누구나 의존증의 맹아를 갖고 있다

그런데 심신을 자극함으로써 기분 조절에 성공한 경험, 여기에 의존증의 맹아가 있다면, 사실 많은 사람들이 의존증의 맹아를 가지고 있는 셈입니다.

물질에 의한 자극으로는 출근 전에 마시는 커피, 업무 중간에 즐기는 차나 담배, 사람에 따라서는 달콤한 과자, 그리고 일이 끝난 후에 마시는 맥주 한 잔 등이 있습니다. 행위에 의한 자극으로는, 예를 들어 마코토의 경우라면 사우나가 될 수 있겠네요.

제 이야기를 하자면, 특히 진료가 힘들었던 날에는 심야에 카레 전문 체인점인 코코이찌방야CoCo壱番屋에서 아주 매운 카레를 먹는 경향이 있습니다. 맛있다, 맛없다의 차원을 넘어 이제 고통만 느껴지는 미각의 저편에 있는 자극, 이것이 캡사이신이라는 물질을 섭취하는 행위인지, 아니면 자해 행위인지 이제는 저도 알 수 없게 되었지만, 가게를 나와 땀

투성이가 된 얼굴에 시원한 밤바람이 닿을 때쯤이면 개운치 않은 마음은 사라져버립니다.

다행히 이 행위는 코코이찌방야 매장을 방문해야 하는 번거로운 절차가 필요하고, 다음 날 하복부 통증과 설사에 시달리는 폐해로 인해, 제 보상 체계를 '납치'할 만큼 강력하지는 않습니다. 따라서 저는 코코이찌방야 때문에 직장이나 가정생활에 지장을 초래하지 않고, 통제된 방식으로 코코이찌방야와 함께할 수 있습니다. 적어도 '일을 빼먹고 몰래 코코이찌방야를 가는' 사태는 발생하지 않았습니다.

하지만 만약 심신에 대한 이러한 자극이 좀 더 쉽고 빠르게 실행할 수 있는 것이라면 어떨까요? 손목 긋기, 폭식, 손톱여물 썰기, 발모광(털뽑기장애), 그리고 어쩌면 강박적인 자위행위도 거기에 포함될 수 있겠지요. 이러한 행위는 즉효성 면에서는 물질의 약리작용보다는 떨어지지만, 간편함과 자극의 강도 면에서 보상의 즉시성을 담보하며 사람을 의존적으로 만들 수 있는 특성을 가지고 있다고 생각합니다.

놀이의 중독성과 치료적 기능

언뜻 보면 보상의 즉시성이나 편리성은 떨어지지만, 강력하게 삶을 잠식해오는 행위도 있습니다. 예전에 저는 나잇살이나 먹은 주제에 게임센터의 〈세가 랠리 챔피언십〉(이하 '세가 랠리')에 푹 빠져, 그 생각이 뇌리에서 떠나지 않던 시기가 있었습니다.

사반세기 전의 기술 수준을 고려하면, 정말 잘 만들어진 게임입니다. 스크린에 비친 랠리 코스의 영상과 음향은 매우 현실감 넘쳤고, 핸들과 시트의 진동을 통해 노면의 요철과 타이어의 접지력까지 느낄 수 있어 순식간에 저는 그 세계에 빠져 몰입하게 되었지요. 저는 매일 병원 근무를 마치고 서둘러 게임센터로 달려가, 땀을 뻘뻘 흘리며 한 손으로는 핸들을 격렬히 조작하고 다른 한 손으로는 H자형 수동 변속기와 핸드브레이크를 사용하여 비포장도로를 고속으로 질주했습니다.

〈세가 랠리〉는 사회학자 로제 카유아가 주장한 '놀이의 네 가지 유형'의 모든 요소를 갖추고 있습니다. 알다시피, 카유아는 《놀이와 인간》*에서 인류가 해온 놀이를 다음과 같은 네 가지 유형으로 분류했습니다. 첫 번째는 '아곤Agon(경쟁: 장기나 체스, 경기 스포츠)', 두 번째는 '알레아Alea(우연: 도박)', 세 번째는 '미미크리Mimicry(모방: 소꿉놀이, 연극)', 그리고 마지막은 '일링크스Ilinx(현기증: 그네, 롤러코스터)'입니다.

〈세가 랠리〉에 포함된 아곤(경쟁)의 요소로는 반복적인 연습을 통해 기술을 향상시키고, 시간을 단축하며, 순위를 올리고, 라이벌을 이김으로써 얻는 자기효능감과 성취감이

---

* 《놀이와 인간》(이상률 옮김, 문예출판사, 2018)

있습니다. 알레아(우연)의 요소는 선택한 랠리 코스와 차종 간의 궁합입니다(게임 속 요소이므로 실제 차량의 사양과 미묘하게 달라 예측이 매우 어렵습니다). 미미크리(모방)의 요소는 선명한 영상과 음향이 게임 속 세계를 현실 이상의 정확도로 재현하여, 그 현실감으로 인해 자신이 월드 랠리 챔피언십의 전설적인 드라이버 콜린 맥레이나 만화 주인공 후지와라 다쿠미라고 착각하며 자아를 과장되게 부풀리게 만드는 점입니다. 그리고 일링크스(현기증)의 요소는 고속으로 드리프트를 할 때 눈앞의 풍경이 엄청난 속도로 흘러가는 스릴 넘치는 어지러움이 있습니다.

생각건대, 모든 놀이는 흥분과 자극을 통해 심신에 변화를 주고, 현실의 우울함을 잊고 기분을 전환하는 효과가 있다고 생각합니다. 동시에, 조건만 갖춰지면 아주 쉽게 우리의 보상 체계를 장악하고 실생활을 잠식할 위험성을 지니고 있습니다.

제가 이 게임에 빠져들었을 때는 의존증 임상 초기 시절로, 뜻대로 되지 않는 일상적인 임상에서 무력감을 느끼며 정신과 의사로서 자신감을 잃어가고 있었습니다. 그런 현실의 시원찮은 자신을 위로하기 위해서는 자기효능감, 가짜 과대망상, 현기증 같은 것이 필요했겠지요.

의존증의 약물요법에서 보이는 것들

그건 그렇고, 마코토의 지난 편지에서 의존증 관련 약물요법에 대한 언급도 있었지요. 확실히 시안아미드나 녹빈 같은 '술을 마시면 심하게 불쾌해지는' 치료제는 징벌적이고 전근대적인 발상의 약제라고 생각합니다.

그것들에 비해 셀린크로는 애초에 '불쾌감'을 경험하게 하는 것이 아니라, 알코올이 가져다주는 '쾌감'을 감소시킨다는 점에서 분명히 지향하는 바가 다른 치료제입니다. 대략적으로 말하자면, 내인성 오피오이드 수용체를 가볍게 자극하여 그 이상의 자극에는 반응하지 않도록 하는 치료제입니다.

이 유형의 약은 최근 의존증 치료제 개발의 트렌드라고 할 수 있습니다. 대표적인 예로는 니코틴 의존증에 대한 금연 보조제인 챔픽스가 있습니다. 챔픽스는 뇌에 분포하는 니코틴 수용체에 결합하여 금연에 따르는 금단증상이나 담배에 대한 갈망을 감소시키는 동시에, 니코틴의 새로운 수용체 결합을 방해하여 흡연으로 얻어지는 만족감을 억제합니다.

그런데 이런 말을 하면 금연 운동가들에게 혼날지도 모르지만, 저는 정신과 치료 중인 환자(분명히 일반인보다 흡연율이 높습니다)가 챔픽스를 복용하는 것에 대해 회의적입니다. 금지까지는 아니더라도 '별로 추천하지 않는다'며 완곡하게 반대하는 경우가 많습니다. 왜냐하면 복용할 경우 꽤 높은 확률로 우울증이 악화되거나 정신 상태가 나빠질 가능성이 있기 때문입니다. 실제로 해외에서는 챔픽스 복용 후

우울증 악화 및 자살 행동이 증가했다는 보고가 있습니다.

아마도 '흡연이 주는 만족감'이 억제되어 흡연의 자기 치료 효과가 없어져버리는 것이 아닐까요?

요컨대, 저는 이렇게 생각합니다. 확실히 의존증은 사람을 죽음에 이르게 할 위험성을 가지고 있지만, 그 맹아 같은 것은 누구에게나 있으며, 오히려 그것이 있기에 '힘든 지금'을 살아갈 수 있는 측면도 있다고 말입니다.

앞에서 저는 인류 최초의 '그만둘 수 없고, 멈출 수 없는 것'은 물질이 아니라 행위, 즉 도박이라고 주장했습니다. 우에시마 게이지는 도박에 관한 문화인류학적 고찰을 통해 "창세 이래 인간의 가장 근원적인 욕망은 미래를 알고자 하는 데 있고, 그렇기에 인간은 예측 불가능한 미래를 예측 가능한 것으로 만들고자 나뭇가지나 돌멩이, 뼛조각을 던져 길흉을 점치기 시작한 것이 아닌가"《우연의 힘》, 슈에이샤, 2007)•라고 지적했습니다. 저도 모르게 무릎을 치게 만드는 혜안이었습니다.

아마도 그 의식은 상징화와 통속화를 거쳐 재산을 건 '도박'으로 형태를 바꾸고, 거기에 개인의 능력과 기술로 결과를 좌우할 수 있는 요소가 더해져 결투나 전쟁을 모방한 스포츠로 발전했을 것입니다. 결국 체스, 바둑, 장기까지 포함

• 《우연의 힘》(정세환 옮김, 까치, 2010)

하는 다양한 게임으로 확장되었겠지요. 그리고 비교적 늦게, 일링크스(현기증)를 인위적으로 일으키는 작용을 가진 물질까지 더해져, 현대의 의존증 아이템들이 모두 갖추어졌다고 생각합니다.

  이렇게 표현해도 좋을 것 같습니다. 의존증의 근원에는 통제할 수 없는 '현재'를 극복하고, 예측할 수 없는 '미래'를 조금이라도 가시화하고 싶다는, 너무도 인간적인 인류 전체의 욕망이 자리하고 있다고 말이지요.

담당 편집자 F로부터

정신의존의 본질이 '물질'보다 '행위'에 있으며, '놀이'는 원래 실생활을 잠식하는 힘을 가지고 있다는 도시 씨의 지적은 저에게도 와닿았습니다. 저는 요즘 닌텐도 스위치의 〈수박게임〉에 빠져 있기 때문입니다.

닌텐도 게임 중에는 정교한 그래픽과 장대한 스토리를 자랑하는 명작들이 많습니다. 〈스플래툰〉, 〈젤다의 전설〉, 〈포켓몬스터〉, 〈마리오〉 시리즈 등은 수천 엔이라는 적지 않은 가격으로 판매되고 있지만 신제품이 출시될 때마다 팬들은 열광하지요. 이 게임들은 항상 새로운 도전을 담고 있어 제작자의 남다른 열정이 느껴집니다.

한편, 〈수박게임〉은 단돈 240엔에 불과합니다. 〈테트리스〉와 〈뿌요뿌요〉를 합친 것 같은 단순한 규칙과 애니메이션, 그리고 맥이 빠진 듯한 음악이 특징입니다. 그럼에도 불구하고, 수많은 명작 게임을 제치고 닌텐도 스토어 인기 순위 1위를 차지했다니 놀라울 따름입니다. 저도 이 게임을 접한 이후 매일 회사 책상에서 '아아…… 얼른 집에 가서 〈수박게임〉 하고 싶다……'는 생각에 사로잡혀 있습니다.

위에서 내려오는 같은 종류의 과일을 합쳐서 크기를 키우는 단순한 반복 게임입니다. 그런데 과일이 합쳐지며 커질 때 울리는 '포용!' 소리에 보상 체계가 자극을 받는지, 모든 생각이 차단되고 현실의 고통에서 벗어날 수 있습니다. 주말 시간 대부분을 이 〈수박게임〉에 빠져 보내면서, 문득 떠올린 것이 있습니다.

말이 길어져 죄송합니다. 지금 저희 집에는 새끼 고양이가 있습니다. 생후 2개월 된, 조그맣고 보송보송하며 연약한 생명체입니다. 매일 몇 시간씩 케이지 안에서 울며 '꺼내줘!' 하고 조릅니다.

아직 너무 작아서 뭔가 잘못 먹거나 틈새에 끼어 나오지 못하거나 먼저 살고 있던 고양이와 문제가 생길 우려가 있기 때문에, 제가 돌볼 수 있는 시간이 아니면 케이지에서 꺼내줄 수가 없습니다. 제 시선이 닿는다면 꺼내주면 되지요. 그런데 집안일이나 업무를 어느 정도 마무리하고 한숨 돌릴 그럴 시간에, 새끼 고양이의 애처로운 소리보다 〈수박게임〉을 하고 싶은 욕심이 앞설 때가 있습니다.

그때 문득 매년 여름 뉴스에 등장하는 '파친코를 하느라 아이를 뜨거운 차 안에 방치한' 부모가 떠올랐습니다. 만약 제 업무 스트레스가 더 심했다면? 가족으로부터 폭력을 당하고 있었다면? 새끼 고양이보다 훨씬 손이 많이 가는 인간 아기의 울음소리에 매일 밤 시달리고 있었다면? 고민을 들어줄 사람이 주위에 아무도 없었다면?

물론 냉정하고 객관적으로 생각해보면, 어떤 이유에서든 아이를 뜨거운 차 안에 방치하는 것은 너무나도 어리석고 무책임한 행동입니다. 하지만 혹시라도 도박이라는 쾌락 때문이 아니라, 현실의 고통을 잊기 위해 슬롯머신에 몰두하다가 정신을 차려보니 몇 시간이 지나가, 사랑하는 아이까지 위험에 빠뜨릴 수도 있지 않을까요? 두 분의 이번 원고를 읽고 그런 상상을 했습니다.

11. 신사 숙녀로서 도파민을 즐기는 방법

요코미치 마코토, 2023년 7월 20일

안녕하세요, 도시.

《모두가 물속: '발달장애' 자조모임의 문학 연구자는 어떤 세상에 살고 있는가》에서 저의 발달장애에 대해 여러 가지를 썼고, 어덜트 칠드런, 종교 2세, LGBTQ+ 문제에 관해서도 다루었습니다. 그러나 의존증 문제는 뒤로 미뤄두고 있었어요. 뇌의 부위나 신경전달물질에 대해 배우는 것은 제 깜냥을 넘어선다는 불안감이 있었고, 제 의존증 문제를 이해하기에 앞서 먼저 발달장애인, 어덜트 칠드런, 종교 2세, LGBTQ+ 당사자로서의 자신을 정리하지 않으면 제 인생을 재건하는 일은 요원하다고 생각했습니다.

2021년 4월 《모두가 물속》을 출간한 후, 발달장애 대학교수로서 주목을 받아 다양한 집필과 강연, 대담 의뢰를 받게 되면서 의존증 문제에 관해 곰곰이 생각해볼 여유는 더욱 없어지게 되었습니다. 2022년 하반기에는 갑자기 주목받게 된 종교 2세 문제의 당사자로서 대중매체에 자주 출연하게 되어, 이번에는 종교 2세 문제로 집필과 강연, 대담 요청이 쇄도해 시간이 순식간에 흘러갔네요. 개인적으로는 의존증 치료 전문병원에 계속 다니면서도 제대로 공부할 시간이 부족했던 것입니다.

이번 서신 교환이 시작된 이후로는, 상대가 의존증 치료의 권위자이기 때문에, 벼락치기식으로 어설프게 공부하는 것이 의미가 있을까 고민했습니다. 왠지 부끄러운 말을 써버리는 것은 아닐까 하는 생각에 주눅이 들어 전문적인 공부를 계속 게을리하고 있었는데, 이제야 기본적인 것들만이라도 최소한 알아두어야겠다고 결심했습니다. 《정신질환의 진단 및 통계 편람 제5판 수정판》의 일본어 번역본이 6월에 출간되면서, '아아, 나는 의존증에 관해서는 DSM에 쓰인 진단 기준조차 읽은 적이 없구나' 하고 반성한 것이 계기가 되었습니다. 발달장애(의학적 명칭은 '신경발달장애') 부분은 그 이전 DSM-5도, 그 전의 DSM-Ⅳ-TR도 읽으며 '공부가 되네' 하며 몇 번이나 감탄했는데 말예요.

지금까지 중독에 관한 책들을 드문드문 읽으며, 중독이 물질에 대한 중독과 행위에 대한 중독, 이 두 가지로 구분될 수 있다는 것 정도는 알고 있었습니다. 용어를 살펴보면 '물질 의존substance dependence'과 '행위 중독behavioral addiction'으로 표기되는 경우가 많습니다. 즉, 행위는 중독이지만 물질은 의존이라는 것입니다. 조사해보니, 1963년 가을에 열린 세계보건기구 전문가 회의에서 물질사용장애의 공식적인 용어로 '약물 의존drug dependence'이 선택되었고, 기존의 '약물 중독drug addiction'이나 '약물 습관화drug habituation'는 앞으로 사용하지 않기로 결의되었다는 사실을 알았습니다. 약물은 중독이 아니라 의존으로 정의되었으며, 이 용어의 역사가 벌써 반세기 이상 이어져온 셈입니다.

물질 의존과 행위 중독

그런데 《정신질환의 진단 및 통계 편람 제5판 수정판》(원서는 2022년 출간)을 읽어보면, 중독은 '물질 관련 및 중독 장애'라 불리고 있으며, '물질 관련 장애'와 '비물질 관련 장애'라는 두 부문으로 이루어져 있습니다. 전자는 알코올 관련 장애, 카페인 관련 장애, 대마 관련 장애, 환각제 관련 장애, 흡입제 관련 장애, 아편계 관련 장애, 진정제, 수면제 또는 항불안제 관련 장애, 자극제 관련 장애, 담배 관련 장애, 기타(또는 미상의) 물질 관련 장애 등 다양한 유형이 포함되어 있습니다. 반면 후자는 도박 장애 하나만 포함되어 있습니다.

세계보건기구의 제11차 국제질병분류(2018년 공표, 2022년 발효, 일본어판 준비 중)에 따르면, 이 역시 DSM-5-TR과 비슷한 구조를 가지고 있습니다. 전체는 '물질사용장애'와 '중독행동장애'로 구성되어 있으며, '물질사용장애'

에는 알코올, 대마, 합성 카나비노이드, 아편계, 진정제, 수면제 또는 항불안제, 코카인, 자극제(암페타민, 메스암페타민 또는 메스카티논 등), 합성 카티논, 카페인, 환각제, 니코틴, 휘발성 흡입제, MDMA 또는 관련 약물(MDA 등), 해리성 약물(케타민, 펜시클리딘 등), 기타 특정된 정신활성물질(의약품 포함)이 있습니다. 한편, '중독행동장애'에는 도박 장애와 게임 장애가 포함됩니다.

'게임 장애'(다른 번역어로 '게임증', '게임행동장애', '게임 중독'이 있음)가 포함된 것은 아동 관련 정신의료계에서 꽤 화제가 되었습니다. 이는 세상에서 가끔 논의되는 '성행동장애'(섹스 의존증)나 '쇼핑행동장애'(쇼핑 의존증)조차도 중독으로 정식 인정받지 못한 상황에서, 예전부터 중독으로 논의되었던 '도박 장애' 옆에 갑자기 새로운 '게임 장애'가 추가된 것이 충격적이지 않았을까 상상해봅니다.

아마추어적인 생각일지도 모르지만, 저로서는 '섹스 의존증'이나 '쇼핑 의존증'도 포함되었으면 좋겠다는 생각이 듭니다. 저 역시 여러 상대와의 성관계에 몰두했던 시기가 있었고, 수백만 엔의 빚을 지게 될 때까지 쇼핑에 정신이 팔린 적도 있었습니다. 인생을 순식간에 파멸로 몰아넣는 것들이지요. 지난 편지에서 도시가 "역사상 가장 오래된 중독 관련 기록은 도박에 관한 것"이라든지, "행위를 통한 자기 통제의 성공 경험이 훨씬 더 강력한 보상으로 작용하여 의존증을 유발할 가능성이 높다"라든지, "사람을 의존증에 빠지게 하는 것은 물질의 약리작용이 아니라 행위를 통한 자기효능감의 경험, 즉 심신에 자극을 주고 신체 감각의 변화를 통해 기분 조절에 성공하는 경험에 있지 않나"라고 쓴 내용에 전적으로 동의합니다. '행위 중독'이 '물질 의존'과 같은 정도로 고찰되고, 양자의 관계성이 밝혀지면 좋겠습니다.

스즈키 다다시 씨의《중독과 금융자본주의 정신》을 실제로 읽고 나니, 이런 훌륭한 책인지 기이한 책인지 모를 책이 더 많이 나왔으면 좋겠다는 생각이 들었습니다. 이 책에서는 "중독이란 자발적 선택이 가져다주는 단기적 보상으로 인해 동기 부여된 오페란트operant(환경에 대한 조작적 개입-인용자 주) 행동을 종종 자신의 의지에 반하여 반복적으로 지속하는 상태를 말한다"라는 정의가 나옵니다(강조는 생략했습니다). 도박에 대한 인간의 욕망이 금융자본주의를 구축하며 불안정하게 유지되고 있다는 겨냥도로 쓰여 있지만, 역시 행동 선택이 중독의 메커니즘으로서 결정적이라고 생각되네요.

그건 그렇고, 저는 대학원생 때 막스 베버의《프로테스탄트 윤리와 자본주의 정신》에 빠져 사회과학적 발상과 인문학적 발상의 상극 문제를 연구했던 시기가 있었습니다. 베버가 프로테스탄트의 '천직' 이념이 초기 자본주의를 구동한 핵심이라고 논리적으로 전개하는 솜씨에 감탄하면서도, '나는 그런 단순한 게임적 역사론에 속지 않을 거야(웃음)'라고 생각하기도 했습니다.《중독과 금융자본주의 정신》이라는 책 제목은 분명히 베버의 책에 대한 오마주로 보이며, 이 책을 읽으면서도 '나는 속지 않을 거야(웃음)'라는 생각을 했습니다. 하지만 전문적으로 분화된 지금 시대에 이런 종합적인 책이 쓰였다는 사실 자체는 굉장히 훌륭하다고 생각합니다. 언젠가 저도《트라우마·해리·중독: 인류사의 한 단면》같은 제목의 책을 출간하고 싶지만, 요즘은 그 전에 먼저 도시의 장대한 인류사적 의존증론을 읽어보고 싶습니다. 도시가 그런 책을 꼭 써주면 좋겠습니다!

즉각적인 보상과 관계 맺는 방법의 모색

도시가 아케이드 레이싱 게임〈세가 랠리 챔피언십〉에 빠져 있었다는 이야기는 정말 흥미로웠습니다. 찾아보니 이 게임은 1995년에 만들어진 작품이라고 하네요. 제가 고등학생이었을 때군요. 도시는 "나잇살이나 먹은 주제에"라고 자학적으로 표현했지만, 당시 도시는 아직 20대 후반이었을 겁니다. 참으로 훌륭한 젊은이였을 거라고 생각합니다.

'후지와라 다쿠미'라는 이름이 나왔는데, 만화〈이니셜 D〉의 주인공이지요. 도시는 "고속으로 드리프트를 할 때 눈앞의 풍경이 엄청난 속도로 흘러가는 스릴 넘치는 어지러움이 있습니다"라고 적었습니다. '이니셜 D'의 'D'도 드리프트를 의미한다고 들은 적이 있습니다. "현실의 시원찮은 자신을 위로하기 위해서는 자기효능감, 가짜 과대망상, 현기증 같은 것이 필요했겠지요"라는 말에 깊이 공감했습니다.

왜냐하면 저도 30대 후반이 되어 갑자기 20여 년 만에 게임에 빠져든 시기가 있었기 때문입니다. 초등학생 때 빠져 있던 〈드래곤 퀘스트〉 시리즈가 스마트폰용으로 이식된 것을 알고 1, 2, 3, 4, 5, 6, 7, 8, 9 시리즈를 모두 완파하려고 플레이했습니다. 신작 11도 닌텐도 3DS와 플레이스테이션 4로 두 번 연속으로 플레이했으며, 자유롭게 쓸 수 있는 시간은 계속 〈드래곤 퀘스트〉에 푹 빠져 있었습니다. 10도 한동안 해봤지만, 온라인 기반인 데다가 작풍도 제 취향에 맞지 않아 계속하지 못했습니다. 당시는 수면장애가 시작되었던 시기로, 지금 분석해보면 정신적 위기가 진행 중이었기 때문에 판타지 세계로 도피하고 싶었던 것 같습니다.

롤플레잉 게임에도 도시가 쓴 로제 카유아의 '놀이의 네 가지 유형'이 모두 포함되어 있는 것 같습니다. 등장하는 적과의 전투에서 승리하고 장대한 스토리를 해독해가는 부분은 아곤(경쟁)입니다. 높은 경험치나 희귀한 보물을 가진 적을 만날 수 있는가, 숨겨진 아이템을 제대로 획득할 수 있는가, 카지노에서 대박을 터뜨릴 수 있는가 하는 문제는 알레아(우연)입니다. 자신의 이름을 주인공 용사로 설정하고 디테일하게 구축된 세계관에 몰입하는 감각은 미미크리(모방)입니다. 망각돼 역사적 사건의 진상이 밝혀지고 압도적인 비주얼과 분위기로 감동을 주는 점은 일링크스(현기증)입니다. 〈드래곤 퀘스트〉의 시공간에 몰입했던 저는 '게임 의존증'이라는 말을 들어도 할 말이 없었을 것 같아요. 불면증을 애써 외면하기 위해 했던 것인데, 점점 심해지기만 했지요.

일본에서는 만화, 애니메이션, 게임 등의 문화가 번성하고 있는데, 이는 어쩌면 저의 갑작스러운 〈드래곤 퀘스트〉 대열풍'과 같은 이유로, 일상에서 우울함을 느끼는 사람이 많기 때문이 아닐까요? 다카하타 이사오는 생전에 동지이자 동생 같은 존재라고 할 수 있는 미야자키 하야오를 '천재'라고 인정하면서도, 미야자키 애니메이션의 완성도가 너무 높아 관객이 '판타지에 잠식당한다'고 비판하곤 했습니다. 다카하타의 마지막 작품이 된 〈가구야 공주 이야기〉(2013)는 판타지를 엮어내면서도 두근거림을 과도하게 느끼지 않게 하여 관객이 현실 세계에서도 땅에 발을 딛고 살아갈 수 있도록 독려하는 메시지를 담고 있는 것 같았습니다. 그것은 분명히 미야자키 하야오에 대한 마지막 훈계이기도 했을 것입니다. 이에 대한 10년 만의 대답이 이번에 미야자키의 마지막 장편 애니메이션이 될 〈그대들은 어떻게 살 것인가〉(2023)입니다. 이 작품에서는 언제나처럼 압도적인 판타지 시공간이 전개되면서도 주인공을 가혹한 시대의 현실로 귀환시키고, 또한 그가 경험한 세계는 결국 기억에서 사라지는 것으로 설정하면서도 그 경험이 헛되지 않았다는 의미를 부여함으로써 세상을 떠난 다카하타 이사오에게 응답한 것이라고 생각합니다.

도시에게 〈세가 랠리〉, 저에게 〈드래곤 퀘스트〉는 아마도

'즉각적인 보상의 홍수'를 듬뿍 받을 수 있는 특권적인 장소였을 것입니다. 예전의 미야자키 애니메이션도 바로 그런 것이었습니다. 〈천공의 성 라퓨타〉(1986), 〈이웃집 토토로〉(1988), 〈마녀 배달부 키키〉(1989) 등입니다. 하지만 미야자키는 점점 '왠지 지루하게 느껴질 수 있는' 장면을 굳이 작품에 넣기 시작했습니다. 〈모노노케 히메〉(1997)와 〈센과 치히로의 행방불명〉(2001)은 모두 사회현상이 되어 미야자키의 세계적인 인기를 확립해준 작품이었지만, 개봉 첫날 저는 영화관에서 그 작품들을 보며 여러 장면에서 졸음이 쏟아졌습니다. '아니, 미야자키의 애니메이션이 졸리다니?' 하고 충격을 받았지요. 그런데 동급생들에게 물어보니 비슷한 느낌을 받은 사람이 많았습니다. 지금은 그런 작풍의 변화도 분명 미야자키 나름의 다카하타에 대한 대답, '즉각적인 보상'과 어떻게 관계를 맺을 것인지에 대한 모색이었을 거라고 생각합니다.

그렇다면 중독에 의해 뇌를 납치당하지 않으려면 어떻게 해야 할까요? 지난 편지에서 도시가 코코이찌방야와 관계 맺는 방법을 통해 좋은 힌트를 주었습니다.

진료가 힘들었던 날에는 심야에 카레 전문 체인점인 코코이찌방야에서 아주 매운 카레를 먹는 경향이 있습니다. 맛있다, 맛없다의 차원을 넘어 이제 고통만 느껴지는 미각의 저편에 있는 자극, (중략) 가게를 나와 땀투성이가 된 얼굴에 시원한 밤바람이 닿을 때쯤이면 개운치 않은 마음은 사라져버립니다.

다행히 이 행위는 코코이찌방야 매장을 방문해야 하는 번거로운 절차가 필요하고, 다음 날 하복부 통증과 설사에 시달리는 폐해로 인해, 제 보상 체계를 '납치'할 만큼 강력하지는 않습니다. (중략)

하지만 만약 심신에 대한 이러한 자극이 좀 더 쉽고 빠르게 실행할 수 있는 것이라면 어떨까요? 손목 긋기, 폭식, 손톱여물 썰기, 발모광(털뽑기장애), 그리고 어쩌면 강박적인 자위행위도 거기에 포함될 수 있겠지요. 이러한 행위는 즉효성 면에서는 물질의 약리작용보다는 떨어지지만, 간편함과 자극의 강도 면에서 보상의 즉시성을 담보하며 사람을 의존적으로 만들 수 있는 특성을 가지고 있다고 생각합니다.

역시 중독의 대상 자체에 브레이크가 포함되어 있는 경우, 그리고 중독의 유발 요인이 약간 거추장스러운 경우, '즉각적 보상'의 힘을 제한할 수 있습니다. 머릿속의 도파민 홍수는 제한적인 피해만 입히고 끝납니다. 그렇게 적당히 도파민을 즐기는 것이 앞으로 중독자들의 과제가 될 것 같다는 생각이 듭니다. 이를 '신사 숙녀로서 도파민을 즐기는 법'이라 이름 붙이고, 중독자들 사이에 널리 알리고 싶네요.

지지난 편지에서 저는 저 자신이나 도시의 문체가 매우

깔끔한 것, 이것이 중독적인 기능을 갖고 있는 게 아닌가 하는 의견을 제기했습니다. 그런데 글이라는 것은 (AI의 문장 생성 기능을 사용하지 않는다면) 도시나 저처럼 빠른 속도로 원고를 써내는 데 능숙한 필자라도, 기본적으로 느긋하게 여유를 가지고 쓸 수밖에 없는 것이기 때문에, 그야말로 '신사 숙녀로서 도파민을 즐기는 법'을 실현하고 있는 셈입니다. 그렇게 생각하면, 제가 글쓰기를 무척 즐거워하는 이유는 중독 그 자체가 아니라, 중독에 대한 대응 조치로서 위해성을 감소시키는 행동이라는 생각이 들어요.

생각해보니, 아리스토텔레스의 《형이상학》에서는 '경이로움'(타우마제인thaumazein)이라는 감정이야말로 인류의 지적 탐구의 원천이 된다고 주장하고 있어 무릎을 친 적이 있습니다. 어떤 현상에 대해 '이건 뭐지?', '대체 무슨 일이지?'라는 경이로운 감흥을 느끼고, 그 구조와 발생 원인을 찾아보려고 합니다. 그러다 보면 '아하, 알겠다!' 하는 '아하 체험'이 일어나고, 머릿속에 도파민이 콸콸 뿜어져 나옵니다. 하지만 그것을 기술하거나 강연을 하게 되면 그 사이에 도파민은 적당히 엷어져 갑니다. 이 일련의 과정, 즉 '연구 활동'도 중독에 대한 위해성 감소로 기능해온 측면이 있는 것 같습니다. 그런 시으로 '위해성 감소의 인류사'를 살펴보는 것도 재미있을 것 같네요.

약과 자조모임

이야기가 길어졌지만, 지난 편지에서 도시가 써준 내용에 관해 한 가지 더 이야기하겠습니다. "셀린크로는 애초에 '불쾌감'을 경험하게 하는 것이 아니라, 알코올이 가져다주는 '쾌감'을 감소시킨다"는 점입니다. 사실 얼마 전부터 '그래, 셀린크로를 먹자'고 생각을 고쳐먹고 다시 복용하고 있습니다. 인터넷에서 "처음에는 기분이 나빠지기도 하지만 계속 먹다 보면 괜찮아진다"는 정보를 얻었기 때문입니다. 다시 복용하자 기분이 나빠지는 일은 실제로 며칠 만에 없어졌습니다. 이 약은 '알코올의 쾌감을 감소시키는' 성질인 듯한데, 제 감각으로는 '취기가 빨리 돈다'에 가깝습니다. 아니, 정확히 말하자면 취하는 게 아니라 머릿속이 심하게 몽롱해져서 마치 술에 취한 것 같은 느낌이 듭니다. 그래서 많이 마시고 싶은 마음이 사라지고, 안전한 양의 음주로 그치게 됩니다.

그래서 '이 약 좋네!'라고 감격하며 매일 복용했는데, 문제는 그 '몽롱해진 머릿속'이 다음 날까지 계속된다는 것입니다. 오감은 숙취 때와 똑같습니다. 두통이나 메스꺼움은 없지만, 몽롱한 상태에서 시간이 주르르 흘러갑니다. ADHD 치료제인 스트라테라를 복용하면 보통은 상쾌한 기분을 느낄 수 있는데, 셀린크로를 복용한 다음 날은 그런 효과가 전혀 느껴지지 않습니다. 계속 복용하면 주량이 줄어드니 좋다고 여겨야 할까요? 아니면, 이렇게 심한 몽롱함과 공생하고 있다는 것은 결국 수명이 확 줄어드는 것과 같은 상황이라서 언제든 이 약을 포기해야 할까요? 괴로운 선택입니다.

마지막으로 일전에 오시마 에이코 씨의 《살아남기 위한 중독: 폭풍 후를 사는 '그녀들'에 대한 사회복지사업》을 감탄하며 읽었다는 것을 보고합니다. 여성 의존증 환자들에 대한 지원을 제공하는 장소로서 ①의료기관, ②MAC(Maryknoll Alcohol Center)나 DARC(Drug Addiction Rehabilitation Center) 등의 '치료 공동체', ③AA 계열의 자조모임이 소개되고, 자조모임 또는 '치료 공동체'가 자조모임에서 배워 제공해온 '12단계'를 배제한 ④'생활 지원 공동체'가 추천됩니다. 그리고 오시마 씨 자신이 설립한 '솔레유それいゆ'라는 생활 지원 공동체에서 해온 일이 소개되어 있습니다.

이전에 이 연재에서 '새로운 유형의 자조모임'을 희망했는데, 그런 실천의 선행 사례를 알게 되어 기뻤습니다(공동생활을 하는 곳이니, 정확히 말하면 자조모임과는 다르지만요). 저도 계속 새로운 시도를 해보고 싶은데 아직 경험이 부족합니다. 최근에 새 자조모임으로 온라인에서 운영하는 '죽고 싶다는 생각을 달래는 모임'을 만들었는데, 혹시라도 모임이 자살 충동을 부추기지 않도록 지금까지 제가 운영했던 자조모임(당사자 연구나 오픈 다이얼로그 같은 대화 방식)보다 안전한 언어 공간을 구축해야 한다는 고민이 있었습니다. 고민 끝에 채택한 방식은 '익명 계열'에서 사용하는,

'자유롭게 말하고, 그저 들어주기'입니다. 즉 들은 내용에 대해 전혀 응답하지 않고, 감상이나 의견도 질문도 입에 올리지 않는 방식입니다. AA의 방식이 가장 안전하다고 결론을 내릴 수밖에 없었던 것입니다.

오시마 씨의 책에서는 여성 의존증 환자를 네 종류로 분류했는데, 이 부분도 흥미로웠습니다. ①성 역할 갈등형(성 역할에 대한 기대가 억압으로 바뀌어 중독에 이르게 된다), ②타인 인정 갈망형(자신을 긍정적으로 받아들이지 못하고 자신이 뭔가를 달성할 가능성이나 자기 가치에 대해 자신감을 가질 수 없는 부전감不全感을 느끼며, 이로 인해 파괴 충동으로 이어져 중독에 빠진다), ③인생 모델 선택 곤란형(어떤 선택에도 젠더 편견이 둘러쳐져 있는 것에 절망하여 자신의 선택에 자신감을 갖지 못하고 목표를 상실하며 순간의 휴식을 찾아 중독에 빠진다), ④성 정체성 혼란형(성소수자이거나 과거에 성폭력 피해 경험이 있어 자신의 신체와 성 정체성에 혼란을 안고 중독에 기댄다).

무척 공부가 되었지만, 사실 저는 '나는 이 네 가지에 다 해당된다'고도 생각합니다. 여성이 아니라 남성인데도 그렇게 느낍니다. 그래서 의존증 문제를 젠더 문제와 관련지어 생각하지 않으면 안 된다는 생각이 강해졌습니다. 솔직히 말해서 저에게는 '여성은 무섭다'는 느낌이 있습니다. 어머니로부터 신체적 폭력을 당했던 소년 시절을 보냈고, 그로 인해 '여성'에 관한 문제로 괴로웠던 소년을 페미니즘은 결코 도와주지 않았습니다. 남성 해방, 즉 '멘즈리브Men's liberation'의 남성들에게도 도움을 받은 적이 없습니다. 그들은 제가 육체적으로 남자라는 이유로 저의 '남성성'을 부정하고 싶어 좀이 쑤신 듯한 태도를 보였다는 것이 저의 느낌입니다.

트위터를 하다 보면 이른바 '약자 남성론'에 공감해버릴 것만 같아 자신이 두려워집니다. '그들은 넷우익과 가깝고, 함께하고 싶지 않다'는 생각에 불안해져, 서둘러 제 속의 '약자 남성으로서 동일시하고 싶은 욕구'를 덮어 숨기는 일이 자주 있습니다. 남자다움이나 여자다움이라는 병. 이 문제에 관해 도시도 꼭 말해주면 좋겠습니다. "노부타 사요코 씨를 만나면 발이 콱 밟히는 느낌이에요. 정신적인 거세죠(눈물)"라고 저번 회의에서 이야기했던 도시가, 꼭.

12. 대마초, 소년의 성 피해, 남자다움이라는 병

마쓰모토 도시히코, 2023년 9월 5일

헤이, 마코토. 지난 편지를 받고 나서 꽤 긴 시간이 흐르고 말았습니다. 매년 여름방학 기간에는 교원 연수회가 쇄도해서 연일 국내 각지를 돌아다니며 연단에 오르다 보니, 좀처럼 이 서신 교환 모드로 전환하지 못했네요. 죄송합니다.

그건 그렇고, 마코토는 공부를 정말 열심히 하는군요. 올 6월에 나온 《정신질환의 진단 및 통계 편람 제5판 수정판》을 저도 일단 구입은 했지만, 부끄럽게도 아직 훑어보지는 못했습니다(라기보다는, 빈번한 개정에 일일이 따라갈 마음이 점점 사라져가고 있습니다). 그리고 스즈키 다다시 씨의 《중독과 금융자본주의 정신》이 막스 베버의 《프로테스탄트 윤리와 자본주의 정신》에 대한 오마주였다는 지적에도 눈이 번쩍 떠졌습니다.

그런데 교원 연수회에서 저에게 주어진 주제는 대체로 학교에서의 약물 남용 방지 교육 방식입니다. 교원뿐 아니라 지역의 약물 남용 방지 지도원(보호사도 겸임하고 있는, 나이가 지긋한 분들)도 참가했습니다. 그 '백발이 된 오니가와라 곤조'* 같은 풍모의 사람들에게서는 "안 돼, 절대 안 돼"라는 아우라가 요사스럽게 퍼져 나옵니다.

고백하자면, 저는 이 주제로 강연하는 것이 정말 싫습니다. 마음의 에너지가 완전히 꺾여버리거든요. 주최 측은 무턱대고 "대마초의 무서움을 알려주셨으면 합니다"라고 요청하지만, 솔직히 저는 무엇을 어떻게 이야기해야 할지 전혀 감이 잡히지 않습니다. 제가 말할 수 있는 것은 대마초의 무서움이 아니라, '마을의 규칙'을 어긴 사람들에게 뭇매를 가하는 일본 사회의 무서움뿐입니다.

일본의 약물 남용 방지 교육은 국민의 무지를 이용해 대마초의 해악을 우스꽝스러울 정도로 과장해 선전해왔습니다. 이를테면 "대마초를 피우면 무기력해지고 기억력과 사고력이 저하된다……"라고 주장합니다. 만약 이것이 사실이라면, 선진국 중 대마초에 가장 엄격하고 국민의 대마초 경험 비율이 확연히 낮은 일본이 왜 스포츠, 학술, 산업 경제 분야에서 세계 최고가 되지 못할 뿐 아니라 오히려 점차 쇠

---

* 후지티비 계열의 버라이어티 프로그램 〈우리들은 익살족 オレたちひょうきん族〉 등에서 비트 다케시가 연기한 캐릭터. 직업이 토목 작업원이고 머리 스타일은 각졌으며 수염을 동그랗게 기르고 있다. '알프스 공업'이라는 회사 이름이 새겨진 점퍼를 입고 있다.

퇴해가는지를 고민해봐야 할 것입니다.

그러고 보니 일전에 개최된 전국 고등학교 야구 선수권 대회 결승전에서 우익수 쪽 외야석에 있던 남성이 술에 취해 난폭하게 굴어 경찰 여러 명에게 제압당한 사건이 있었습니다. 자주 있는 일이라고는 하지만, 가까이에 있던 사람들은 필시 무서웠을 겁니다. 그 남성은 체포당하지도 않았고, 물론 실명으로 보도되거나 얼굴이 공개되는 일도 없었습니다.

알코올이 모든 정신활성물질 중에서 가장 타인에게 해를 끼치는 행동과 관련된 약물이라는 사실은 더 널리 알려져야 합니다. 일본은 약물에 이상할 정도로 엄격한 반면, 알코올에는 지나치게 관대합니다. 개인적으로는 학생을 대상으로 한 약물 남용 방지 교실보다 보호자를 위한 알코올 남용 방지 교육 연수회가 우선되어야 한다고 생각합니다.

대마초 사건 보도에 대한 분노

최근 대마단속법 위반으로 인한 체포 뉴스가 자주 보입니다. 아마도 다음 임시국회에서 대마 사용죄 신설과 관련된 법안 제출을 염두에 두고, 조사기관이 의도적으로 이런 정보를 언론에 흘리고 있는 것인지도 모르겠습니다.

어처구니없는 이야기입니다. 대마 소지 혐의로 검거된 사람 수가 증가했다? 쓸데없이 도덕적 패닉을 일으킬 뿐인 무의미한 숫자입니다. 예를 들면 검사 체제나 검사 접근성 상황에 따라 크게 좌우되는 코로나 감염자 수와 같습니다. 다시 말해 문제의 '정체'가 드러나면, 그때는 누구도 놀라지 않고 눈길도 주지 않게 되는 숫자입니다.

그때를 떠올려보세요. 팬데믹 초기에, 무지했던 우리는 코로나 감염자 수가 두 자릿수만 되어도 "드디어 봉쇄인가……" 하며 비장한 각오를 했습니다. 하지만 지금은 다릅니다. 감염자 수가 수만 명이라 해도 "흠……" 하고 크게 신경 쓰지 않으며, 마스크도 쓰지 않은 채 서로 침을 튀기며 술자리를 즐기지요. 이제 우리는 알고 있습니다. 코로나 대책에서 중요한 것은 감염자 수가 아니라 사망자 수나 중증 환자 수라는 것을요.

약물 대책도 마찬가지입니다. 중요한 것은 검거자 수가 아니라 약물 사용으로 인한 건강 피해나 교통사고, 폭력 사건이 증가하고 있는가 하는 점입니다. 그런 관점에서 보면, 대마 사용으로 유발된 정신병이나 의존증을 드러내는 환자는 늘어나지 않았으며, 국내의 폭력 범죄나 교통사고 건수는 해마다 감소하고 있습니다. 경찰이 기를 쓰고 체포하고 있을 뿐입니다.

이렇게 말하면 "대마는 게이트웨이 드러그gateway drug다. 대마를 세시로 더 강한 약물에 손대는 사람이 늘어난다"는 식으로 반박하는 사람도 있을 겁니다. 하지만 대마단속법 위반으로 검거된 미성년자는 증가한 반면, 각성제단속법 위반으로 검거된 사람은 크게 감소했습니다. 이런 사실을 대체 어떻게 설명할 생각인 걸까요?

다양한 대마 사건 보도 중에서 특히 최악이었던 것은 니혼대학 미식축구부 사건입니다.

느닷없이 얼굴 사진과 실명을 공개하며 보도한 것을 보고 저는 아연실색했습니다. 왜냐하면 수사 초기에는 기소가 어려울 정도로 소량의 대마 부스러기만 발견되었을 뿐이니까요. 그런데도 느닷없이 공개 처형을 한 셈입니다. 저는 언론의 빈약한 보도 윤리에 분노했고, 나아가 그런 정보를 친한 기자에게 의도적으로 누설한 수사기관의 윤리관도 의심했습니다. 아마 그 학생은 대학에서 제적당할 뿐 아니라 앞으로 디지털 낙인 탓에 엄청난 고통을 겪게 될 것입니다.

결코 범죄를 두둔할 생각은 없습니다. 하지만 그 학생이 저지른 일이 그렇게까지 중대한 범죄였을까요? 오히려 재범 방지의 관점에서 본다면, 건전한 인간관계를 구축하고 사회에서 자신의 자리를 확보하는 것이 중요할 텐데, 공개 처형은 그런 기반을 뿌리째 빼앗는 행위입니다.

물론 폭행이나 상해, 절도나 횡령, 또는 성범죄라면 어쩔 수 없습니다. 어쨌든 피해자가 있으니까요. 하지만 이번 일은 규제 약물을 소량 소지한, 피해자가 없는 범죄입니다. 다른 나라라면 비난받지 않을 수도 있는, 이를테면 제도적 일탈에 해당하는 일이지요. 게다가 최근 서양 선진국의 대마 관련 정책 변화를 고려하면, 앞으로 "거참, 일본은 그때 정말 불합리했군" 하고 조롱당할 게 뻔합니다. 마치 동성애나 여성의 불륜을 형법상의 범죄로 간주했던 끔찍한 시대처럼 말입니다.

아마 니혼대학 미식축구부 사건 이후로, 중학교와 고등학교의 보건실이나 대학의 상담실은 약물 문제로 고민하는 젊은이들에게 더 이상 안전한 장소가 되지 못할 겁니다. 왜냐하면 학교가 '은폐했다'는 비난을 받을까 두려워, 상담이나 지원보다는 먼저 경찰에 신고하려는 분위기가 강해질 것이기 때문입니다.

원래 교사는 학생의 범죄 행위를 발견했을 때, 형벌보다는 교육적인 지도가 학생의 갱생에 더 도움이 된다고 판단하면 경찰에 신고하지 않는 선택을 할 수 있습니다. 그래서 중고생의 음주나 흡연도 하나하나 경찰이 개입하는 사건으로 이어지지 않았던 것입니다.

최근 자살 예방 교육의 일환으로 학교에서 'SOS 신호 보내기 교육'이 추진되었지만, 앞으로는 학교가 'SOS를 보내면 안 되는 장소'로 여겨질지도 모릅니다.

자니즈 문제와 각성제

일본의 종합 정보 프로그램들은 올 8월 상순, 연일 니혼대학 미식축구부 사건으로 들끓었습니다. 반면, 대부분의 언론사는 자니즈 문제에 대해서는 이상할 정도의 침묵으로 일관했죠. 그러다 8월 말쯤 외부 조사위원회가 보고서를 발표한 이후에는 태도를 확 바꾸었지만, 같은 시기 유엔 인권이 사회가 이를 조사하기 위해 일본을 방문한 일에 대해서는 당치도 않게 아주 작게 다뤘습니다. 정말이지 언론이 의중을 살피며 눈치껏 행동하는 모습은 너무나 끔찍합니다.

사실 자니즈 성폭력 문제가 표면화된 이후, 제가 담당하는 각성제 의존증 환자 한 분이 정신 상태가 불안정해져 오랜만에 다시 각성제에 손을 대고 말았습니다. 60대 남성으로, 40년 이상 각성제를 사용해왔으며, 여러 차례 교도소 복역과 정신병원 강제 입원 조치를 받은 경험이 있는 분입니다.

진료실에서 각성제를 다시 사용했다고 고백할 때, 그는 눈물을 머금고 말을 쥐어짜내듯이 어린 시절에 당한 성적 피해를 이야기하기 시작했습니다. 그때까지 누구에게도 말한 적이 없고 자신도 잊고 있었다고 합니다만, 자니즈 성폭력 문제의 보도에 자극을 받아 굳게 닫혀 있던 기억의 뚜껑이 열린 것입니다.

그의 경우, 가해자는 연상의 여성이었습니다. "상대가 여성이면 아무도 성적 피해로 받아들이지 않을 것 같아서 포기했었습니다." 그는 이렇게 말했습니다.

의존증 임상에서는 이러한 성적 피해 경험을 가진 각성제 의존증 남성을 가끔 만날 수 있습니다. 평소에는 굳게 닫혀 있던 과거의 트라우마 기억이 어떤 자극을 받으면 강한 내압으로 뚜껑을 밀어 올리기 시작하고, 갑작스럽게 각성제에 대한 갈망이 커집니다. 그 뚜껑을 다시 굳게 닫기 위해 각성제의 강렬한 약리작용에 의존하게 됩니다. 이러한 반복 끝에 의존증으로 이어지지요.

그러고 보니 자니 기타가와를 고발한,《히카루GENJI 에게》의 저자이자 남성 아이돌 그룹 포 리브스의 리더였던 기타 고지가 생각나네요. 그는 포 리브스가 해체한 이듬해인 1979년에 각성제단속법 위반으로 체포되었습니다. 그 탓에 그의 고발은 '각성제에 취한 상태의 헛소리'로 일축되고 말았습니다. 그의 각성제 사용에 제 환자와 같은 배경이 있었을 가능성은 없을까요? 물론 이미 기타 씨는 고인이 되었기 때문에 확인할 수는 없지만, 저는 아무래도 무관하다고는 생각되지 않습니다.

남자다움 실격자·낙오자로서

시사적인 이슈로 지면을 낭비하고 말았네요.

그런데 저번 편지에서는 마코토 씨로부터 큰(?) 숙제를 받았습니다.

> 남자다움이나 여자다움이라는 병. 이 문제에 관해 도시도 꼭 말해주면 좋겠습니다. "노부타 사요코 씨를 만나면 발이 콱 밟히는 느낌이에요. 정신적인 거세죠(눈물)"라고 저번 회의에서 이야기했던 도시가, 꼭.

하아, '남자다움이라는 병' 말인가요……?
확실히 한때 의존증 관련 학회나 연수회 등에서 만날 때마다 노부타 사요코 선생님은 제 발을 밟았습니다. 결코 꽉 눌러 밟는 것이 아니라, 깃털이 떨어지듯 정말 가볍게 밟았습니다. 그래도 '어젯밤 모처럼 고생해서 구두 끝을 거울처럼 빛나게 닦았는데……' 하고 마음이 부서질 듯했지만, 악의가 없다는 것은 알고 있었습니다. 살짝 장난기가 섞인 인사였기에, 여왕님께 웃는 얼굴로 발을 내밀어야 했습니다.

그러나 지금 생각해도 이상합니다만, 그때 확실히 거무충충한 뭔가가 대가리를 불쑥 쳐드는 느낌이 들었습니다. 아니, 결코 분노가 아니라 오히려 두려움에 가까웠습니다. 상대가 살짝 손을 들기만 해도 '맞는구나?!' 하고 움찔하며 방어 자세를 취하는 학대받는 아동처럼 마음속에서 경계 알람이 울리는 느낌이라고 할까요. 어쩌면 이것이 정신분석에서 말하는 '바기나 덴타타vagina dentata'(이빨 달린 질) 같은 거세 공포인 걸까요…….

마음에 짚이는 부분이 없는 건 아닙니다.

사춘기 시절, 제 남성성은 취약한 기반 위에서 흔들리고 있었습니다. 지금은 비교적 키가 크지만, 당시에는 또래들보다 늦게 자라서 중학교 때까지는 반에서 작은 편에 속했어요. 게다가 마르고 빈약한 체격에 운동신경도 전혀 없었습니다. 1980년대 말에 나온 습포제 '하릭스55'의 텔레비전 광고에서, 전 스모 선수 아라세 나가히데 씨가 배우 오구라 이치로 씨의 야윈 어깨에 하릭스를 탁 붙이자 오구라 씨가 비틀거리는데, 저는 바로 그런 느낌의 소년이었습니다.

성적으로도 늦되었습니다. 중학교 1학년 때 동급생인 다소 불량스러운 느낌의 여학생들로부터 성적인 농담으로 자주 놀림을 받았던 일이 생각나네요. 그 나이대에는 여자 쪽이 신체가 발달했습니다만, 특히 그 아이들은 몸집이 크고 심신이 모두 조숙해서 당시의 저에게는 거대한 벽 위로 얼굴을 쏙 내비치는 '초대형 거인'처럼 느껴졌습니다.

어느 날 그 여자애들이 "○○하고 있어?" 하고 히죽히죽 웃으며 묻더군요. '○○'이 무슨 말인지 제대로 알아듣지 못해서 기억도 안 나는데, 뭔가 성적인 뉘앙스를 띤 말이었다는 것만은 직감할 수 있었습니다. "하고 있지?" "마쓰모토, 너는 안 하지?" "아니, 분명히 할 거야." "에이, ○○이라는 말도 모르잖아." 여자애들이 서로 얼굴을 쳐다보며 어쩐지 기분 나쁘게 웃으며 수군거리던 게 기억납니다.

나중에야 그 여자애들이 말한 은어가 아무래도 자위를 의미하는 듯하다는 것을 알았지만, 그때는 '조롱을 당했다'는 치욕감만이 기억에 남았습니다.

빈약한 체구도 자주 놀림의 대상이 되었습니다. 여름 반팔 셔츠 밖으로 드러난 저의 가느다란 팔을 본 어느 여자아이는 "와, 가늘어. 내 팔보다 가늘잖아. 진짜 약골이네"라며 깔깔 웃음을 터뜨렸습니다. 그러고는 팔씨름을 하자고 달려들었고, 저는 보기 좋게 지고 말았습니다. 우쭐해진 그 여자아이들은 "그럼 지금부터 프로레슬링 하자!"고 했습니다.

아무리 늦되었어도 저 역시 한창 사춘기인 남자였습니다. 말이 프로레슬링이지, 여자와 몸을 밀착시키다니, 코피가 날 만큼 성적으로 흥분할 일이었지만 상대는 아마 그런 것은 손톱만큼도 생각하지 않았을 테지요. 그 생각만으로도 무릎이 꺾여 그 자리에 주저앉을 것 같은 기분이었습니다. '몸이 빈약해서 이렇게 무시당하는 거야. 나는 남자로서 글러먹었어.'

그 이후로 여성에 의한 경계선 침범에는 무척 신경질적인 반응을 보이게 되었습니다.

여성혐오자냐고요?

그런 의도는 없습니다. 다시 말하지만, 이는 두려움에 가까운 감정입니다. 만날 때마다 노부타 선생님이 신발 끝을 밟던 무렵, 저는 이미 40대 초반의 어엿한 중년이었지만, 그 상황에는 씁쓸한 사춘기 기억을 활성화시키는 무언가가 있었던 것 같아요.

타인을 멀리하기 위한 담배

어쨌든 사춘기는 싫습니다. 다시 그때로 돌아가라고 해도 절대 사절입니다.

그런데도 제 안에는 아직도 '사춘기'가 존재합니다. 결코 큰소리로 자기주장을 하지는 않지만, 내면의 칠흑 같은 어둠을 응시하면 마치 해저에 웅크리고 있는 심해어처럼 어둠 속에서 그로테스크한 안구를 뒤룩거리고 있습니다.

생각해보면, 사춘기 시절 저는 자신의 캐릭터 설정이나 사람들과의 거리감 때문에 늘 고민했습니다. 무엇보다도 저는 취미가 전혀 없는 사람이었습니다. 테니스나 스키 같은 스포츠도 하지 않았고, 야구나 축구를 보는 데에도 관심이 없었습니다. 물론 아이돌이나 애니메이션에도 흥미가 없었고, 바둑이나 장기도 잘 두지 못했으며, 마작은 규칙조차 몰랐습니다. 이러다 보니 이성과의 대화는커녕 동성과의 잡담조차 마음대로 이어지지 않았지요. 날씨 이야기가 끝나면 그 다음 이야깃거리가 없었습니다.

그러다가 저는 엉뚱한 데서 롤모델을 발견했고, 살아가는 것이 조금은 편해졌습니다. 그것은 고등학교에 입학한 후, 친구의 권유로 담배에 불을 붙이고 연기를 내뿜는 순간, 즉 처음으로 담배를 경험했을 때의 일입니다. 그 순간, 뇌리에 〈루팡 3세〉시리즈에 나오는 루팡의 믿음직한 동료 지겐 다이스케와 〈무민〉에 등장하는 무민트롤의 친구인 스너프킨의 이미지가 떠올랐습니다. 두 사람에게는 공통점이 있습니다. 두 사람 모두 니코틴 의존증(지겐 다이스케는 궐련을, 스너프킨은 파이프 담배를 좋아합니다)이 있으며, 모자를 깊게 눌러쓰고 다른 사람과의 교류에서 살짝 거리를 둡니다.

역시 담배니 파이프를 입에 문 모습은 '갓난아기 코스프레를 한, 구순기에 고착된 아저씨'처럼 보기 흉할지도 모릅니다. 그래도 내뿜는 연기는 연막이 되어 자신을 숨기고 타인과의 경계선을 그어 타인과 친밀해지지 않고 혼자 있을 수 있는 구실을 제공합니다.

  저에게 그것은 장점이었습니다. 지겐 다이스케와 스너프킨처럼 행동하는 무뚝뚝한 인터페이스가 있다면, 누구도 수치스러운 음담패설을 뱉거나 프로레슬링을 하자고 권유하지 않을 테니까요. 저는 담배가 마음에 들었고, 담배는 금세 살아가는 데 손에서 떼어놓을 수 없는 것이 되고 말았습니다. 아아, 이것이 제 나름의 '남자다움이라는 병'의 뒤틀린 표현형 같습니다. 저 스스로도 상당한 '아싸'여서 새삼 놀랐지만, 이쯤에서 숙제를 마치도록 하겠습니다.

담당 편집자 F로부터

"남성이 여성에게 겁먹고 있다"는 말을 여성이 접할 기회는 많지 않습니다. 이는 애초에 남성이 '약함'을 드러내는 것을 좋게 보지 않는 풍조가 이 사회에 만연해 있기 때문이겠지요. 또한, 어른이 된 남녀는 신체적으로나 경제적으로 남성이 여성보다 우위에 서는 경우가 많습니다. 더구나 대학의 교수인 마코토 씨와 의사인 도시 씨는 사회적 지위만 놓고 보면 '강자 남성'으로 보이기 쉽고, '약함'과는 무관한 사람으로 여겨지기 마련입니다.

하지만 저는 이 연재를 담당하는 동안 놀라운 경험을 했습니다. 개인적인 X 계정에서 자니즈의 기자회견을 하는 이노하라 요시히코 씨의 발언을 비판했더니, 뜻하지 않게 확산되어 수많은 여성 '자니오타'(자니즈 오타쿠)로부터 대량의 2차 가해성 답글을 받았습니다.

예컨대 "피해를 호소하는 사람은 돈을 목적으로 한 것이다", "그들 때문에 자니즈의 평판이 부당하게 떨어졌다", "그들이 호소하는 그런 피해를 당했다면 저렇게 웃으며 이야기할 리가 없다" 등의 반응이 있었습니다. 이는 이토 시오리 씨의 호소나 미투 운동에서 성폭력 피해 생존자 여성들이 반복적으로 들어온 말과 유사합니다. 그런데 '남성의 성폭력 피해'가 이슈가 되자 '여성'이 그런 말을 입에 올리는 것을 보고 충격을 받았습니다. 얼마 지나지 않은 2023년 10월, 자니즈 사무소의 성폭력을 고발한 남성이 자살했다는 뉴스가 보도되었습니다. 제삼자인 저조차 기분이 나빠지는 갖가지 말들, 그런 말을 들은 당사자들은 어떤 심정이었을까요?

　물론 남성이 '약함'을 가질 수 있고 남성도 성폭력 피해 경험이 있을 수 있다는 사실이 여성의 피해를 상대화하는 것은 결코 아닙니다. '둘 다 똑같이 나쁘다'는 단순한 말은 양쪽의 고통을 무시하는 조잡하고 냉소적인 의견에 불과합니다. 그렇다 하더라도, 지금까지 반복해서 강조해온 것처럼, '의존증'의 배경에는 '고통'이 존재하며, 그 '고통'에 대한 정확한 이해를 방해하는 요소로 젠더 편향이 작용할 수 있다는 점은, 지원을 제공할 때 반드시 유념해야 할 사항이라고 할 수 있겠습니다.

13. 자기 노출에 대한 장벽과 상담할 수 없는 병

요코미치 마코토, 2023년 9월 25일

도시, 고마워요. 도시에게 원고를 의뢰받은 《'도와줘'라고 말할 수 없는 아이 편》이 무사히 출간되어 기뻤습니다. 이 편지를 쓰고 있는 지금은 9월이 끝나가는 무렵입니다. 터무니없이 더웠던 여름이 천천히 물러가고 있어 기쁘기도 하지만, 저에게는 겨울철 우울(겨울마다 찾아오는 계절성 우울 상태)이 있어서 전전긍긍하고 있기도 합니다. 어릴 때는 같은 반 친구들에게 "너는 프로야구 시즌에만 팔팔하더라"라는 말을 듣곤 했습니다. 3월부터 점점 기운을 차려서 봄, 장마, 여름, 태풍의 계절 즈음까지는 안정적이지만, 11월쯤에 멘탈이 폭 가라앉게 됩니다. 늦가을부터 겨울이 끝날 때까지는 마음이 동면 상태에 들어갑니다.

'생산성' 있는 활동에 대한 의존

그 불안에 떨며 올해는 기를 쓰고 일했습니다. 올해는 현시점에서 단독 저서 다섯 권과 편저 두 권을 출간했습니다. 연내에 다시 몇 권의 단독 저서와 공저를 낼 예정입니다. 여름방학 두 달 동안에는 세 권의 단행본 초고와 학술논문 두 편을 작성할 수 있었습니다. 올해 간행한 책 중 한 권은 박사논문을 기반으로 한 10년 걸린 그림 형제 연구이며, 또 다른 한 권은 5년 걸린 무라카미 하루키 연구입니다. 따라서 2023년은 제 연구 인생에서 '커리어 하이'라고 생각합니다.

저는 결혼을 하지 않았고 아이도 없기 때문에 더욱 집필에 힘을 쏟게 됩니다. 저의 생각을 담아 그것을 세상에 내보내면 누군가의 마음에 남게 되겠지요. 수십 년 후에도 누군가가 읽어줄지도 모릅니다. 그러면 저의 정신적 유전자가 후세에 전해지게 되는 것입니다.

덧붙여서 말하자면, 40대 후반에 접어들어 성욕이 뚝 떨어져 육체적으로 반쯤은 발기부전이 된 것이 안타까웠고, 적어도 정신적으로는 발기부전이 되지 않으려고 '생산성' 있는 활동에 몰두하게 되는 배경도 있을 것 같습니다. 여기에는 중독적인 기미가 있는 것 같습니다.

생각하면 신기합니다. 저는 자위에 있어서도 이른바 전립선 자극을 좋아하고, 망상 속에서는 남성으로서 남성에게 범해진다거나 여성이 되어 여성에게 애무를 받는 '수동적' 내용을 선호합니다. 또 남자가 임신을 할 수 있으면 재밌겠다고 생각하는 등 '수태력' 같은 것을 동경하는데, 실제로 제가 갖추고 있는 것은 여성의 생식 기관이 아니라 남성의 생식 기관이라서 결국은 자신의 '발기력' 저하에 끙끙 앓게 됩니다. 성 문제는 참으로 얄궂은 운명 같은 것입니다. 아이를 갖고 싶다는 마음은 예전부터 그리 크지 않았지만 '사정력'의 기복에는 안절부절못합니다.

도시와의 서신 교환에서 첫 번째 편지는 사전 협의가 끝난 후 두 시간 만에 원고를 보낸 것으로 기억합니다. 그 후에도 기본적으로 편집자인 후지사와 씨를 매개로 도시의 답신을 받으면 원칙적으로 저는 그날 답신을 보내거나 늦어도 그 이튿날에는 보냈습니다. '쓰는 것까지 발기부전이 되면 어떡하지?' 하는 불안이 깔린 것이지요. 요즘 저에게는 이 발기부전 문제가 걱정거리 중 하나입니다.

울적한 기분을 떨쳐내기 위해 과하게 먹거나 술을 마시곤 했지만, 3주일쯤 전에 코로나바이러스에 감염되어 먹고 마시는 일에도 지장이 생겼습니다. 정신과 클리닉에서 감염된 것 같아요. 대기실에 있을 때 갑자기 콧속에 이상한 느낌이 들었고, 며칠 후 고열이 나서 몸져누웠습니다. 처음에는 '감기인가?'라고 생각했지만, 갑자기 무엇을 먹어도 입안에서 한약 같은 맛이 나서 '아, 코로나 감염인가'라고 생각하며 내과 진료를 받았습니다.

그 며칠 동안 모든 것이 한약 맛으로 변해 음식은 전혀 맛있지 않았고, 술도 맛은 느껴지지만 맛있다는 감각은 사라지고 말았습니다. 병이 나도 저는 술을 마십니다. 열여덟 살 때 술을 마시기 시작한 후 마흔네 살인 현재까지 간을 쉬게 하는 날은 거의 없었습니다. 그래서 코로나 양성 판정을 받고 약을 먹으면서도 자연스레 술을 마셨습니다. 하지만 맛이 없는 것이 너무나도 슬펐습니다. 그런 이유로 지난 9월은 무척 울적했습니다. 그렇게 낙담한 채 날마다 기를 쓰며 저서나 논문을 쓰며 지냈습니다.

도시가 저번 편지에서 "알코올이 모든 정신활성물질 중에서 가장 타인에게 해를 끼치는 행동과 관련된 약물이라는 사실은 더 널리 알려져야 합니다. 일본은 약물에 이상할 정도로 엄격한 반면, 알코올에는 지나치게 관대합니다"라고 썼던 것에 순순히 동의합니다. 저도 처음으로 알코올 의존증을 치료하러 다니기 전에는 일상에서의 사적 발언이나 메일 등에서 자주 가해적이었다는 것을 인정하지 않을 수 없네요. 휴직하게 되면서 발달장애와 알코올 의존증 진단을 받고 제가 했던 행동이 '나다운 자연스러운 행동'이라기보다는 오히려 '정신질환적인 행동'이라는 사실을 깨닫고는 평소의 언행을 대폭 수정할 수 있었습니다. 정신과 진단은 제게 무척 고마운 것이지요.

국제적 관점에서 본 일본의 문제

도시가 썼던 니혼대학 학생들의 대마 사용 문제에 대해 저도 같은 관점에서 X에 글을 올린 적이 있습니다. '불법 약물'

에 손대면 공개 처형을 당해도 싸다는 사회 통념의 그로테스크함은, 피해자가 있는 문제도 아닌데, 너무 미스터리해서 어이가 없습니다. 한편, 실질적인 피해자가 있는 자니즈 성폭력 문제에 대해서는 자니즈 사무소의 강력한 힘 때문에 언론 보도가 주뼛주뼛하다는 느낌이 듭니다. 균형 감각을 잃었다고밖에 생각할 수 없고, 모국의 이런 언론 상황이 부끄럽습니다.

도시가 "코로나 대책에서 중요한 것은 감염자 수가 아니라 사망자 수나 중증환자 수"이고, "약물 대책도 마찬가지입니다. 중요한 것은 검거자 수가 아니라 약물 사용으로 인한 건강 피해나 교통사고, 폭력 사건이 증가하고 있는가 하는 점입니다"라고 말한 데에 전적으로 동의합니다. 이 관점에서 보면, 많은 '불법 약물'의 위험성은 기존 이미지보다 낮게, 그리고 알코올의 위험성은 더 높게 재평가되어야 할 것입니다. 실제로 다른 선진국에서는 이미 이러한 이해를 바탕으로 접근하고 있겠지요? 저는 과거 선진국을 포함해 여러 나라를 여행하며 그 경험을 《이스탄불에서 파랑에 빠지다: 발달장애인의 세계일주기》에 담았지만, 최근에는 해외여행을 자주 가지 않아 세계적 상황에 대한 최신 정보는 부족합니다.

옛날, 그러니까 해외를 자주 다니던 시절, 젊은 열혈 교사(웃음)였던 저는 "일본은 세계에서 얼마나 동떨어져 있는가"라는 문제를 제자들에게 호소하며 큰 보람을 느꼈습니다.

예를 들어, LGBTQ+ 문제가 아직 일본에 본격적으로 논의되지 않았던 시절, 세미나의 주제를 동성애의 역사로 정한 적이 있습니다. 그때 "요코미치 선생님은 수업 중에 게이라든가 레즈비언 같은 단어를 자주 사용하는데, 그건 성희롱 아닐까요?"라는 질문을 받은 적도 있습니다. 당시 일본에서는 LGBTQ+에 대한 논의가 활발하지 않았기 때문에, 많은 학생들이 '게이'나 '레즈비언'이라는 단어에서 '베드신'이나 '성행위' 같은 이미지밖에 떠올리지 못했을 테지요.

그 밖에도 일본의 GDP가 세계 2위였던 시절, 수업 시간에 "앞으로 10년 이내에 중국의 경제력이 일본을 상회할 것이라고 한다"라고 설명하니 학생들이 "그런 이야기는 들어본 적도 없다. 중국은 경제력이 일본보다 훨씬 약하다"라며 불만을 털어놓곤 했습니다. 실제로 수업 시간에 그런 말을 한 지 2년쯤 후, 중국의 GDP가 일본을 넘어섰다는 뉴스가 보도되었습니다.

저는 독일 문학과 유럽 문화를 가르치는 일을 하면서, 국제적 관점에서 본 일본 사회의 문제에 대해 이야기할 기회가 많았습니다. 그래서 도시가 말한 알코올이나 약물에 관한 제언에 깊이 공감하게 되는 것 같아요. 물론 대학에서 "일본도 대마를 합법화해야 한다"거나 "알코올에 대한 규제를 강화해야 한다"고 주장하지는 않지만 말이지요.

자니즈 문제도 10년쯤 전에 수업 시간에 다룬 적이 있습니다. 자니 기타가와가 성폭력 문제로 기소되어 재판에서 유죄 판결을 받았음에도 불구하고, 일본의 주요 언론사는 이를 거의 전면적으로 묵살한 반면, 해외 언론은 일본 사회의 이러한 '병리' 현상을 적극적으로 보도했다고 설명했지요. 자니즈의 남성 연예인을 사랑하는 여학생들이 많았던 탓에 그 수업은 상당한 불평 속에서 마무리되었습니다.

최근에는 그런 '해외에서 본 일본' 이야기를 예전만큼 하지 않습니다. 이는 해외여행을 거의 하지 않게 된 사정도 있고, 세월이 흘러 제자들(학부생 수업만을 담당하고 있으므로 대부분 18~22세)과 나이 차가 많아져 그들을 자극하는 것이 어쩐지 미안하게 느껴졌기 때문입니다. 또한 발달장애 진단을 받고 제 '모난 부분'이 자폐스펙트럼장애의 특성에서 비롯된 것임을 알게 되면서, 그것을 공개적으로 드러내는 것이 부끄러워진 사정도 있고, 뭐 그렇습니다.

자신을 온전히 드러낸 도시에게 경례

그런데 제가 건넨 '큰 숙제'를 해주셔서 정말 고맙습니다. 그러고 보니 도시와 직접 만난 적이 아직 한 번도 없어서, 업계(?)에서 소문이 자자한 도시의 신발에 대해서 저는 아는 바가 많지 않네요. 끝이 뾰족한 구두를 신고 계시고, 그것이 도시의 트레이드마크처럼 여겨진다고만 들었습니다(제삼자로부터 들은 이야기라 사실이 아니라면 죄송합니다). 노부타 사요코 씨(노부짱이라고 부릅시다)가 그 구두를 살짝 밟으며 장난을 친다는 이야기도 있더군요. 지난 편지에서 노부짱과 도시의 그런 일화를 과감히 써서 좋았습니다. "이 봐, 요코미치, 오프더레코드 이야기를 공개하지 마!"라고 도시가 혼내면 어쩌나 걱정도 되네요. 걱정된다면 그만두는 게 좋겠지만, 저에게는 ADHD가 있어서 그런 '말해서는 안 되는 것'을 자꾸 입에 담고 맙니다. 노부짱의 '바기나 덴타타'(이빨 달린 질)가 도시의 뾰족한 구두를 거세한다니, 마치 괴수 대전쟁 같은 재밌는 광경이 떠오릅니다. 노부짱이 도시를 물고 늘어지는 영화풍 포스터라도 만들어, 다음에 둘이 대담할 기회가 있을 때 강연장에 붙이면 재미있지 않을까요?

도시가 어린 시절, 동급생 여자아이들에게 경계를 침범당했던 이야기는 만화로 만들어도 좋을 만큼 그 정경이 생생히 떠오릅니다. 어린 시절 여자아이들이 몸과 마음 모두 성장 속도가 남자아이들보다 빨라 두려운 존재로 느껴졌다는 사실은 충분히 이해됩니다. 저 역시 여성이 두려웠습니다. 토베 얀손의 《무민파파 바다로 가다》*라는 작품에서, 사춘기를 맞은 주인공 무민에게 팜므파탈(운명의 여자) 같은 '해마'들이 나타나 '뚱뚱한 성게 소년'이라든가 '붉은달걀광대버섯 소년'이라 부르며 말을 겁니다(이는 '놀림'이라고 볼 수 있습니다)―2020년 고단샤에서 새로 나온 하타나카 마

• 《무민파파와 바다》(허서윤·최정근 옮김, 작가정신, 2019)

키 씨의 새로운 번역에서는 이를 각각 '뚱뚱한 해삼 소년'과 '뚱뚱한 버섯 소년'으로 번역하고 있네요. 이 장면에서 무민은 허둥지둥하며 당황하는 모습을 보입니다. 저는 이 책을 초등학교 사춘기 시절에 읽었는데, 어른스러운 반 여자아이들의 모습을 떠올리며 비슷한 당혹감을 느꼈던 기억이 있습니다.

아무튼 도시가 섬세한 기억을 써주신 덕분에 왠지 모르게 안심이 되었습니다. 처음 협의할 때부터 도시는 "요코미치 씨는 훌훌 벗으며 자기 노출을 하는데, 저는 도망다니기만 하고 언제까지고 꽁꽁 싸맨다고 비난받는 연재가 되지 않을까"라며 괴로운 듯 얼굴을 일그러뜨렸지요. 그래서 저도 도시가 뭔가 자기 노출을 해주었으면 좋겠다고 마중물을 부었는데, 도시는 이에 제대로 부응해주었습니다. 앞으로 더 많은 것을 드러내주신다면 한층 더 감동 받을 수 있을 것 같습니다. 다만 저는 자조모임의 주재자이기에 "자기 노출은 자신의 페이스에 맞춰 무리가 가지 않는 범위에서"라고밖에 말씀드릴 수 없네요.

저는 새로운 저서를 낼 때마다 조금씩 자기 노출을 진행하는 작업을 해왔습니다. 즉, 집필 자체도 일종의 자조모임 활동 같은 것이라고 생각합니다. 최근에 도시에게도 증정한 《해리와 중독: 고독한 발달장애인의 일본 기행》에서 저는 어렸을 때는 도벽에, 젊었을 때는 오사카 니시나리西成의 도비타飛田 유곽 지대에서 성형 미녀들의 성적 서비스에 빠져 있었다는 이야기를 썼습니다. 그래서 이제 저는 더 벗을 것도 없다는 느낌이 듭니다. 페니스가 작다거나 섹스가 서툴다거나 하는 것은《하나가 되지 않는다: 발달장애인이 성에 대해 말하는 것》에 다 써버렸고 말이지요.

약물에 관한 흥미로운 이야기가 있으면 좋을 텐데 대마나 각성제는 니어미스near miss*로 끝났습니다. 독일 베를린에서 살았을 때는, 유럽 전역에서 유명한 나이트클럽에 가서 전자음악의 굉음에 휩싸인 채 병맥주를 마시며 몸을 흔들고 있으면 "관심 있어?"라며 마약 판매상이 몇 번 다가온 적도 있었습니다. 하지만 저는 겁쟁이라 손대지 않고 끝냈어요. 네덜란드 암스테르담에 갔을 때는 '커피숍'이라 불리는 대마초 판매점을 여러 번 봤습니다. 어쩐지 초콜릿을 연상시키는 달콤한 대마 냄새가 났고, 단 것을 좋아하는 저는 '어쩌면 내 취향일지도'라고 생각했지만 역시 겁쟁이라 시도하지 않았습니다.

저는 담배를 전혀 피우지 않습니다. 역시 '폐암'이라는 이미지가 무섭다는 이유가 큽니다. 결과적으로 술을 마시고, 많이 먹고, (의존증의 범위에 속하는지는 애매하지만) 성욕을 해소하는 것에 중독되었습니다. 하지만 도시가 말한 것

• 본래는 항공기끼리 공중에서 위험할 정도로 접근하는 일을 뜻한다. 의료계에서는 예컨대 잘못된 약을 투약하려다 다른 직원이 이를 발견해 막았거나 환자가 울퉁불퉁한 바닥에서 넘어질 뻔했으나 적절한 도움으로 넘어지지 않은 경우를 말한다.

처럼, 중독의 대상으로 최악인 것은 '알코올이라는 약물'일 테지요. 그렇기에 제가 하는 것들은 '위해성 감소'의 관점에서 보면 제대로 기능하지 않고 있는 거겠죠. 저도 술을 끊고 대신 담배를 시작해볼까요?

그러고 보니 도시가 스너프킨과 지겐 다이스케에 대해 쓴 것이 의외였습니다. 도시는 오타쿠적인 인상이 전혀 없는 분이라서요. 현대 일본에서 만화와 애니메이션의 존재감이 얼마나 큰지 다시 한번 느낄 수 있었습니다. 저 역시 술에 대해 긍정적인 이미지를 가지고 있었던 기억이 납니다. 제 경우에는, 술고래 천재 타자가 난카이 호크스(현재의 후쿠오카 소프트뱅크 호크스) 구단에서 활약하는 이야기를 그린 야구 만화〈아부상〉이라든가 오사카에 대한 애정이 담뿍 담긴 만화〈장난꾸러기 지에〉에 등장하는, 술을 좋아하는 아저씨들이 그러한 이미지를 만들어주었던 것 같습니다.

하지만 기본적으로는 아버지가 알코올 의존증 기미가 있어 집에서 계속 술을 마시는 모습을 봤던 것이 결정적이었다고 생각합니다. 어덜트 칠드런(알코올 의존증 환자 부모 밑에서 자란 아이)은 성장한 후 자신도 알코올 의존증 환자가 되는 경우가 많습니다. 아이가 부모의 나쁜 습관을 싫어한다고 생각해도, 부모의 습관은 흔히 아이의 상식을 왜곡하는 형태로 계승되곤 하지요. 저 역시 그 패턴에 빠지고 말았습니다. 물론 부모 탓만 하는 것은 조금 꺼림칙하지만요.

상담할 수 없는 병

이틀 전에는 준쿠도 서점 이케부쿠로 본점에서 열린 심리학자 도하타 가이토 씨의 신간 《평범한 상담》 출간을 기념하는 북토크 '왜 상담이 불가능할까?'를 실시간으로 시청했습니다. 도시와 도하타 씨의 경쾌한 대담은 매우 편안하고 즐거웠습니다. 그 모습이 마치 〈기동전사 건담〉에서 '뉴타입' 끼리의 커뮤니케이션처럼 이심전심으로 통하는 듯한 느낌이었어요. 건담처럼 두 사람의 이마에서 반짝반짝 번갯불을 내뿜는 것 같은 생동감이 느껴지기도 했습니다.

거기서 도시가 《'도와줘'라고 말할 수 없는》의 편자인데도, "자신은 도와달라고 말할 수 없다"거나 "상담하는 것이 서투르다"고 말하는 것을 보았습니다. 또 "부정당한다거나 정론과 설교를 듣는 자리에서는 치유도 되지 않고 상담도 불가능하다", "부탁하지도 않았는데 자기주장을 내세우면 상담할 수 없게 된다"라고 투덜거리기도 했습니다.

그 이야기를 듣고 조금 아전인수처럼 느껴질 수 있겠지만, 자조모임은 정말 훌륭하다고 생각했습니다. 자조모임은 상담자를 부정하지 않는 규칙이 설정된 특별한 장이기 때문입니다. 예를 들어, '익명 계열' 자조모임에서는 '자유롭게 말하고 그저 들어주기'라는 규칙이 있어, 단순한 감상이나 의견, 질문뿐만 아니라 비판적이거나 부정적인 발언도 금지되어 있습니다. 제가 운영하고 있는 자조모임에서도 독자적으로 기본 규칙을 설정했습니다.

자기 자신이, 함께

진료 및 상담과는 다른 것

경청

비밀 유지 의무

입퇴실 자유

자신에게도 타인에게도 상냥하게

타인을 부정하지 않는다

설교하지 않는다

조언은 제안으로

'자기 자신이, 함께'는 우라카와 베델의 집의 슬로건입니다. 이는 참여자 각자가 자신의 문제를 스스로 짊어져야 문제를 해결하기 쉬워진다는 점에서, 그 과정에 적극적으로 임하자는 뜻을 담고 있습니다. 동시에, 이 자리에는 같은 고통을 겪는 동료들이 함께하기에 그들의 힘을 망설임 없이 빌리라는 의미도 포함되어 있습니다.

'진료 및 상담과는 다른 것'은 우리는 그저 당사자로서의 동료일 뿐임을 뜻합니다. 따라서 말하고 싶지 않은 것은 굳이 말하지 않아도 전혀 문제가 되지 않는다는 의미를 담고 있습니다.

'경청'은 말 그대로 다른 사람이 이야기하고 있을 때, 가능하면 제대로 귀를 기울이는 것을 의미합니다. 타인의 이야기가 자신의 문제를 해결하는 데 중요한 힌트를 제공하는 경우가 아주 많다는 점에서, 경청에는 큰 가치가 있습니다.

'비밀 유지 의무'는 대부분의 자조모임에서 적용되는 원칙입니다. 이는 모임에서 들은 개인정보를 절대로 외부에 누설하지 말고, SNS에 공유하는 것도 삼가자는 의미입니다. 다만, 일반적인 정보나 경험에서 얻은 지혜는 자유롭게 활용해도 괜찮습니다.

'입퇴실 자유'는 모임 도중 기분이나 컨디션이 나빠지는 일이 있을 수 있으므로, 출입을 언제든 자유롭게 하자는 취지입니다.

'자신에게도 타인에게도 상냥하게'라는 슬로건은 고민을 안고 있을 때 자신에게 혹은 타인에게 지나치게 엄격해지는 상황이 생기기 쉽다는 점을 염두에 두고 정했습니다. 그런 태도가 좋은 결과를 낳는 경우는 거의 없기 때문에, 자신과 타인 모두에게 상냥하게 대하자는 메시지를 담고 있습니다.

'타인을 부정하지 않는다'와 '설교하지 않는다'는 그 자체로 간단히 이해할 수 있는 원칙이라 생각됩니다.

'조언은 제안으로'는 조언을 요구받는 상황에서 고압적인 인상을 주지 않도록 "이는 어디까지나 제 개인적인 제안일 뿐입니다만"이라는 겸손한 자세로 표현했으면 좋겠다는 뜻입니다.

이런 식으로 기본 규칙을 정해놓고 저는 대화형 자조모임을 주재하고 있습니다. 자조모임은 같은 고민을 가진 사람들이 모이는 자리이기 때문에, '여기서 말해봤자 이해받지 못할지도 몰라', '심한 말을 듣게 되는 건 아닐까?' 하는 불안감에서 비교적 쉽게 해방될 수 있는 공간입니다. 이러한 안전한 환경을 강화하는 데 기본 규칙이 중요한 역할을 합니다.

또 한 가지 중요한 점은 도하타 씨와의 대담에서 도시가 언급한, "알아요, 라고 말하는 것은 가장 좋지 않습니다. 모르기 때문에 더욱 진지하게 귀를 기울일 수 있습니다"라는 문제 제기입니다. 익명 계열의 자조모임처럼 '자유롭게 말하고, 그저 들어주기' 방식에서는 이 문제가 해결됩니다. 쓸데없는 응답을 아예 배제하기 때문입니다. 제가 주재하는 대화형 자조모임에서는 앞서 말씀드린 기본 규칙, 즉 '자신에게도 타인에게도 상냥하게', '타인을 부정하지 않는다', '설교하지 않는다', '조언은 제안으로'와 같은 항목이 적용되어 이러한 '이해하는 척하는 발언'을 막을 수 있습니다.

그러므로 도하타 씨와 도시의 대담 주제였던 '왜 상담이 불가능할까?'에 대한 저의 대답은 "자조모임에 나가면 된다"는 것입니다.

14. 평범한 상담,
도요코 키즈가 모이는 장소

마쓰모토 도시히코, 2023년 10월 18일

헤이, 마코토.

도하타 씨의 책으로 준쿠도 서점에서 열린 북토크를 시청해주었군요.

그는 '헤이세이 시대(1989~2019)의 흔한 정신요법'이라는 주제로 일본의 현실적인 정신요법에 대해 이야기했습니다. 이는 여러 학파나 유파의 학문과 습득한 기술을 바탕으로 하면서, 다양한 현장 상황과 문화에 따라 변형되어 일본식으로 융합·절충된 비특이적인 정신요법을 뜻합니다. 쉽게 말해, '무인양품'처럼 일상적으로 쓰이는 상담 스타일을 말하는 것이지요.

이 변화의 과정은 도하타 씨가 직접 경험하며 겪어온 여정이었으리라 짐작합니다. 다양한 정신요법을 배우는 가운데 특히 융 학파의 정신분석에 매료되었고, 임상 현장에서의 부딪침과 경험 속에서 그 경지에 이르렀을 것입니다. 더 나아가, 정신요법의 근본적인 힘의 원천을 깊이 탐구하기 위해 임상심리학에서 의료인류학으로 방향을 전환한 점은 그의 특별함을 더욱 돋보이게 합니다.

저 자신도 도하타 씨와 약간 비슷한 점이 있을지도 모르겠습니다. 저는 치료 프로그램 그 자체보다는 프로그램의 틈이나 여백에서 생기는 비특이적이고 자연스러운 연결을 더 중시하는 입장입니다.

부끄럽지만, 젊은 시절에는 정신분석에 대한 동경을 품고 살짝 그 세계에 발을 들여놓으려 했던 적도 있습니다. 그러나 성급했던 저는 그 도제식 위계 구조, 그리고 무엇보다 소요되는 어마어마한 시간과 비용에 절망하며 좌절했습니다.

그 후 벼락치기 공부로 인지행동치료 붐에 편승하여 의존증 집단치료 'SMARPP'•를 개발하고 실행해왔습니다. 처음에는 다소 원리주의적으로 유발 요인을 식별하고 대처 기술을 습득하는 절차를 중시했습니다. 하지만 곧 생각이 바뀌

• 'Serigaya Methamphetamine Relapse Prevention Program'의 약자로, 일본의 가나가와 현립정신의료센터에서 개발된 메스암페타민 의존증 치료 프로그램이다. 8주 동안 총 21회 세션으로 구성된 단기 집중 프로그램으로, 주로 인지행동치료를 기반으로 약물 의존증에 대한 지식과 구체적인 대처 기술을 습득하는 데 중점을 둔다. 치료 과정에서 약물을 재사용하더라도 안전하게 이야기할 수 있는 환경을 제공하고, 참여자의 자기 결정을 존중하는 원칙을 따른다. 관련하여 마쓰모토 도시히코의 다음 책이 국내에 소개되어 있다. 《SMARPP-24 물질사용장애 치료 프로그램》(박상운 옮김, 신일서적, 2023)

었는데, 참여하는 약물 의존증 환자들이 가장 기대하는 것은 워크북에 몰두하는 시간이 아니라는 점을 깨달았기 때문입니다. 그들이 진정으로 기대하는 것은 자신의 근황이나 심경을 보고하는 '체크인' 시간대입니다. 아니, 그보다도 프로그램 전후의 잡담 시간에 이루어지는 교류였습니다.

어쩌면 자조모임에도 같은 이야기를 적용할 수 있겠네요. 예를 들어, 코로나 시기에 온라인 모임들이 연달아 시작되었지요. 온라인 모임은 접근성이 높고 감염 위험이 적다는 점에서 큰 장점이 있지만, 한편으로 지금까지 대면 모임을 이용해온 참여자들에게는 일종의 쓸쓸함이 느껴졌다고 합니다.

"온라인에서는 로그아웃하는 순간 곧바로 외톨이가 되어버린다. 하지만 현실에서라면 모임이 끝난 후 동료들과 잡담하며 가까운 역까지 함께 걸어가거나, 가는 길에 카페에 들러 차를 마시거나, 때때로 라면을 먹기도 했는데……"

그런 '동료 의식fellowship'이라는 여백의 시간이 중요하다고 느끼는 사람들이 적지 않습니다.

요컨대, 프로그램이라는 구조물은 잡담이라는 정형적이지 않고 자유로운 여백을 만들어내기 위해 필요악으로 준비된 일종의 '족쇄'라고 볼 수 있습니다. 예를 들어, "학교 생활에서 쉬는 시간이나 방과 후가 즐거운 것은 수업이라는 숨막히고 답답한 시간이 있기 때문"이라는 느낌과 비슷하다고 할까요.

덧붙이자면, 정신과 진찰에서도 비슷한 이야기를 할 수 있을 것 같습니다. 담당 환자가 많다 보니 부끄럽게도 한 사람 한 사람에게 충분한 시간을 할애하기가 어렵습니다. 하지만 환자들도 어느 정도 이에 익숙해진 모양입니다. 대기실에서는 그들끼리 주치의인 저에 대해 "마쓰모토 말이야, 오늘은 좀 지쳐 보이던데"라거나 "마쓰모토는 이야기를 전혀 들어주지 않아"라는 뒷담화로 분위기가 고조되어 얼마간 치유받는 것 같기도 합니다. 뭐, 이런 말을 하면 환자들이 "뻔뻔하구만" 하며 화를 낼 것 같지만요.

'평범한 상담'을 할 수 없었던 약물 의존증 치료

그런데 적어도 의료 분야에 한정해서 말하자면, 예전의 약물 의존증 치료 현장은 부담 없이 '평범한 상담'을 나눌 수 있는 장소가 아니었습니다.

지금으로부터 약 사반세기 전, 제가 의존증 분야에 처음 들어갔을 당시, 약물 의존증 관련 학회는 그야말로 '오줌' 이야기로 시끄러웠습니다. 사정을 모르는 누군가가 학회장에 방문했다면, '여기는 비뇨기과 학회인가?'라며 당황했을 법도 합니다.

왜 오줌 이야기가 나왔을까요? 그것은 환자의 소변에서 불법 약물 성분이 검출된 경우, 그 결과를 경찰에 신고할지 말지를 두고 논의가 뜨거웠기 때문입니다. 당시 각성제 의존증 환자의 통원 치료에서는 매번 진찰 때마다 소변 검사를 시행했는데, 만약 각성제 반응이 양성으로 나오면 "소변 검사 결과를 가지고 경찰에 자수할 것"이라는 서약을 한 상태에서 치료가 진행되었습니다.

지금 생각해보면 참 어처구니없는 이야기입니다. "약물 의존증은 병입니다"라고 선전하면서도, 같은 입으로 그 병의 증상, 즉 "안 된다는 걸 알면서도 결국 약물을 사용하게 되는 것"이 악화되면 치료의 울타리 밖으로 쫓아내고 '기관에 넘기는' 행동을 했으니 말입니다. 완전히 한 입으로 두말하는 셈이지요.

정말 이상한 시대였습니다. 애초에 의사의 비밀 유지 의무가 의사법이 아니라 '형법'이라는 중대한 법률로 규정되어 있다는 점을 생각하면, 답은 너무나도 명확했습니다. 적어도 정신과 의사들 여럿이 모여 소변을 둘러싸고 큰 논쟁을 벌이는 일은 상상조차 할 수 없는 일이었을 것입니다.

만약 제가 이 업계에 조금이나마 어떤 공헌을 했다면, 그것은 정신과 의사들의 '소변에 대한 병적인 고착'에 종지부를 찍고, '평범한 상담'을 할 수 있는 분위기를 높이는 데 기여한 일일 것입니다. 실제로 제가 개발한 SMARPP의 본질은 워크북이나 매뉴얼에 있지 않습니다. 오히려 "또 사용하고 말았습니다"라는 고백조차 '환영'하며 치료의 장을 '안심하고 실패를 이야기할 수 있는 장소', '약물을 사용하면서도 통원할 수 있는 장소'로 만들어주는 데에 있습니다. 그 필요성을 공론화하고 보급했던 것이야말로 SMARPP의 가장 큰 의의라고 생각합니다.

시판 약 남용 — 정신과 의사의 승산 없는 싸움

회고록 같은 예전 이야기가 계속되지만, 지난 20년간 약물 의존증 임상 현장은 눈이 돌아갈 정도로 많은 변화를 겪었습니다. 처음 10년 동안, 우선 무서운 야쿠자 같은 환자가 급격히 줄어들었고, 각성제 등의 불법 약물 의존증 환자의 고학력화가 두드러졌습니다. 이후 10년 동안에는 처방약이나 시판 약과 같은 의약품 의존증 환자가 급증하기 시작했습니다. 현재 약물 의존증 외래 환자 중 절반은 '체포되지 않는 약물', '단속되지 않는 약물'로 인해 괴로움을 겪고 있는 사람들입니다.

시판 약의 남용·의존 환자는 '약을 끊는 것'을 목표로 삼는 전통적인 의존증 치료의 방향성을 좋은 의미에서 바꾸고 있습니다. 왜냐하면, 이러한 환자 대부분은 쾌감을 추구하여 약물을 사용하는 것이 아니라, 원래 존재하던 심리적 고통에 대처하기 위해 약물을 사용하는 경우가 많기 때문입니다.

그래서 저는 차선책으로서 시판 약이 담당하는 기능을 정당한 정신과 약물요법으로 대체하려고 시도하고 있습니다만, 그것이 쉽지는 않습니다.

현재 남용되고 있는 기침약이나 감기약에는 메틸에페드린이라는 각성제 원료(기관지를 확장하는 작용을 합니다)와 아편 알칼로이드 계열의 마약(이하 오피오이드)인 디히드로코데인(기침을 멈추게 하는 작용을 합니다)이 함유되어 있습니다. 솔직히 말하자면, 코카인과 헤로인의 혼합물 같은 느낌입니다. 의존성이 없을 리가 없습니다.

특히 디히드로코데인은 매우 까다로운 약물입니다. 의존성이 강하고, 금방 내성이 생겨 초기와 같은 효과를 유지하려면 사용량이나 사용 빈도를 늘릴 수밖에 없습니다.

그뿐만 아니라, 오피오이드는 고립감을 완화하고 '혼자가 아닌 느낌', '쓸쓸함이 잊히는 느낌'을 경험하게 할 수 있습니다. 사실, 오피오이드는 우리의 뇌 속에도 존재하며 정신 활동에서 다양한 역할을 담당합니다. 흥미롭게도, 건강한 사람에게 오피오이드 작용을 저해하는 약물 날록손을 투여하면 주관적인 '타자와의 단절감'이 강해진다고 합니다.

아마도 그런 이유 때문일 것입니다. 시판 기침약이나 감기약을 연일 대량으로 섭취하던 환자가 스스로 갑자기 약을 끊으면, 급격히 우울증 증상이 나타나거나 때로는 자살 충동에 시달리기도 하는 건요. 이러한 약물의 주성분인 오피오이드, 즉 양귀비 열매는 기원전 4000년경의 석판에 '유락遊樂의 식물'로 기록된 바 있는 물질입니다.

당연한 이야기지만, 시판 약을 대체할 만한 정신과 치료약은 존재하지 않습니다. 환자들은 처방약 대신 시판 약을 선택하는 경우가 많아, 우리 정신과 의사들은 계속해서 패배를 겪고 있습니다. 결국, 약물을 완전히 중단시키려는 성급한 치료는 포기할 수밖에 없고, 당분간은 복용량을 서서히 줄이거나, 최소한 사용량이 더 늘어나지만 않도록 관리하는 방향으로 전환할 수밖에 없습니다. 나아가, 조금이라도 안전하게 약물을 사용할 수 있도록 돕는 것이 현실적인 목표가 되었습니다. 이것이 바로 '위해성 감소' 접근법입니다.

규제와 위협으로는 안 된다

최근 제가 걱정하고 있는 것은 정부가 추진 중인 시판 약 규제 방안입니다. 풍문으로 들은 바에 따르면, 정부 위원회에서는 드러그스토어에 시판 약 남용의 '위험성'을 강조하는 포스터를 부착하거나, 마이넘버* 카드와 통합된 의료보험증으로 구매 이력을 확인하는 방안이 논의되고 있다고 합니다. 또한, 미성년자의 경우 신분증 제시를 요구하거나, 반복적으로 약물을 구입하는 사람에게는 정기적인 감시와 지도를 시행하는 방안도 검토되고 있는 듯합니다.

이 발상은 정말 '마약 단속 경찰' 같습니다.

저는 이러한 규제에 대해 회의적입니다. 물론, 시판 약 한 상자에 들어 있는 알약 수를 줄이거나, 병으로 판매하는 방식을 중단하고 모두 PTP Press Through Package 포장으로 판매하는 등 제조사 측에서 과도한 복용을 막기 위한 조치를 취

• 일본에서 시행 중인 개인식별번호 제도. 한국의 주민등록번호와 유사하다.

할 필요는 있겠지요. 하지만 이런 대책들은 결국 근본적인 해결책이 아닌 지엽적인 대응에 불과합니다.

잊지 말아야 할 것은 아이들이 결코 쾌감을 얻기 위해 시판 약을 남용하는 것이 아니라는 사실입니다. 고통을 일시적으로 완화하거나 어려움을 해소하기 위해, 심지어는 '사라지고 싶다', '죽고 싶다'는 마음을 달래기 위해 약물을 과다 복용하는 아이들이 있습니다. 물론 시판 약의 남용이 장기적으로 자살 위험을 증가시키는 요인임은 분명하지만, 아이러니하게도 단기적으로는 '즉각적인 자살'을 조금 연기하는 보호적 역할을 하기도 합니다.

이런 상황에서 단순히 판매 규제만으로는 아이들의 생명을 지킬 수 없을 것입니다. 시판 약을 과도하게 복용할 수밖에 없는 심리적 고통이나 현실적인 어려움들을 근본적으로 해결하는 것이 훨씬 중요합니다. 또한, 드러그스토어에 게시해야 하는 포스터는 단순히 '시판 약 남용의 무서움'을 과장해 위협하는 내용이 아니라, 여러 가지로 힘든 상황에 놓인 사람들을 위한 상담 창구 정보를 안내하는 것이 되어야 할 것입니다.

제가 걱정하고 두려워하는 점은 규제 강화로 인해 문제가 지하로 숨거나, 더 위험한 물질이 남용 대상으로 떠오를 가능성입니다. 흥미롭게도, 시판 약 남용의 유행은 2014년에 메틸에페드린 및 디히드로코데인이 함유된 '기침약'의 판매 개수를 제한하기 시작하면서 급격히 확대되었습니다. 이후

아이들은 동일한 성분을 함유하지만 판매 제한이 없는 '감기약'을 남용하기 시작했습니다(사실 감기약이 가격 면에서 더 저렴합니다). 하지만, 이 감기약에는 간 독성 성분이 포함되어 있어 과다 복용을 반복하는 과정에서 중증의 간 기능 장애를 보이는 사례도 발생했습니다.

이런 사태를 계기로 2023년 4월부터 이 감기약도 판매 개수 제한 대상에 포함되었지만, '때는 이미 늦었습니다'. 남용자들은 이미 메틸에페드린과 디히드로코데인이 함유된 제품에서 다른 약물로 옮겨갔기 때문입니다. 현재 아이들이 집중하고 있는 것은 덱스트로메토르판이라는 기침 억제 성분이 포함된 시판 약입니다.

덱스트로메토르판은 확실히 디히드로코데인보다 의존성이 낮습니다. 그러나 대량으로 섭취할 경우 환각제인 케타민과 유사한 약리작용이 일어나 환각을 유발할 수 있습니다. 또한, 감귤류 과즙과의 상호작용으로 인해 혈중 농도가 예기치 않게 상승할 가능성이 있는데, 실제로 이로 인한 사망 사례도 보고된 바 있습니다.

일반적으로 약물 규제를 지나치게 강화하면 암시장이 번성하고, 이전보다 더 위험한 약물이 유통될 가능성이 높아집니다. 1920년부터 1933년까지 미국에서 시행된 금주법이 그 대표적인 사례입니다. 당시에는 단시간에 몰래 마셔도 충분히 취할 수 있으며 운송 효율도 높은, 알코올 도수가 높은 증류주만이 유통되었습니다. 게다가 갱들이 몰래 제조한 술은 품질에도 큰 문제가 있었고, 유독한 공업용 알코올이 함유된 제품이 유통되기도 했습니다.

오늘날 북미에서의 오피오이드 위기도 같은 양상을 보이고 있습니다. 처음에는 제약사의 부적절한 광고와 영업으로 인해 옥시콘틴이라는 처방 오피오이드가 확산되기 시작했습니다. 이후 옥시콘틴의 처방 규제가 시행되자, 의존증에 빠진 사람들은 불법 헤로인을 남용하기 시작했습니다. 그러나 불법 헤로인 단속이 강화되면서 다시 처방 오피오이드로, 그것도 헤로인보다 50배나 강력한 펜타닐로 옮겨갔던 것입니다.

사실 일본도 비슷한 실패를 경험했습니다. 위험 약물 대책이 그 대표적인 사례입니다. 결과적으로 판매 점포를 모두 철폐하여 상황을 진정시키는 데 성공했지만, 규제가 강화될 때마다 위험 약물 사용에 따른 사망자 수와 교통사고 피해자 수가 증가했습니다. 이번 시판 약 문제에서는 제발 이러한 실수가 반복되지 않았으면 좋겠네요.

환각제, 신화, 새로운 커뮤니티

의학 분야에서는 흔히 볼 수 있는 일이지만, 옳다고 여겨지는 식견은 시대에 따라 변화하며, 진실은 다음 시대가 되어야 비로소 알 수 있는 경우가 많습니다. 최근 환각버섯magic mushroom에 포함된 환각 성분인 실로시빈이 미래의 의존증 치료제로 주목받고 있습니다. 그러나 실로시빈을 사용한 상태에서 자동차 운전 사고나 자살 행동 등이 발생한 사례가 있어, 일본에서는 2002년에 이를 규제 대상 '마약'으로 지정했습니다.

환각제를 사용한 의존증 치료라니, 본말전도가 아닌가?! 처음에는 이렇게 생각했지만, 몇 가지 예비 연구를 접하고 나니 무조건 부정할 수만은 없을지도 모른다는 생각이 들기 시작했습니다.

환각제를 이용한 의존증 치료라는 발상은 아메리카 선주민(소위 아메리칸 인디언)의 주술적 의료에서 영감을 받은 것입니다. 조상 대대로 물려받은 토지를 백인들에게 빼앗기고, 비좁고 답답한 보호구역으로 내몰리면서, 아메리카 선주민 다수는 자신들의 생활양식, 모어, 그리고 주술적 의료를 부정당하고 박탈당했습니다. 이로 인해 많은 아메리카 선주민이 알코올 의존증에 시달리게 되었습니다.

그래서 그들은 자신들의 커뮤니티 안에서 전통 의료에 기반한 치료를 시작했습니다. 이 치료는 선인장에서 추출한 페요테라는 환각제(주성분은 메스칼린)를 이용한 정신 변용 체험을 통해 이루어졌습니다. 이러한 신화적 체험을 계기로, 의존증 환자와 그 가족으로 구성된 상호부조 커뮤니티의 지원이 전개되었습니다.

이상하게도, 이는 AA의 탄생 에피소드와 놀랍도록 부합합니다. 알코올 해독을 위해 마지막으로 입원한 빌 윌슨은 방이 새하얘지며 자신이 산 정상에 서 있는 듯한 '화이트라이트white light' 체험을 하게 되었고, 그 후 금주에 성공합니다. 그런데 사실, 이 체험은 담당 의사였던 윌리엄 던컨 실크워스 박사가 알코올 금단증상 완화 효과를 기대하며 투여한 벨라돈나 알칼로이드로 인한 환각이었다고 합니다.

'금주 및 약물 중단에는 환각이 필요하다'는 주장을 하려는 것은 결코 아닙니다. 그러나 환각 체험을 통해 정신 내면의 해체를 경험하고, 그것이 개인사에서 '신화'로 자리잡아 새로운 삶의 방식과 커뮤니티 형성을 가능하게 한다는 점은 주목할 만합니다.

문득 떠오르는 것이 있습니다.

이미 언급했듯이, 지나친 투약을 반복하는 아이들은 최근 덱스트로메토르판이 함유된 시판 약을 선호합니다. 실제로 가부키초 도요코 부근에 가보면, 길거리 곳곳에 그 시판 약의 빈 상자, 요염한 보랏빛 상자가 흩어져 있는 모습을 쉽게 볼 수 있습니다.

솔직히 의존증 전문의의 입장에서 보면, 요즘 아이들이 왜 덱스트로메토르판에 몰두하게 되었는지 즉각적으로 이해하기 어려운 점이 있습니다. 기존에 남용되던 기침약이나 감기약에 비해 가격이 더 비싸기 때문에, 그들이 무엇을 기대하고 있는지 분명하지 않습니다. 기존 남용 약물에 포함된 메틸에페드린이나 디히드로코데인 같은 성분은 침울한 기분을 끌어올리거나, 의욕을 북돋우며, 불안과 초조함을 안정시키는 효과를 기대할 수 있었습니다. 그런데 덱스트로메토르판의 주요 효과는 놀랍게도 '환각'입니다.

  대체 어떻게 된 일일까요?

  여기서부터는 저의 상상입니다. 어쩌면 아이들은 무의식적으로 아메리카 선주민의 페요테 의식처럼 커뮤니티 재편을 목표로 하고 있는지도 모릅니다. 이것은 얼마 전 도요코 부근을 산책하며 그곳에 모이는 아이들을 관찰했을 때 문득 떠오른 생각입니다.

  이상한 공간이었습니다. 분명히 시판 약 과다 복용으로 몹시 취한 상태에 있는 아이들이나, 동료와 시판 약 알약을 나누는 모습을 가끔 볼 수 있었습니다. 그러나 한편으로는, 아이가 잠시 그곳에 서 있기만 해도 여러 사람이 말을 걸어오며 동료 네트워크가 순식간에 확장되는 모습도 보였습니다. 또한, 10대 아이가 길거리에 쭈그려 앉아 나이가 지긋한 노숙인과 이야기를 나누는 장면도 가끔 눈에 띄었습니다. 그것은 일본 각 지역에 예전에 흩어져 있었을, 세대를 초월한 연대의 장이었습니다.

  그때 저는 확신했습니다. 지금 도요코에 가장 필요한 것은 아이들이 안심하고 모일 수 있는 장소를 만드는 일이지 결코 의제 계도가 아니며, 더구나 잔디밭이니 벤치에 설치된 '배제 아트'(잔디밭이나 벤치에 누워 있는 것을 방지하기 위해 만들어진 '수수께끼 돌기물'과 같은 부정적인 느낌의 오브제)를 설치하는 일은 더더욱 아니라는 것을요.

아, 마코토, 미안해요. 이번 편지는 어쩐지 투덜거리는 혼잣말처럼 되어버렸네요.

담당 편집자 F로부터

일전에 도요코 아이들에 대한 일제 계도와 더불어 그들이 주저앉아 있을 수 없도록 바리케이드가 설치되었습니다.

마음이 아픕니다. 그들은 밤에 집에 있을 수 없는 사정이 있기에 그곳에 모여 친구들과 연결되어 있으려는 것일지도 모릅니다. 시판 약의 과다 복용이나 되팔기 문제가 있더라도, 그들을 계도하여 집으로 돌려보낸다고 해서 상황이 나아질 것 같지는 않습니다. 오히려 가족에게 구타당하거나, 강간당하거나, 방임되거나, 혹은 가족을 돌보는 영케어러young carer로서 곤궁에 처하게 되는 등 지금보다 훨씬 더 가혹한 현실로 내모는 것에 불과할 수 있습니다.

그들의 입장에서 보면, 집에서 가혹한 환경을 강요하는 가족도, 이해하지 못하는 교사도, 일제 계도를 시행하는 경찰도 결국엔 자신들로부터 거처를 빼앗는 '신뢰할 수 없는 어른들'일 뿐입니다. 그들이 '평범한 상담'을 받을 수 있는 장소는 점점 사라지고 있습니다.

아이들이 언제나 당연하게 '평범한 상담'을 받을 수 있는 공간을 마련하는 일, 그것이야말로 원래 우리 어른들의 책임이 아닐까요?

15. 의존증과 공동체, 동료 네트워크에 대한 기대

요코미치 마코토, 2023년 10월 21일

정신분석에 대한 생각

헤이, 도시, 고마워요.

 도시도 한때 정신분석을 동경했던 시절이 있었군요. 하지만 도제 제도에서 비롯된 계층 구조, 낭비되는 시간, 그리고 막대한 비용에 절망했던 것 같네요. 성공해 이름을 날린 의사가 청년 시절에 겪었던 좌절 이야기는 참 매력적으로 다가옵니다.

 사실 저에게도 정신분석은 아주 가까운 영역이었습니다. 저는 독일 문학을 전공했기 때문에 '정신분석적 독해'라는 작품 연구 방식을 자주 접하곤 했습니다. 무엇보다, 제 원래 전공은 19세기 말에서 20세기 초반까지의 빈 문화 연구였습니다. 이는 프로이트가 활동하던 시대의 오스트리아 문학을 문화적 관점에서 조명하는 분야이기도 합니다.

하지만 저는 프로이트의 저작을 읽어도, 그의 제자 융의 저작을 읽어도(그들이 독일어로 쓴 주요 저작을 읽는 세미나나 독서 모임에도 참가해봤지만) 어린 시절의 컬트 종교가 떠오를 뿐이었습니다. 과학적 실증을 외면한 비의적 '진리 탐구'의 세계가 연상됐습니다. 비합리적인 내용을 '알 만한 사람은 안다'는 안이한 태도로 공유하고 다른 분야와의 의견 교환은 철저히 회피하던 사람들. 도저히 받아들일 수 없었습니다. 지금도 도하타 가이토 씨나 마쓰모토 다쿠야 씨처럼 최고 수준의 지성을 갖춘 젊은 연구자들이(연장자는 이해할 수 있지만, 저보다 연하인데도!) 정신분석을 받들고 있는 모습을 보면 '심히 유감스럽다'는 말이 나올 것 같습니다. 사실, 정신분석에 대해 이야기하면 아무리 지적인 사람도 갑자기 수상쩍어 보인다는 느낌은 지금도 변하지 않았습니다.

하지만 골똘히 생각해보면, 철학적 특성을 띤 담론이란 본래 그런 것인지도 모릅니다. 예를 들어, 프로이트와 같은 시대를 살았고 예전에는 큰 영향력을 행사했던 에른스트 마흐(음속 단위인 '마하'의 유래가 된 인물)의 철학을 저는 순순히 받아들일 수 있었습니다. 삼라만상은 '요소'의 집합체이고, 세계는 감각과 물질이 융합된 일차원적 세계라는 과학철학입니다. 그리고 신비주의적 경험(엑스타제Ekstase)을 핵으로 하고 있다고 여겨지는 마르틴 하이데거의 사상도 아무런 망설임 없이 옳다고 생각했습니다. 저에게는 '해리'가 있어 마음과 몸과 외부 세계의 경계가 흔들려서 곧 '존zone'*에 들어가 '변성 의식 상태'**를 경험하는 것이 결정적인 이유였겠지요. 아마도 정신분석을 신봉하는 사람들 역시 어떤 사적이고 개인적인 문제, 혹은 심신 감각의 특이성을 배경으로 하고 있는 것이 아닐까 상상해봅니다. 정신분석이 잘 맞는 사람은 따로 있다는 말은, 생각해보면 그리 이상할 것도 없네요.

몰입 상태와 공동체

발달장애가 있으면 '비발달장애인'에 비해 사물에 제대로 집중하지 못하는 경우가 더 자주 발생합니다. 자폐스펙트럼장애가 있는 경우, 흥미와 관심이 특정 영역에 한정되기 때문에 관심 없는 대상에는 거의 주의를 기울이지 못합니다. ADHD가 있는 경우에는 사고가 이리저리 분산되어 역시 제대로 집중하기 어려운 경우가 많습니다.

하지만 자폐스펙트럼장애의 그런 '극도로 제한적이고 고정된 흥미'를 만족시키는 상황에서는 ADHD의 자발적 사고spontaneous thoughts(이는 조현병에 사용되는 용어로 알려

---

* 주로 스포츠 분야나 일상적인 대화에서 '극도로 집중하여 최고의 기량을 발휘하는 상태'를 의미하는 구어적 표현이다.
** 깨어 있을 때의 의식과 다른 의식 상태, 즉 수면 상태나 최면 상태 따위를 말한다.

져 있으나, ADHD에도 좀 더 널리 사용될 가치가 있다고 생각합니다. 종잡을 수 없는 생각들이 떼를 지어 생겨나는 현상을 의미합니다)가 그런 성향과 뒤얽히며 강력한 집중력이 발휘됩니다. 이를 '과집중'이라고 부르는데, 제 경우에는 과집중 상태가 '일상적 모드'라고 할 수 있을 정도로 자주 나타납니다.

 이 과집중 상태, 다시 말해 존(몰입 상태)에 들어가면 초인적인 힘이 발휘되지만, 하나의 일에 집중한다는 것은 곧 다른 일에는 소홀해진다는 뜻이기도 합니다. 저는 이 '과집중'을 어떻게 다뤄야 할지 오랫동안 고심해왔습니다. 과집중 상태로 인해 지각을 하거나 물건을 잃어버리는 등 여러 가지 실수를 반복하기도 했습니다. 그 시름을 달래기 위해 알코올 과다 섭취에 빠지게 되었고, 결국에는 불면증까지 겪게 되었습니다. 그것이 30대까지의 제 인생이었습니다.

 상황이 바뀐 것은 마흔 살에 대학을 휴직하고 나서였습니다. 먼저 발달장애 진단을 받으며, 제 인생이 특수한 상황에서 전개되어왔음을 이해할 수 있었습니다. 약물요법을 통해 자폐스펙트럼장애, ADHD, 의존증에 의한 심신 피로 상태가 해소되었습니다. 인지행동치료를 접하고 스트레스 대처stress coping의 중요성을 이해하게 되었고, 자조모임을 주재하면서 제 '보금자리'를 확보할 수 있었습니다. 자조모임을 통해 당사자 연구를 진행하며, 어떻게 하면 어려움을 줄여갈 수 있을지를 저 자신의 체험은 물론 참여자('동료')의 체험을 통해 배울 수 있었지요.

지금은 마흔네 살로, 발달장애와 의존증 진단을 받은 지 5년이 지났습니다. 이제는 일상적으로 몸의 절반을 처박은 채 살아온 '과집중'을, 이전과는 전혀 다른 방식으로 제어할 수 있게 되었습니다. 과집중은 쉽게 발생하며, 이를 멈추려는 시도는 오히려 주관적 행복감well-being의 감퇴로 이어지곤 했습니다. 그래서 과집중을 충분히 발휘하며 그 '존 체험'을 즐기는 동시에, 평소의 생활이나 일도 함께 원활히 이어갈 수 있도록 일상의 설계를 새롭게 해야 한다는 것을 깨달았습니다.

이처럼 생각을 정리해보니, 지난 편지에서 도시가 말해준, 환각제를 이용한 중독 치료라는 시도가 제 인생에도 일어났던 것인가 싶네요. 아메리카 선주민이 선인장에서 추출한 메스칼린을 주성분으로 하는 환각제를 통해 변성 의식 상태를 만들어내고, 신화적이라고 할 수 있는 환각에 기반한 공동체를 구축했다는 이야기를 쓰셨지요. 또한, 익명의 알코올중독자들을 시작한 인물 중 한 사람이 벨라돈나 알칼로이드로 인한 환각 체험을 바탕으로 금주에 성공했다는 이야기도 있었습니다.

제가 '언제나 존 상태'인 자신을 긍정하며 기를 쓰고 책과 논문을 쓰고, 자조모임 활동에 완전히 빠져 있다는 사실(현재 제가 주재하고 있는 자조모임의 수는 열 개에 이릅니다!)은 고립된 별개의 현상이 아니라고 생각합니다. 왜냐하면 집필을 할 때도, 자조모임에서 이야기를 할 때도 저는 짙은 '존' 상태를 즐길 수 있기 때문입니다. 바로 그런 쾌락이 있기에 계속할 수 있는 것이며, 이는 결국 머릿속에서 '도파민 분출 상태'에 의존하고 있다는 뜻이겠지요. 기본적으로는 '게임 중독'과 유사한, 뇌가 도파민이라는 물질에 절여진 상태입니다. 원고를 쓰며 이야기를 고조시키는 행위나, 모임에서 이야기를 통해 자리의 분위기를 고조시키는 행위 모두에서 동일한 '게임성'이 발생합니다. 이러한 중독적 상태 덕분에 저는 책과 논문을 다작할 수 있고, 책 출판과 관련하여 인간관계는 풍요로워지며, 자조모임이 화기애애하면 공동체로서 더욱 활성화됩니다.

그런 까닭에, 중독이 공동체를 강화하는 사례는 더 주목받을 가치가 있다고 생각합니다. 제가 앞에서 언급한 구조를 확립한 이후, 술에 빠져 있는 시간은 획기적으로 줄어들었습니다. 이유는 단순합니다. 술에 잔뜩 취해 있는 것보다 집필이나 자조모임에 몰두하는 시간이 훨씬 더 큰 쾌감을 주었기 때문입니다. 중독에 관해 자조모임에서는 HALT라는 말을 자주 사용합니다. Hungry(배고픔), Angry(화남), Lonely(외로움), Tired(피로)는 중독을 유발한다고 하지요. 이는 당사자로서 충분히 공감할 수 있는 점인데, 저의 경우 특히 피로와 외로움을 어떻게 다룰지에 대해 많이 고민해왔습니다. 발달장애 탓이라고 생각하는데, 저는 항상 피곤함을 느낍니다. 아동정신과 의사인 요시카와 도루 씨가 발달장애가 있으면 '할 수 있다'와 '할 수 없다' 사이에 '할 수 있지만 피곤하다'가 있다고 말한 텔레비전 방송 영상은 '발달장애 커뮤니티'에서 유명해요. 정말 명언이라고 생각합니다. 제 경우에는 '존'이 이 피로의 문제를 해결해주었습니다. 존에 들어가면 피로를 느끼지 않습니다. '외로움'이라는 것은 인간에게 어쩌면 당연한 것입니다(누구나 홀로 태어나고 홀로 죽음을 맞이하지요). 하지만 자조모임에서 '동료'와 이야기를 나누는 동안에는, 비록 일시적일지라도 그 외로움이 해소됩니다.

그러므로 도시가 도요코의 아이들에 대해 '동료 네트워크'를 기대하는 것은, 언뜻 보기에는 별난 생각처럼 보이지만, 충분히 공감할 수 있는 이야기라고 느꼈습니다.

마코토가 복용하는 여러 가지 약

지난 편지에서 도시는 약 이야기를 많이 했습니다만, 역시 이렇게 되니 도시의 독무대가 되는군요. 저는 약물에 문외한이고, 약물 이야기에 그다지 흥미가 있는 편도 아니라 그저 압도당하고 말았습니다. 하지만 모처럼의 기회이니, 이번에는 제가 먹고 있는 약의 종류를 점검해보려고 합니다.

2형 당뇨병 환자로서 제가 복용 중인 약물은 인슐린 데글루덱, 시타글립틴, 피타바스타틴입니다. 인슐린 데글루덱은 장시간형 기저 인슐린 아날로그 제제인 '트레시바'를 사용해 복부에 주사합니다. 이 약물은 24시간 이상 혈당을 안정적으로 낮춰주며 아침에 주사합니다. 이전에 사용했던 '휴마로그'라는 인슐린은 하루 세 번 식전에 복부에 주사했는데, 이제는 이 과정을 생략할 수 있게 되었지요. 시타글립틴은 혈당을 낮춰주는 경구약으로 아침에 복용합니다. 저탄수화물 식단을 유지하다 보면 단백질 섭취량이 늘어나게 되는데, 이로 인해 LDL 콜레스테롤 수치가 증가해버려 가족성 고콜레스테롤혈증이나 이상지질혈증 환자에게 처방되는 피타바스타틴도 아침에 복용하고 있습니다.

녹내장 치료를 위해 사용하는 약으로는 안압을 낮추는 타프콤(성분명 타플루프로스트, 티몰롤말레산염)과 아좁트(성분명 브린졸라미드)가 있습니다. 타프콤은 아침에, 아좁트는 아침과 저녁에 눈에 넣습니다. 그런데도 시야가 점차 좁아지고 있어, 미래에는 제 시야가 어둠침침해질 것이라는 이야기를 들었습니다.

ADHD 약으로는 선택적 노르아드레날린 재흡수 저해제인 아토목세틴('스트라테라'의 복제약)을 처방받아 복용하고 있습니다. 효과가 뛰어난 것 같지는 않지만, 식욕을 억제하는 효과가 있어 아침마다 80밀리그램씩 꾸준히 복용하고 있습니다.

저의 삶의 질을 유지하는 데 가장 중요한 약은 리스페리돈('리스페달'의 복제약)입니다. 자기 전에 복용하며, 복용하지 않으면 반드시 중간에 잠에서 깨고 맙니다. 처음 처방받았을 때 검색해보니 "조현병에 처방된다"는 설명을 보고 깜짝 놀랐지만, 자폐스펙트럼장애의 감각 과민에도 효과가 있다고 합니다. 이전보다 환경에 휘둘리지 않게 된 느낌이 들기도 하지만, 당사자 연구의 성과가 더 큰 영향을 미친 것 같아서 리스페리돈이 실제로 어느 정도 효과가 있는지는 잘 모르겠습니다.

"당뇨병이 있는 경우, 금기는 아니지만 투약에 주의가 필요하다"는 설명을 보고, 당뇨병 진단 후에는 리스페리돈 대신 데이비고(성분명 람보렉산트)를 처방받아 복용했던 적이 있습니다. 그러나 이 약은 과민 반응을 유발하고 낮에도 졸음이 심하게 쏟아져 저에게는 맞지 않았습니다. 이후 혈당치가 평균에 가까운 수준으로 회복된 것을 주치의에게 알리고, 다시 리스페리돈 처방을 받게 되었습니다.

"저에게는 복합성 PTSD가 있는 것 같습니다"라고 이전 주치의에게 말씀드리고, 선택적 세로토닌 재흡수 저해제인 제이졸로프트(성분명 설트랄린염산염)를 처방받았던 적이 있습니다. 이 약은 우울증, 공황장애, 외상후 스트레스장애 등에 사용되는 약입니다. 하지만 효과가 있는지 없는지 잘 모르겠어서 복용을 중단했습니다.

알코올 의존증 치료제로는 셀린크로(성분명 날메펜염산염수화물)가 있습니다. 이 약은 의식을 약간 흐릿하게 만들어 과도한 음주 욕구를 억제합니다. 의식이 흐려지면 자살에 대한 저항심마저 약해질 수 있기 때문에 죽고 싶다는 생각이 강하게 드는 시기에는 적합하지 않겠지만 지금까지는 제게 큰 도움이 되고 있습니다. 반면, 술을 마시고 싶은 기분을 약화시키는 렉텍트는 효과를 체감할 수 없어 복용을 중단했습니다.

인터넷에서 읽은 정도의 지식이지만, 리스페리돈은 도파민보다 세로토닌에 더 강하게 작용하는 것처럼 보입니다. 그 점이 핵심일까요. 가바사와 시온이 쓴 《정신과 의사가 발견한 세 가지 행복: 최신 과학에서 최고의 인생을 만드는 방법》을 읽어보니, 행복을 가져다주는 세 가지 신경전달물질로 건강한 기분을 만들어주는 세로토닌, 유대감과 안심을 가져다주는 옥시토신, 고양감을 느끼게 하는 도파민이 있다고 하더군요. 우선은 세로토닌과 관련된 기쁨이 중요하고, 그다음으로 옥시토신과 관련된 행복, 마지막으로 도파민과 관련된 행복이라고 쓰여 있었습니다. 물론 이런 종류의 책은 수상쩍은 경우가 많아 내용을 전적으로 찬성하거나 반대하기는 어렵지만, 신경전달물질에 기반한 행복론은 왠지 설득력이 있다고 느꼈습니다. 전문가인 도시는 어떻게 생각하나요?

신고보다는 회복

예전 약물 의존증 관련 학회 이야기는 정말 흥미로웠습니다. 정신과 의사들이 환자의 소변에서 불법 약물 성분이 검출되었을 때, 그 결과를 경찰에 신고할지 말지를 두고 논의했다는 이야기 말이에요. 치료를 권장하면서도 검사를 통해 걸리면 자수시키는 것, 즉 경찰에 넘겨 치료를 포기하게 하는, 한 입으로 두말하는 태도라니요. 도시가 약물 의존증 환자를 위해 '평범한 상담'을 할 수 있는 환경을 조성하려고 힘써왔다는 이야기도 매우 인상 깊었습니다.

그러고 보니 저는 딱 한 번 나르코틱스 어나니머스 모임에 참가했던 적이 있습니다. 불법 약물을 사용한 적은 없지만, '알코올도 약물과 비슷한 것'이라고 생각하며, '향정신성 약물로서 아토목세틴이나 리스페리돈을 복용하고 있다'는 억지 이유를 들어 견학하고 싶다는 의사를 전했습니다. 그때는 휴직이 길어져 정신적으로 상당히 어려웠던 시기였고, 자조모임에 의지하고 싶은 마음이 컸기 때문입니다. 지금이라면 그런 이유를 만들어가며 무리해서 참가하는 일은 없겠지만 말이지요.

막상 참석해보니, 참여자들은 불법 약물에 관한 화제를 나누며 '함께하기'(보고의 공유)를 진행하고 있었습니다. 다른 자조모임에서도 (알코올을 포함해) 다양한 약물에 관한 경험담을 들은 적은 있었지만, 모여든 '동료'들이 차례로 불법 약물에 관한 이야기를 하니, 익숙하지 않았던 저에게는 몹시 충격적이었습니다.

그래서 생각했습니다. '지난 며칠 사이에 그런 약물을 사용했다고 말한 사람도 있다. 지금 이 자리에 있다는 것은 체포되지 않았다는 뜻이다. 어쩌면 그 사람을 경찰에 신고하는 것이 일반 시민으로서 '옳은 일'일지도 모른다. 그러나 종합적으로 보면, 그렇게 하면 그 사람은 치료에서 멀어질지도 모르고, 또 신고한 사람이 있다는 사실은 모임 자체를 위기로 몰아넣을 가능성이 있다. 이 모임과 관계하며 가끔 불법 약물에 손을 대더라도, 전체적으로는 회복의 길을 걷고 있는 사람들인데, 그들을 곤란하게 만들 것이다.'

신고할지 말지를 진지하게 고민했던 것은 아닙니다. 독선적인 행동처럼 보이는 일에 대해서는 신중하게 거리를 두는 편이기 때문입니다. 하지만 처음 경험하는 상황이 매우 충격적이어서, 저는 어떻게 생각하는 것이 적절한지에 대해 진지하게 고민하지 않을 수 없었습니다.

알코올 의존증 세계에서는 '인에이블러enabler'가 자주 화제로 떠오릅니다. 대부분의 경우, 알코올 의존증에 빠진 사람의 파트너를 지칭하는 말이지요. 그 사람은 파트너의 중독을 '가능하게 하는 사람'(응석을 받아주는 사람)으로 여겨지며, 중독 문제의 중심인물로 간주되어왔습니다. 이런 맥락에서 알코올 의존과 함께 나타나는 문제 행동으로서의 '공의존'은 종종 비판의 대상이 되어왔습니다. 그런데, 그 인에이블러가 없었다면 중독 당사자가 훨씬 더 심각한 상황에 놓이는 사례도 많습니다. 공의존해주는 사람이 있었기에 중독 당사자가 살아남을 수 있었던 경우는 굉장히 많을 것입니다. 이러한 점은 좀 더 진지하게 고려해볼 필요가 있다고 생각합니다.

그러므로 도시가 SMARPP라는 프로그램의 본질을 워크북도 아니고 매뉴얼도 아니며, 환자가 미끄러졌다고 말하더라도 이를 환영하며 대응하는 것, 안심하고 실패를 이야기할 수 있는 장소를, 불법 약물을 사용하면서도 통원할 수 있는 공간을 만드는 것이라고 생각했다는 사실에 깊은 감명을 받았습니다. 중독 당사자가 안심하고 의존할 수 있는 환경을 조성하는 것(그렇다 하더라도 위해성 감소의 차원에서, 가능하면 해독이 낮은 것에 의존할 수 있도록) 그리고 인에이블러가 안심하며 파트너와 공의존할 수 있도록 돕는 것이 '앞으로의 중독 치료' 방향이 아닐까 생각됩니다.

우라카와 베델의 집 ― "손을 움직이기보다 입을 움직여라"

2023년 10월에 일주일 정도 홋카이도의 '우라카와 베델의 집'에 현장 조사를 다녀왔습니다. 몇 년 전에도 가려고 했으나, 코로나로 긴급사태가 선언되면서 결국 가지 못하고 말았던 곳입니다. '당사자 연구 전국 교류 집회'와 '베델 축제'에 온라인으로 참가해본 적은 있지만, 역시 현장감이 부족해 그렇게까지 설레는 경험이라고는 느끼지 못했습니다. 그래서 이번에는 꼭 현지에 직접 가서 참가하리라 마음먹었습니다.

우라카와에는 일본 적십자사의 병원이 있습니다. 우라카와 베델의 집을 이끌어온 무카이야치 이쿠요시 씨는 원래 그 병원의 사회복지사였다고 합니다. 과거에는 정신과 병동에 우리cage와 같은 병실이 있었고, 조현병 환자가 무슨 말을 해도 제대로 들어주지 않았다고 합니다. 그러나 베델의 집이 설립된 이후 40년에 걸쳐 사회실험이 진행돼왔지요. 조현병 환자들과 함께 장사를 시작하고, 당사자 연구를 발전시키며, 베델 축제에서 '환각&망상 대회'를 개최해 매력적인 환각이나 망상을 칭찬하며 '당사자'와 사회를 연결하려는 노력을 지속해왔습니다. 무카이야치 씨와 스태프들로부터 과거의 다양한 경험을 들을 수 있었고, 당사자 연구 전국 교류 집회와 베델 축제를 마음껏 즐길 수 있었습니다.

우라카와에 있는 일본 적십자 병원 정신과의 병실은 2014년부터 없어졌고, 현재 정신과는 계속 휴진 상태라고 합니다. 환자들이 '문제 행동'으로 지역사회에 피해를 끼치는 일도 점점 줄어들었다고 하고요. 그들을 일상적으로 지탱하고 있는 것은 '세끼 밥보다 미팅'이라는 당사자 연구의 이념입니다. 모두 함께 모여 즐겁게 교류하는 방식이지요. 이는 결국 도시가 SMARPP에서 깨달은 바와 같다고 생각합니다. 도시는 SMARPP 이용자가 "진정으로 기대하는 것은 자신의 근황이나 심경을 보고하는 '체크인' 시간대입니다. 아니, 그보다도 프로그램 전후의 잡담 시간에 이루어지는 교류였습니다"라고 썼습니다. 대체로 이런 점이 베델의 집에도 해당된다고 봅니다. 베델의 집에서는 사업을 위한 상품 제작에 투입되는 '작업' 시간이 있는데, 그 규칙이 '손을 움직이기보다 입을 움직여라'거든요.

결국 조현병이든 의존증이든 의료적인 약물요법은 문제

의 절반밖에 해결하지 못하며, 나머지 절반은 복지적 지원이 담당해야 할 영역입니다. 많은 정신과 의사들은 복지적 지원에 자신이 관여하는 것에 대해 (환자인 저에게는) 시큰둥해 보이지만, 도시처럼 '복지적 접근을 병행하는 정신과 의사'가 늘어난다면 많은 정신질환이 훨씬 수월하게 나아질 것이라고 저는 생각합니다.

16. 의존증 가족 지원과 너무 강하지 않은 관계

마쓰모토 도시히코, 2023년 12월 1일

마코토, 편지 고마워요.

지난번 마코토의 편지를 읽고 "역시!" 하며 무릎을 쳤습니다. 마코토는 과집중을 활용해 집필하며, 바로 그 과정에서 '존'을 경험하는 것 같네요. 그래서 연달아 책이 출간되고, 저의 편지에 대한 답장도 항상 '라인LINE 수준'의 빠른 속도로 왔던 것이군요.

정말 대단합니다. 문득 제 연구실을 둘러보니 마코토의 저서가 책상 위, 아직 읽지 않은 책이 쌓여 있는 곳에 자꾸 쌓여가더니 이미 상당한 높이가 되었습니다. 집필 청탁을 받은 곳에서 '쓰셌나고반 하고 글을 보내지 않는 사기꾼'으로 고발당할 위기에 처한 저로서는 굉장히 초조하네요.

어쨌든 늘 저서를 보내주셔서 정말 감사드립니다. 연말연시 휴가 동안 한꺼번에 읽을 생각입니다.

그건 그렇고, 이 연재도 벌써 열여섯 번째를 맞이했네요. 의존증에 대해 마음 내키는 대로 써왔지만, 저 나름대로는 '연결의 소중함'이라는 축은 벗어나지 않았다고 생각합니다. 다시 말해, 사람과의 연결은 의존증 발병을 억제하고, 회복을 촉진하는 데 중요한 역할을 한다는 것이 저의 일관된 주장입니다.

하지만 이번에는 그 주장을 미세하게 수정하려고 합니다. 말하자면 이런 것입니다. "연결은 소중하지만 너무 강한 연결은 위험하다." 이번에는 그런 이야기를 해보려 합니다.

연결을 다시 생각하다

이 서신 교환의 여섯 번째 편지에서 제가 아주 간단하게 언급했지만, 쥐 공원 실험이라는 유명한 실험이 있습니다. 우리에 갇혀 고독하게 지내는 쥐는 모르핀이라는 마약이 들어간 물만 마시는 데 비해, 동료들과 어울려 놀며 지내는 쥐들은 마약이 들어간 물은 아예 거들떠보지도 않고 일반 물만 마시게 된다는 실험입니다.

이 실험은 의존증의 본질을 쉽게 그리고 강렬하게 전달해줍니다. 이런 이유로 이 이야기는 강연에서 제가 반드시 사용하는 소재가 되었습니다. 실제로 이 이야기를 들려주면 대부분의 청중이 "허어" 하며 놀란 표정을 짓거나 "으음" 하고 일제히 고개를 끄덕이는 모습을 보이곤 합니다.

그러나 모든 청중이 그런 반응을 보이는 것은 아닙니다.

반드시 몇 명쯤은 다소 복잡하고 '미묘한' 표정을 짓곤 합니다. 아마도 의존증 환자를 돌보고 있는 가족들일 것입니다. 쥐 공원 실험 이야기를 듣고, '그렇다면 가족이 의존증 환자를 무시하고 가정 내에서 고립시킨 것이 의존증의 원인이구나'라고 성급하게 판단했기 때문일지도 모릅니다.

실제로 어떤 강연회가 끝난 후, 청중으로 참가했던 한 여성에게 다음과 같은 질문을 받은 적이 있습니다.

"남편이 알코올 의존증이 된 것은 저의 애정이 부족해서 외로움을 느끼게 했기 때문이 아닐까요? 그러니까, 그…… 남편에게 가정은 '감옥'이었던 걸까요?"

그런 생각이 드는 것도 이해는 가지만, 물론 그럴 리가 없습니다. 오히려 그 여성이야말로 피해자입니다. 그녀는 연일 만취한 남편의 폭언과 폭력을 견디면서도, '내가 아내로서 부족해서 남편이 이런 상태가 되었을까?'라고 자책하며 바닥에 쏟아진 남편의 토사물이나 배설물을 부지런히 닦아 온 것입니다.

그러므로 그녀야말로 남편의 멱살을 잡고 "가정을 '감옥'으로 만든 건 너잖아!" 하고 욕설을 퍼부어주고 싶은 심정이었겠지요.

고립되는 의존자 가족

의존증 환자를 돌보는 가족은 고립되어 있습니다. 그렇습니다, 지역 사회에서도, 친족들 사이에서도 마찬가지입니다.

의존증이라는 문제는 이웃은 물론이고 친구에게조차 쉽게 의논하기 어려운 문제이기 때문입니다. 많은 가족이 의존증 문제를 '가족의 수치'로 여기며, 자신에게 문제가 있는 것은 아닐까 자책하기도 합니다.

부모나 형제 같은 친족들이 안전한 의논 상대일까 하면, 대부분은 그 반대입니다. "그래서 내가 처음부터 그 사람이랑 결혼하는 거 반대했잖아"라든가 "아내라면 참아야지", 혹은 당사자가 자신의 아이일 경우 "당신 교육 방식이 잘못됐어" 같은 설교를 늘어놓기 때문입니다. 이제 와서 그런 말을 해봐야, 타임머신이 없는 이상 해결할 수 없는 '개똥 같은 충고'일 뿐이고, 결과적으로 의존증 문제에 대해 남에게 도움을 구하는 능력을 완전히 상실하게 만듭니다.

그리하여 가정 내의 의존증 문제는 '결코 밖에서는 이야기해서는 안 되는 가족의 비밀'이 되어버립니다. 그러나 아이러니하게도, 비밀로 할수록 그 문제는 가족의 의식 속에서 점점 커지며, 결국 가족의 인생을 그늘지게 하고 서서히 잠식해가지요.

그 결과, 어디서 무엇을 하든 '지금쯤 그 사람, 어딘가에서 만취해 있지 않을까?'라는 생각에 늘 제정신을 유지하기 어려워집니다. 예전에 즐거웠던 취미 생활에도 몰두하지 못하게 되고 말이지요. 휴일에 번화가를 걷고 있을 때도, 가족과 함께 즐거운 듯한 사람들을 볼 때마다, 아침부터 만취해 소파 위에 칠칠맞지 못하게 누워 있는, 마치 기절한 바다사자 같은 남편의 모습이 떠오르며 우울해집니다. 오랜만에 옛 친구를 만나도 즐거운 대화에 집중하지 못하고, 메시지 수신을 알리는 스마트폰 진동이 울릴 때마다 '이번에는 또 무슨 일을 저지른 걸까' 하는 불안감에 심장이 터질 듯 덜컥 겁이 나곤 합니다.

의외로 간과되고 있습니다만, 의존증 환자 가족은 상담 지원 현장 곳곳에서 볼 수 있습니다. 예를 들어, 정신과나 심료내과˙를 찾는 환자들, 상담실에 방문하는 사람들, 심지어는 점집을 찾아가는 이들 사이에도 섞여 있습니다. 제 임상 경험을 돌아보아도 마찬가지입니다. 아무리 항우울제를 복용해도 1년이 넘도록 전혀 호전되지 않던 여성 환자에게 어느 날 배우자에 대해 조심스럽게 물어본 적이 있습니다. 그녀는 무척 망설이다가 마침내 입을 열었는데, 역시 남편의 알코올 문제가 있었습니다. 이런 사례는 너무도 많아 일일이 셀 수 없을 정도입니다.

가족 지원의 중요성과 과제

의존증 환자를 돌보는 가족에 대한 지원은 환자 본인의 치료만큼이나 중요합니다. 그 이유는 여러 가지가 있습니다.

• 주로 스트레스나 심리적 요인으로 인한 신체 증상을 다루는 일본의 진료과목. 한국에는 명확히 대응하는 과가 없으며, 상황에 따라 내과나 정신건강의학과에서 치료를 받는다.

무엇보다 먼저, 의존증은 환자보다도 가족으로부터 먼저 웃음과 삶의 기력을 빼앗기 때문입니다. 가족 중 한 사람이 의존증에 걸리면, 그들은 순식간에 그 문제의 소용돌이에 휘말려 몸과 마음이 모두 심각하게 악화되기 마련입니다.

동시에, 환자의 치료라는 측면에서도 가족에 대한 상담 대응은 매우 중요합니다. 의존증 치료는 대개 가족 상담에서부터 시작되는 경우가 많습니다. 이는 의존증이 환자 스스로 알아채기 어려운, 환자 본인보다 먼저 주변 사람들이 곤란함을 겪는 병이기 때문입니다.

의존증 문제를 가족 내에서만 해결하려는 것은 매우 위험합니다. 의존증에 대한 대응이 세간에 퍼져 있는 일반 상식과 다소 다른 점이 있기 때문입니다. 예컨대, 가족이 선한 의도에서 '넘어지기 전의 지팡이'를 내미는 행동을 하면, 아이러니하게도 환자가 안고 있는 문제가 더욱 꼬일 수 있습니다. 이것이 바로 '인에이블링enabling'입니다. 예를 들어, 숙취로 인해 무단결근할 상황에서 환자 대신 직장에 연락을 해준다거나, 만취한 채 토사물 범벅으로 복도에서 의식을 잃은 환자를 침대까지 옮겨주는 행동 등이 해당됩니다. 가족의 이러한 노력은 정작 환자의 기억에는 전혀 남지 않습니다. 따라서, 환자가 알코올 때문에 일으킨 실수의 뒤처리를 가족이 계속하는 한, 환자는 자신의 문제를 깨달을 기회를 영영 얻지 못하게 됩니다.

알코올 의존증 환자 가족의 자조모임 '알아넌Al-Anon'에서는 "가족은 환자의 의존증에 대해 무력하다"는 인식을 중시하며, 가족이 환자의 음주 행동을 통제하려는 시도를 멈추고, 강한 애정tough love으로 '손을 떼는' 태도를 권장하고 있습니다. "타인의 행동은 바꿀 수 없다. 바꿀 수 있는 것은 자신뿐"이라는 철학 아래, 자신의 인생을 우선시하고, 때로는 별거나 이혼이라는 선택지까지도 고려할 수 있는 자세를 요구합니다.

그렇다 하더라도 이를 실천하는 것은 쉬운 일이 아닙니다. 당연히 그렇겠지요. 자신에게 소중한 사람이 만취해서 여기저기 실수를 반복하고 있는데 이를 못 본 척하기란 불가능한 일입니다. 물론 그중에는 이미 오래전에 애정이 없어진 사람들도 있을 것입니다. 그렇다 해도 만약 전업주부라면, 남편과 헤어지기 위해서는 경제적 자립이 반드시 필요합니다. 더욱이 아이가 있는 여성이라면, 그런 선택을 실행하기 위해 넘어야 할 장애물은 훨씬 더 높아지게 되지요.

게다가, 아무리 힘들어도 '가족'이라는 사실은 변하지 않습니다. 평소에는 마음속으로 '차라리 죽어주면 좋을 텐데'라고 빌다가도, 막상 환자가 위기에 처하면 본능적으로 '넘어지기 전의 지팡이'를 내밀게 됩니다.

물론, 미움을 굳게 먹고 환자로부터 떨어지려는 사람도 있습니다. 하지만 그런 경우, 미련을 떨쳐내려는 심리적 부담이 극단적인 대응을 초래하기 쉽습니다. 예를 들어, '애정을 갖고 손을 떼야 할 상황'에서, '이제 그 인간이 어떻게 되든 나와 상관없다'며 온 힘을 다해 도움닫기를 하여 환자를 '내치는' 행동을 하게 되는 것입니다. 그러나 이렇게 난폭한 방식은 결국 가족에게 죄책감을 느끼게 하며, 환자에 대한 냉혹하고 잔인한 대응을 후회하게 만듭니다. 더 나아가, "역시 나에게는 그 사람이 필요하고, 그 사람에게도 내가 필요하다"며 더 강한 공의존 관계로 돌아갈 가능성도 있습니다.

'손을 놓다', '관계를 끊다' 이외의 선택지

공의존, 이 말은 의존증 치료 및 연구 분야에서 대체로 부정적인 의미로 사용되고 있습니다. 심지어 '공의존 단속반'처럼 행동하는 전문가도 종종 존재합니다. 이런 사람들은 환자의 부부 관계나 부모-자식 관계에서 어떤 문제가 발생할 때마다 "그건 공의존이네요"라고 비판하며 우쭐거리는 태도를 보이거나, "경계선을 침범하고 있지 않나요?"라며 경종을 울리곤 합니다. 개인적으로는, 의존증 환자를 둘러싼 관계를 무턱대고 '공의존'이라는 렌즈를 통해 지나치게 병리적으로 해석하는 것을 피하고자 항상 신중한 태도를 유지하려 노력하고 있습니다.

잊지 말아야 할 점이 있습니다. 공의존이나 인에이블링이라는 용어는, 미국에서 알코올 문제를 다루는 사회복지사가 지원 실험을 통해 발견한 현상에서 비롯되었습니다. 다시 말해, 공의존이나 인에이블링은 지원으로 이어진 의존증 환자와 그 가족의 특징을 반영한 개념입니다. 즉, 가족이 환자를 단념한 경우나, 환자가 지원에 도달하기도 전에 자살, 사고사, 병사한 사례는 포함되지 않았을 가능성이 있습니다. 어쩌면 공의존이나 인에이블링은 일시적으로 긍정적인 기능을 했을지도 모릅니다. 그러니까, "공의존과 인에이블링 덕분에 환자가 생존하여 결국 치료로 이어졌다"는 식으로 해석할 여지도 있는 것이지요.

2010년대 초, 새로운 의존증 환자 가족 지원 방법으로서 커뮤니티 강화와 가족 훈련CRAFT이 도입되어 의존증 환자 가족 지원에 실질적으로 활용되기 시작했습니다. 이 접근법은 가족을 매개로 하여 간접적으로 환자의 행동 변화를 유도하는 개입 방법입니다. CRAFT는 의존증 환자 가족을 "환자의 가장 뛰어난 관찰자이자, 환자에게 가장 큰 영향력을 미치는 존재"로 간주합니다. "가족은 환자에게 무력하다"는 알아넌의 가르침과는 완전히 대조되는 입장이지요.

CRAFT의 상세한 내용은 이미 출판된 책에서 확인하시기로 하고, 여기서는 아주 간단히 소개하겠습니다. CRAFT의 주요 목표는 환자와의 충돌을 최대한 피하면서 가족 자신의 안전을 확보하는 것, 의존증 환자 본인과 알코올이나 약물 문제에 대해 솔직하게 이야기할 수 있는 관계를 유지하고 영향력을 행사하기 쉬운 상황을 조성하는 데 있습니다. 이를 위해 가족에게는 다양한 '기술'을 익히게 하여 간접적으로 환자의 행동을 유도하는 방법을 제안합니다.

하지만 오해하지 말아주세요. 저는 CRAFT를 최고의 가족 지원법이라고 주장할 생각도 없고, 알아넌 방식이 나쁘다고도 생각하지 않습니다. 상황에 따라 그때그때 구별해서 활용하면 되는 것입니다. 예를 들어, 처음에는 CRAFT 방식으로 다양한 시도를 해보고, 더 이상 사용할 방법이 없다면, 그때는 마음 편히 알아넌 방식으로 '손을 떼고' 자신의 인생을 우선하는 것입니다. 다르게 표현하자면, CRAFT는 후회하지 않기 위한 사전 준비라고 볼 수 있겠지요.

좀 더 솔직히 말하자면, CRAFT와 알아넌이라는 접근법의 차이는 그다지 중요한 문제가 아닙니다. 가장 중요한 것은 가족 내에서만 문제를 해결하려 하지 않는 것입니다. 우선은 의존증에 관한 전문 지식과 비밀 유지 의무가 있는 제삼자와 함께 고민하고 대안을 찾아보는 것이 바람직합니다.

그런 제삼자를 찾기 위해 가장 먼저 찾아가야 하는 곳은 도도부현都道府県 정령지정도시*에 설치되어 있는 정신보건복지센터입니다. 이곳은 의존증 환자 가족을 대상으로 개별 상담과 가족 교실을 제공하며, 가족 자조모임에 관한 정보도 많습니다. 되도록 자조모임에 참여하시길 권합니다. 자조모임에는 의존증 환자 지원에 관한 방대한 경험이 축적되어 있어, 가족으로서 해야 할 행동을 결단할 때 많은 도움이 될 수 있습니다.

• 인구 50만 이상의 도시로, 정령政令(내각이 제정하는 명령)으로 지정하는 시.

아무튼, 의존증이라는 괴물이 가장 좋아하는 것은 비밀과 고립입니다. 그리고 **인생에서 최악의 경험은 단순히 끔찍한 일을 겪는 것이 아니라, 그 고통을 혼자서 감내하는 일입니다.**

주치의는 누구 편인가

모처럼 주어진 기회이니 의존증 전문의로서 이 자리를 빌려 의존증 환자 가족 여러분께 사과를 드리고 싶습니다.

늘 무례한 태도로 비쳤던 점, 진심으로 죄송합니다. 진찰실에서 환자와 가족이 일촉즉발의 대립 상황에 이르면, 저와 같은 정신과 의사들은 대개 "뭐, 그렇게 말씀하시지만" 하며 환자의 편을 드는 일이 많습니다. 또 가족이 환자 없이 주치의와 이야기를 나누고 싶어도, 환자의 허락 없이는 그러한 요청에 응하지 못했습니다.

왜일까요? 설명드리겠습니다. 주치의는 가족이 아니라 환자 편에 서는 것이 기본입니다. 그렇다고 해서 '옳은 것은 환자이고, 가족은 틀렸다'거나 '가족 탓에 환자가 의존증에 걸렸다'고 생각하는 것은 전혀 아닙니다. 자발적으로 통원 치료를 하는 치료 관계를 구축하기 위해서는, 무엇보다 환자가 주치의를 '자기 편'이라고 생각할 수 있어야 하기 때문입니다. 단지 그뿐입니다.

반대로, 주치의가 가족 편에 서서 '지금 당장 어떻게 좀 해달라'는 가족의 요구를 우선한다면 어떤 치료로 이어질까요? 그것은 아마도 강제 입원이나 격리 같은 방향으로 흐르게 될 가능성이 큽니다.

사실, 예전에 일본에서는 이러한 방식의 치료가 널리 시행되었습니다. 제가 의존증 임상에 몸담기 시작한 사반세기 전만 해도, 특히 약물 의존증 분야에서는 폐쇄 병동에 환자를 강제로 입원시키는 방식이 주류였습니다. 설령 환각이나 망상이 없는 환자라 하더라도, 단지 '퇴원하면 다시 약물을 사용할 위험이 있다'는 이유로 강제 입원 조치를 취하곤 했습니다. 당연히 환자들은 이러한 처우에 불만을 품고 병동 안에서 반발하거나 흥분하게 됩니다. 그런데 주치의는 이 정당한 저항조차 '약물에 대한 갈망이 증가했다'는 식으로 해석하며, 대량의 항정신병 약물을 투여해 환자의 뇌를 마비시키고 장기적인 강제 입원을 유지합니다. 이러한 격리 조치가 약물 재사용 방지에 효과가 없다는 사실은, 각성제 단속법 위반자의 높은 재범률에서 이미 명백히 드러났습니다(애초에, 환자의 약물 사용을 강제로 통제하려는 이러한 접근 자체가 경계선을 침범하는 행위였고, 알아넌적 관점에서는 하지 말아야 할 것이었습니다).

당시 저는 환자 본인의 의향을 존중하며 개방 병동 또는 자발적 입원을 통해 약물 의존증을 치료하는 소수파 병원에 근무하고 있었습니다. 따라서 가족이 입원을 요구하더라도, 환자 본인이 거부하면 강제로 입원시키지 않았습니다. 또한, 어렵게 입원한 환자가 도중에 입원 의사를 번복하면, 퇴원 후 통원을 조건으로 비교적 간단히 퇴원 절차를 진행했습니다. 이 방식은 가족들 사이에서 평판이 좋지 않아 "환자의 인권만 존중하면, 가족의 인권은 어떻게 되는 건가요?"라는 항의를 몇 차례 받기도 했습니다. 하지만 병원은 교도소가 아닙니다. 치료의 본무대는 입원이 아니라 통원입니다. 그것도 마지못해 하는 통원이 아니라 자발적인 통원이어야만 치료가 가능해집니다.

거듭 말씀드리지만, 저는 '가족 따위는 아무래도 좋다'고 생각하지 않습니다. 앞서 언급했듯이, 의존증 환자가 치료로 이어지는 계기를 마련하는 것은 가족이며, 환자의 변덕스러운 의욕을 지탱하고 치료를 지속시키는 데에도 가족의 지원은 필수적입니다.

문제는, 주치의는 환자와 가족 모두의 편이 될 수 없다는 사실입니다. 의존증은 환자와 가족을 갈등과 대립의 상황으로 몰아넣고, 종국에는 분리시키는 특성이 있습니다. 바로 그렇기 때문에 가족이 정신보건복지센터나 가족 자조모임과 연결되어, 스스로를 지지해줄 수 있는 안전망을 확보하는 것이 중요합니다.

유대는 중요하지만……

30년째 정신과 의사로 일하며 깊이 깨닫게 된 것이 있습니다. 바로 '가족은 병의 온상'이라는 사실입니다. 사람들이 물리적으로 조밀하게 생활하면 감염병의 온상이 되듯, 심리적으로 조밀해지면 정신건강 문제의 온상이 될 수 있습니다. 돌이켜보면, 코로나 사태 초기에 제 진찰실에는 손목 긋기나 시판 약의 과다 복용을 반복하는 10대 환자들이 몰려들었습니다. 이들은 모두 '스테이홈Stay Home'이라는 명목 아래 숨이 막힐 정도로 조밀해진 가정 환경 속에서 답답함과 괴로움을 호소하고 있었습니다.

가족이란 참으로 독특한 형태의 커뮤니티입니다. 서로의 희망과 기대, 원망과 질투가 깊숙이 뒤얽혀 있는 복잡한 관계지요. 약간 직설적으로 말하자면, 서로의 약점을 마주잡고 균형을 유지하는 다소 특이한 관계, 혹은 한쪽의 결점을 다른 쪽의 결점으로 감싸며 결점을 매개로 이어지는 경계가 모호한 관계, 그것이 바로 가족입니다. 그런 의미에서 가족은 본질적으로 공의존적인 요소를 내포하고 있다고 할 수 있습니다.

"아니, 그건 가족이 아니라 가부장제의 문제 아닌가?"라는 반론이 있을 수도 있습니다. 부정하지는 않겠지만, 그것만이 전부는 아닌 것 같습니다. 오히려 가부장제 이전에 '누군가와 파트너십을 맺거나 무리를 이루는 것' 자체의 영향도 간과할 수 없을 것 같습니다. 영장류 학자인 야마기와 주이치 씨에 따르면, 암컷과 수컷을 막론하고 원숭이의 공격성은 무리를 지키려는 '동료애'에서 비롯된다고 합니다.《폭력은 어디에서 왔는가: 인간성의 기원을 찾아서》, NHK출판, 2007)* 그렇다면 우리가 안과 밖 사이에 선을 긋는 순간, 애정과 증오의 열량, 혹은 속박과 배제의 역학이 생겨날 가능성은 없을까요? 물론 애정은 고마운 것이지만, 그렇다고 해서 속박으로 인한 괴로움을 상쇄할 수 있는 것은 아닙니다.

나아가 반드시 기억해야 할 점이 있습니다. 사람은 강한 유대 관계를 맺고 있는 소중한 상대 앞에서는 정직해지기가 어렵다는 사실입니다. 왜냐하면, "죽고 싶다"고 털어놓았을 때 상대가 슬퍼할까 걱정되거나, 반대로 "절대 죽지 않겠다고 약속해줘"라는 무리한 요구를 받을 가능성도 있기 때문입니다. 혹은 "다음에 또 '죽고 싶다'고 하면 우리 관계를 끝낼 거야"라는 식의 협박을 받을지도 모릅니다. 즉, 본심을 솔직히 말하면, 소중한 사람과의 관계가 변할 뿐만 아니라, 더 심각하게는 그 사람을 잃을 위험이 따를 수 있는 것입니다.

너무 강하지 않은 유대(또는 느슨한 유대)의 중요성은 자살 예방의 관점에서도 생각해볼 수 있습니다. 오카 마유미《살기 좋은 마을: 자살률이 낮은 데는 이유가 있다》, 고단샤, 2013)와 모리카와 스이메이《그 섬 사람들은 사람의 말을 듣지 않는다: 정신과 의사, '자살 희소 지역'을 가다》, 세이도샤, 2016)의 현장 조사에 따르면, 자살 희소 지역에서는 '빨간 깃털 공동모금赤い羽根共同募金'••과 같은 지역사회의 복지 활동에 참여하는 사람이 적거

- 《인간 폭력의 기원》(한승동 옮김, 공출판, 2018)
- •• 일본의 대표적인 사회복지 공동모금 운동. 한국의 '사랑의열매'처럼 시민들의 기부를 모아 지역사회의 다양한 복지 사업을 지원한다.

나, 친절하지만 상대의 이야기를 적당히 흘려듣는 사람이 많았다는 특징이 있다고 합니다.

   정리하자면, 유대는 소중하지만 지나치게 강하면 안 됩니다. 이것이 이번 결론입니다.

담당 편집자 F로부터

다행스럽게도, 이 연재는 의존증 환자 가족 여러분께서 매우 잘 읽어주시고 계십니다. 이 연재를 시작한 후로, 예전부터 알고 지내던 지인이나 친구들이 "사실은 부모님이……", "배우자나 파트너가……"라며 진솔한 이야기를 털어놓는 경우도 있었습니다. 그럴 때마다 제 마음을 다시금 다잡게 됩니다.

이번 도시 씨의 편지는, 그런 사람들과 교류하면서 제가 오랫동안 궁금했던 점을 도시 씨에게 솔직히 물어본 데서 비롯되었습니다. 즉, '인에이블러'라 불리는 사람들은 정말 의존증 환자에게 '악惡'인 것일까? 오히려 이들은 이제 곧 더 나쁜 결말로 '미끄러져버릴' 것 같은 환자를 가까스로 저지하는 '게이트키퍼' 역할을 하는 것은 아닌가 하는 생각이 들었습니다.

그렇다고 하더라도, 실제 문제는 훨씬 더 복잡합니다. 쉽게 상상할 수 있듯이, 의존증 환자와 계속 함께하다 보면 의존증 환자의 가족도 심신이 무너져 결국 같이 쓰러질 가능성이 충분히 있습니다. 오늘 '게이트키퍼' 역할을 하고 있다고 해서, 내일도 그 역할을 지속할 수 있다는 보장은 전혀 없습니다. 따라서, 의존증 환자에게는 주치의라는 아군이, 의존증 환자 가족에게는 정신보건복지센터나 가족 자조모임과 같은 안전망이 반드시 필요합니다.

이 서신 교환이 의존증 회복의 최대 적인 '비밀과 고립'에 맞서 싸우는 강력한 도구로 작용하여, 당사자와 그 가족 모두에게 실질적인 도움이 되기를 진심으로 바랍니다.

17. 의존증을 일으키는 것은 트라우마? ADHD? 아니면?

요코미치 마코토, 2023년 12월 3일

도시, 지금까지보다 더 의욕적인 편지를 써주셔서 감사합니다. 이번에는 최근에 있었던 일부터 말씀드려보려고 합니다.

최근에 우리가 공통으로 알고 있는 니무라 히토시 씨가 제 신간 《발달장애 아이들의 학습, 학교생활, 마음의 케어: 당사자인 내가 지금 전달하고 싶은 것》을 위한 독서모임을 열어주었습니다. 니무라 씨와 이야기를 나누던 중 잡담으로 이어졌는데, "아사다 데쓰야에 대한 요코미치 씨의 평가를 듣고 싶다"는 부탁을 받았습니다. 아사다 데쓰야는 '마작 소설'을 개척한 전설적인 작가이지요.

저는 이렇게 대답했습니다. "제가 스무 살 전후일 때, 후쿠모토 노부유키 씨의 만화가 큰 인기를 끌었는데, 저도 그 작품들에 깊이 빠져들었습니다. 특히 〈카이지〉(제1부)를 중심으로, 마작 만화인 〈아카기〉(아직 권수가 많지 않았던 시기)

와 그 원조격인 〈텐〉을 정신없이 읽었습니다. 그 후에야 아사다 데쓰야의 소설을 접했기에, 그다지 와닿지 않는 부분이 있었습니다. 아마도 후쿠모토 노부유키의 만화가 아사다 데쓰야의 소설을 크게 변형시켜 화려하게 만든 것처럼 느껴졌기 때문일 것입니다. 제가 한두 세대쯤 더 일찍 태어났다면, 아사다 데쓰야의 작품을 제대로 만날 수 있었을 것 같아요."

이 아사다＝후쿠모토 관계에 대한 제 견해가 옳은지는 확신할 수 없지만, 어쨌든 학부 시절 저는 도박을 테마로 한 후쿠모토 노부유키 씨의 만화에 깊이 빠져들었습니다. 현재까지도 그가 발표한 대부분의 작품을 읽어왔고요. 억지로 길게 이어지고 있는 제2부 이후의 〈카이지〉나, 20년에 걸친 와시즈 마작 편을 포함한 〈아카기〉도 참고 읽었습니다. 특히 〈텐〉의 마지막 부분에서 천재 아카기 시게루가 알츠하이머성 치매에 걸려 동료와의 대화를 나눈 후 자살을 결심하는 전개는 매우 감동적이었습니다. 마작의 규칙을 잊어버렸는데도 불구하고 마작의 천재로서 생을 마감하는 아카기의 모습은 강렬한 인상을 남겼습니다. 마작을 한 번도 해본 적이 없고 규칙조차 거의 이해하지 못하면서도 저는 이 작품들을 읽으며 큰 흥분을 느꼈습니다.

첫 번째 편지에서 저는 여러 가지 중독 경향에 대해 언급했었습니다. 하지만, 도박에는 전혀 손을 대지 않았습니다. 혼자 살기 전에, 아버지가 경마, 파친코, 복권 등에 도전했다가 헛되이 돈을 잃는 모습을 무심히 지켜보았습니다. 아버지는 하루 종일 술에 취해 있던 알코올 중독자였지만, 도박 쪽에서는 중독이라고 할 정도는 아니었던 것 같습니다. 하지만 저는 그 분야와는 절대 얽히지 않겠다고 강하게 다짐했습니다. 무엇보다도 저에게는 자폐스펙트럼장애로 인한 수집광이 있어서, 거의 모든 시기에 열심히 모으던 대상이 있었습니다. 그 구입 자금을 도박으로 날린다니 제게는 견딜 수 없는 일이었지요. 젊은 시절의 저는 도박 대신 수집이라는 중독에 몰두했고, 그것이 결국 긍정적인 습관으로 정착하게 되었다고 생각합니다. 싸구려 술의 힘을 빌릴지언정, 도박과는 거리를 두며 인연을 맺지 않았습니다.

그런데 최근에 놀랍게도 도박과 비슷한 몰입 경험을 하게 되었습니다. 바로 야후 옥션에서의 입찰입니다. 제가 좋아하는 미술품이 출품되어 1000엔부터 시작해 종료 몇 시간 전에 이미 240만 엔에 이르러 있었습니다. 고가의 미술품을 구매하려는 생각 자체가 제 인생에서 떠오른 적이 없는데, 그 며칠 동안 기분이 울적했던 저는 '300만 엔 정도까지는 써보자'는 생각에 사로잡혀 결국 입찰을 하게 되었습니다. 종료 시간이 다가오면서 몇 명이 입찰 경쟁을 벌였고, 저는 스스로를 다독이며 '500만 엔을 넘어가면 포기', '700만 엔 이상은 안 돼'라고 몇 번이나 타일렀지요. 결국 최종적으로 일대일 승부가 되었고, 저는 899만 엔까지 입찰했지만, 900만 엔을 제시한 상대방에게 패하고 말았습니다.

분하다는 생각이 들면서도, 져서 다행이라는 게 솔직한

심정입니다. 저는 부유층도 아니고 대단한 소득이나 자산도 없습니다. 본가가 넉넉한 형편도 아니고(부모님은 생활보호 대상자입니다), 미술품을 구매한다고 해도, 제 형편에는 1년에 한 작품, 수십만 엔 정도의 미술품이 적절한 수준입니다. 그럼에도 불구하고 입찰 과정에서 뇌가 납치된 듯 압도적인 흥분 상태에 빠졌습니다. 낙찰에 성공하면 마치 인생의 새로운 장이 열릴 것 같은 환상에 사로잡혀 심신을 지배당했지요. 앞으로 이와 비슷한 도박적인 행위에 또 빠지지 않을까 하는 불안이 지금도 가시지 않고 있습니다. 일대일 승부에서 저를 이겼던 상대를 나중에 X에서 찾아볼 수 있었는데, 그 사람은 자산이 약 10억 엔이나 되는 투자가였습니다. '애초에 승산이 없었네'라고 생각하게 되었습니다. 그리고 동시에, '미술품 구입 자금을 마련하기 위해 나도 주식 투자를 시작해볼까' 하는 생각까지 하게 되었지요. 하지만, 제가 주식을 시작하게 되면, 도박적인 데이트레이딩day trading에 열중하거나, 도박적 요소가 강한 FX(외환거래)에 손을 대면서 결국 저금을 모두 날려버릴 가능성이 높아 불안에 휩싸여 있습니다.

의존증 치료 주치의와 이 사건에 대해 이야기를 나누며, "어디까지가 ADHD적인 과집중 때문이고 어디서부터가 의존증 문제인지 알 수 없었습니다"라고 제 느낌을 전달했습니다. 이에 주치의는 "PTSD적인 마음의 상처를 치유하려고 빠진 것이라면 의존증 문제이고, 그렇지 않았다면 ADHD

와 관련된 문제일 가능성이 큽니다"라고 말하더군요. 그렇다면 저의 이번 옥션 광란은, 복합성 PTSD를 배경으로 한 의존증 문제라는 확신이 듭니다. 입찰 중에는 평소의 암울한 세계관이 완전히 걷히고, 저를 포함한 우주 공간이 빛나며 심장이 고동치는 경험을 했으니까요.

그리고 저는 도시가 전에 써주신 바 있는, 지난 편지에서도 다시 언급된 '쥐 공원 실험'을 떠올렸습니다. 이 실험에서는, 고독하게 사는 쥐는 모르핀이 섞인 물을 마시며 중독 상태가 되는 반면, 동료들과 즐겁게 지내는 쥐들은 그러한 중독 상태에 빠지지 않는 것으로 나타나지요. 경매 입찰에 열중하던 당시, 저는 확실히 고독했습니다. 고독감 속에서 인생이 바뀔 것이라는 환상에 사로잡혀 전 우주가 빛나고 있는 듯한 기분이었어요. 자조모임을 열 개나 주재하고 있으면서도, 결국 모두 무의미한 것이었나 하는 의문이 잠시 들기도 했습니다. 그러나 답은 명확합니다. 자조모임은 쓸모없는 것이 아니었습니다. 이번과 같은 사건에서도, 제가 동료들과 연결되어 있었기에 어떻게든 무사히 끝낼 수 있었다고 생각합니다. 결과적으로 저는 900만 엔 이상의 입찰을 포기하는 데 성공했습니다. 비록 900만 엔을 입찰했더라도 저금에 어느 정도 여유가 있었으므로 파산까지는 가지 않았겠지만, 900만 엔을 넘지 않는 단계에서 이성을 되찾아 자신을 제어할 수 있었던 점은 중요합니다. 최악의 상황으로 빠지는 것을 막아낸 요인은 평소 자조모임을 통해 얻은 지지와 지원이지 않을까요?

몰입 체험, 중독, 이야기

저저번 편지에서 저는 '존' 상태에 푹 빠져 살고 있다고 언급한 바 있습니다. 도시가 지난 편지에서 저의 회신 속도를 '라인 수준의 속도'라고 유머러스하게 표현한 것은 물론 다소 과장된 표현이기는 하지만, 제 평소 집필 속도가 빠르다는 점은 분명합니다. 며칠 전에는 300페이지짜리 근간의 초교지를, 어제는 200페이지짜리 근간의 초교지를 각각 교정했습니다. 두 작업 모두 교정쇄를 받고 바로 시작해 한나절만에 완료하여 보냈습니다. 2021년 5월, 첫 단행본《모두가 물속》을 출간한 이후 2년 반 동안 단독 단행본 11권, 편저 단행본 3권, 그리고 가시라기 히로키 씨와 함께 공동 저작으로 1권을 내놓았습니다. 2년 반 동안 상업 출판 총 15권의 기록은 국내에서(세계적으로도?) 손꼽히는 속도이지 않을까 자부하고 있습니다. 이 모든 성과는 제가 '항상 존 상태'에 있기 때문에 가능했다고 생각합니다.

'존'은 심리학에서 '몰입flow 체험'이라 불립니다. 몰입이란 '흐름'을 의미하며, 큰 흐름에 실려가는 듯한 감각에서 유래한 명칭입니다. 최근 저는 왜 제가 문학연구자가 되려고 했는지에 대해 이전보다 깊이 이해하게 되었습니다. 어릴 적에는 자연과학자가 되고 싶었지만, 중학교 시절 수학에 좌절하면서 역사학자가 되기로 방향을 바꾸었습니다. 하지만 대학 입시를 앞두고 보니, 고문서 해독이나 유적 조사에는 흥미를 느끼지 못할 것 같더군요. 제가 역사를 좋아했던 이유는 '역사의 서사적 물결' 같은 것을 즐겼기 때문이라는 사실을 깨달았고, 이에 따라 이야기를 연구하는 것이 더 적합하다고 판단했습니다. '서사의 물결'을 체험하는 쾌감은 결국 '몰입'에서 느끼는 쾌감과 크게 다르지 않았습니다. 현재 저는 '당사자'로서 정신요법과 관련된 '당사자 연구'에 전념하고 있습니다. 그런데 '전문가'로서의 본질적인 관심 역시 '당사자 연구'와 멀리 떨어진 것이 아니었다는 사실을 뒤늦게 깨달은 것이지요.

 스물아홉 살에 정규직 대학교원으로 취직하면서 제가 빠르게 알코올 중독으로 이끌린 이유를, 이러한 관점에서 설명할 수 있을 것 같습니다. 연구자가 된다는 것은 저에게 있어 어릴 때부터의 소망을 결정적으로 이루는 일이었습니다. 자연과학자, 역사학자, 문학 연구자로 방향을 점차 바꿔왔지만, 결국 큰 틀에서는 제 야망을 달성할 수 있었던 것입니다. 게다가 제 분야(독일 문학)에서는 당시 마흔 살이 넘어도 취직이 안 되는 사례가 드물지 않았는데, 저는 20대에 취직에 성공했습니다. 그렇다면, 그다음은 어떻게 되었을까요? 기다리고 있었던 것은 바로 목표의 상실이었습니다. 저는 지금껏, 발달장애의 특성 때문에 취직 후에도 일을 제대로 수행하지 못해 우울 상태에 빠졌고 알코올에 의존하게 되었다고 설명해왔습니다. 물론 이 설명을 완전히 철회할 생각은 없습니다만, 동시에 제가 경험한 또 다른 이유는 목표 상실과 그에 따른 서사의 단절에 있었습니다. 앞으로의 인생을 어떻게 설계해 나가야 할지 전혀 알지 못했고, 그 답답함을 술로 달래려고 했던 것입니다.

술을 마시면 정신적으로 마비되는 효과를 얻을 수 있습니다. 사고가 멈추고 ADHD의 '과활성 뇌'가 진정되며, 여러 가지로 종잡을 수 없는 상황들로 인해 번거로워지는 일이 줄어듭니다. 자폐스펙트럼장애에서 나타나는 플래시백(스기야마 도시로 씨가 '타임슬립 현상'이라고 명명한, 아무렇지도 않은 일의 연속적 상기)과 복합성 PTSD의 플래시백(제가 '지옥행 타임머신'이라 부르는 일상적인 트라우마 재체험)도 가라앉습니다. 수집광, 성적 체험(섹스와 자위), 과식, 하루에 여러 잔 마시는 커피 등은 모두 저의 버팀목이 되어주었지만, 그중에서도 알코올이 가장 효과적이었습니다.

덧붙이자면, 중독 대상은 단순히 마비를 초래하는 것에 그치지 않고, 이야기를 제공하기도 합니다. 특히 술독에 빠져 있을 때는, 최근의 경매 경험과 마찬가지로 온화하고 환상적인 공간에 휩싸이며, 마치 미래가 점점 좋아질 것 같은 예감이 하늘의 계시나 다른 세계의 텔레파시처럼 전해져 옵니다. 제가 의존증 상태로 살아온 이유는 바로 이러한 경험을 통해 이야기 속에서 살아갈 수 있었기 때문입니다. 이것이 제가 최근에 크게 깨달은 바입니다.

그리고 또 덧붙이자면, 자조모임은 '이야기'를 다시금 재가동하는 장소라고 할 수 있습니다. 동료의 이야기를 듣고, 그것을 참조하며 자신의 체험담과 근황을 나누고, 미래에 대한 전망을 이야기하면서 자기 인생의 이야기를 재활성화합니다. 살았으나 죽어 있었던 인생이 이야기의 힘으로 되살아납니다. 익명의 알코올중독자들 등에서는 '12단계'라는 프로그램이 준비되어 있으며, 그 과정을 밟아 새로운 삶의 이야기를 만들어갈 수 있습니다. 그리고 제가 운영하는 자조모임처럼 당사자 연구나 오픈 다이얼로그적 대화 실천을 중심으로 하는 모임도 본질적인 기능은 동일합니다. 동료와 함께 이야기하고, 이야기를 공유하며, 공동체의 이야기를 함께 만들어갑니다. 그렇게 함으로써 사람은 새롭게 살아갈 수 있게 되는 것입니다.

당사자 지원은 가족 지원에서부터

저에게 가족이 없다는 것은 지옥이자 구원이었습니다. 본가의 가족과는 절연 상태이고, 새로운 가족을 꾸리지도 못했습니다. 자폐스펙트럼장애를 가진 남성 중 결혼할 수 있는 비율이 약 10퍼센트에 불과하다는 잔혹한 이야기를 들은 적이 있습니다. 저 역시 자폐스펙트럼장애를 가진 남성으로서, 평범한 90퍼센트에 속합니다.

도시가 썼던, 알코올에 빠진 사람의 뒤처리를 하는 가족의 동향을 떠올려봅니다. "메시지 수신을 알리는 스마트폰 진동이 울릴 때마다 '이번에는 또 무슨 일을 저지른 걸까'

하는 불안감에 심장이 터질 듯 덜컥 겁이 나곤 합니다." "바닥에 쏟아진 남편의 토사물이나 배설물을 부지런히 닦아온 것입니다." 저의 알코올 의존증은 그 수준까지는(적어도 현시점에서는) 심각해지지 않았습니다만, 저 역시 타인에게 폐를 끼치는 행위('가해'라는 표현이 너무 강하다면 그렇게 표현할 수 있는)를 전혀 하지 않았던 것은 아닙니다. 발달장애 진단도, 알코올 의존증 진단도 받기 전에, 자신이 어떤 사람인지, 어떤 상황에서 살고 있는지조차 알지 못한 채 절망하며 술에 몹시 취해 지인에게 불쾌한 메일을 보내거나 술자리에서 성가시게 굴었던 경험은 얼마든지 있습니다. 아마 가족이 있었다면 상황은 더 나빴겠지요. 그런 점에서 스스로 완결할 수 있는 생활을 해온 것이 저에게는 상당히 다행이라고 생각합니다.

이런 제가 자조모임에서 참여자의 가정생활 상담을 자주 맡아왔다는 사실은 약간 아이러니합니다. 지난 편지에서 도시가 언급한 바와 같은 내용, 즉 "중요한 것은 가족 내에서만 문제를 해결하려 하지 않는 것입니다. 우선은 의존증에 관한 전문 지식과 비밀 유지 의무가 있는 제삼자와 함께 고민하고 대안을 찾아보는 것이 바람직합니다" 또는 "되도록 자조모임에 참여하시길 권합니다. 자조모임에는 의존증 환자 지원에 관한 방대한 경험이 축적되어 있어, 가족으로서 해야 할 행동을 결단할 때 많은 도움이 될 수 있습니다"라는 발언은 저 자신이 주재하는 자조모임에서 매번 강조하고 있는 부분입니다. 언젠가 저도 가족이나 그와 유사한 관계가 생긴다면, 그때도 이와 같은 조언들을 아무렇지 않게 할 수 있을지 직접 검증해보고 싶네요.

본가의 아버지와 어머니는 분명히 공의존 상태에 있었습니다. 아버지는 알코올에 빠져 하루 종일 술을 마셨고, 어머니는 자신도 컬트 종교에 심취하면서 아버지의 뒤치다꺼리를 도맡아 했습니다. 그런데 두 분이 항상 말다툼을 하면서도 이혼할 기미가 없었던 점은 저에게 강한 인상을 남겼습니다. 물론 그 이유 중 하나는 어머니가 믿고 있는 컬트 종교에서 이혼을 원칙적으로 금지하고 있었기 때문일 테지요. 이러한 경험을 통해, 공의존 상태가 때로는 하나의 해결책이 될 수 있다는 점을 저는 경험적으로 이해하게 되었습니다. 그래서 도시가 언급했던 "공의존과 인에이블링 덕에 환자가 생존하여 결국 치료로 이어졌다"는 사례가 많이 있다는 점도 쉽게 상상할 수 있습니다. 최근 여러 책을 읽어보면, '공의존'에 관한 담론의 해체가 활발히 이루어지고 있음을 알 수 있습니다. 물론 '공의존'을 미화하는 것은 경계해야겠지만, 다양한 담론이 더 많이 나오기를 바랍니다. 우사미 린 씨의 2022년 소설《차의 딸》은 이에 대한 문학적 문제로서, 주인공 가족을 '공의존'으로 단정하는 세상에 대한 저항을 기록한 소설입니다.

발달장애 아동의 지원에 힘쓰고 있는 제 동료 한 분은 "발달장애 아동 지원은 부모 지원에서 시작됩니다"라는 표어를 자주 입에 올리곤 합니다. 발달장애 아동을 도우려면 그 아동이 속한 환경을 조정하는 것이 핵심 열쇠이기 때문이지요. '환경'의 본질은 인간관계에 있다고 할 수 있으며, 발달장애 아동의 환경에서 결정적인 영향을 미치는 인간관계는 주로 부모와의 관계이므로 부모의 문제를 해결하지 않으면 아동 지원이 효과를 발휘하기 어렵다는 의미입니다. 이를 의존증 문제로 확장해서 일반화한다면, "당사자 지원은 가족 지원에서 시작됩니다"라는 원칙으로 강령화할 수도 있을 것입니다.

전통적인 자조모임에서도, 예컨대 당사자 모임인 '익명의 알코올중독자들'보다 가족 모임인 '알아넌'이 더 정착되어 있습니다. 이러한 사고방식은 의존증 치료 현장에서는 이미 상식에 가까운 것일지도 모르지요. 그렇다 해도 당사자를 회복시키기 위해서는 그 '유대'를 복원하는 것이 필수적입니다. 특히 그 '유대'가 가장 중요한 생활 속 인간관계인 가족과의 유대를 의미한다는 사실은, 종종 당사자 본인과 가족 모두의 의식에서 누락되어 있는 경우가 많습니다. 이것은 다시금 주목받아야 할 중요한 논점이라고 생각해요.

초등학교 시절, 저는 어머니로부터 컬트 종교의 교의에 따른 폭력을 일상적으로 겪었습니다. 이전에 언급했던 '여성이 무섭다'는 저의 심리는, 단적으로 말하자면 이 문제와 직결됩니다. 그래서 남성이 가해자이고 여성이 피해자라는 논조가 일반화된 상황을 접할 때마다 저는 늘 절망감을 느껍니다. 권력을 행사할 수 있는 위치에 있는 사람이라면, 남성이든 여성이든 가해자성을 띠기 쉽다는 사실이 자주 간과되기 때문입니다. 어머니와의 관계에서 비롯된 트라우마에 계속 시달리는 저는, 이러한 점에서 늘 암담한 마음입니다.

저는 어머니로부터 폭력을 당할 때마다 세상에 대한 어머니의 원통하고 쓰라린 말을 들어야 했습니다. 어머니 때문에 일종의 영케어러 역할을 하게 되었고, 거리감이 가까워서 장남임에도 장녀가 된 듯한 기분도 들었습니다. 어머니는 저의 아버지, 즉 남편이 바람을 피우고 있다는 사실로 자주 화를 냈고, 어린 저에게 성 문제에 관한 저주를 퍼부었습니다. 저의 양성애적 성적 지향이나 논바이너리non-binary적 성의식(남자도 여자도 아니라는 '무성'이 아니라, 남자이기도 여자이기도 하다는 '양성' 감각)이 어디까지가 선천적인 것이고, 어디까지가 학대와 어머니의 인격 일부를 강제적으로 받아들인 결과인지 판단하기 어렵습니다.

제가 자신의 의존증 경향에서 가장 걱정하고 있는 것은 사실 알코올보다는 과식 문제입니다. 인생의 대부분을 경도 비만 상태로 살아왔고, 자신의 체형에 대해 여성들처럼 늘 떳떳하지 못하다고 느끼고 있습니다. 제가 섭식장애로 진단받지 않은 것은 제가 남성이기 때문, 즉 섭식장애를 진단받기 어려운 성별에 속하기 때문일지도 모릅니다. 물론 정신질환은 샐러드 볼처럼 여러 가지가 중복해서 발생하는 경우가 많아, 일일이 미세한 진단을 내리는 것이 큰 의미가 없을 수도 있겠지만요.

죽고 싶다는 생각과 중독

점점 추워지면서, 예년과 같이 겨울철 우울에 사로잡히게 되었습니다. 따뜻해지면 죽고 싶다는 생각을 이야기 주제로 삼는 사람이 줄어들고, 추워지면 반대로 그런 주제를 고르는 사람이 많아진다고 자조모임의 동료가 말한 적이 있는데, 정말 그렇습니다.

같은 사람이 한 말입니다만, 자살을 시도했다가 미수에 그친 사람들의 이야기를 들어보면, 정신을 차렸더니 굴러떨어져 있었다거나, 의식을 회복했더니 병원의 침대 위였다는 상황이라고 합니다. 그에 비해 자신은 자살을 할지 말지 고민하고 있기 때문에 그런 상황에서는 죽을 수 없을 거라더군요. 저도 기본적으로 동일한 심적 상태에 있습니다. 정신을 차렸더니 돌이킬 수 없는 상황에 이르렀다는 단계까지는 가지 않았지만, 겨울철 우울이 심해지면 높은 곳에서 뛰어내릴까 하는 심정으로 내몰리는 순간이 있습니다. 그것은 요컨대 '죽어서 해방되는 이야기'라는 '흐름'에 휩쓸리는 것이 아닐까 하고 생각했습니다. 제 인생에서 행복의 대부분은 '흐름'과 함께였는데, 제 인생의 마지막도 '흐름'에 맡기게 될지도 모르겠습니다.

18. 중독과 죽음을 응시하며

마쓰모토 도시히코, 2023년 12월 28일

헤이, 마코토, 이 서신 교환도 드디어 18회째네요.

저번 편지를 읽으면서, 멋대로 '아, 나와 비슷하구나'라고 느낀 점이 두 가지 있었습니다. 그중 하나는 도박 중독이 없다는 점입니다. 저도 도박을 하는 습관이 전혀 없고 관심조차 없습니다. 스무 살이 되기 직전에 친구의 권유로 파친코를 두 번쯤 해본 적이 있지만, 두 번 다 2000엔어치의 구슬이 순식간에 사라지는 경험을 하고는 굉장히 재미없다고 느꼈습니다. 그 이후로 친구가 다시 가자고 해도 쌀쌀맞게 거절했고, 솔직히 '도박에 빠지다니, 도무지 이해할 수가 없다'고까지 생각하게 되었습니다.

사실 의존증을 전문으로 하면서도 지금까지 도박 중독에 대한 언급을 가능한 한 피해온 이유가 바로 여기에 있습니다. 저는 의존증을 전문으로 하는 정신과 의사의 진면목은 당사자에 대한 사랑에 있다고 믿고 있습니다. 이 점이 금연 클리닉을 담당하는 내과 의사와의 차이점이라고 생각합니다. 금연 클리닉을 담당하는 의사들 중에는 내심 '흡연자 놈들, 빨리 죽어서 지옥에나 떨어져라'라고 생각하는 경우도 적지 않은데, 이런 생각에는 당사자에 대한 일말의 사랑도 느낄 수 없습니다.

그런 사정에서, 의존증 관련 계몽 사업에서 자주 함께해 온 다나카 노리코 씨(공익사단법인 '도박 의존증 문제를 생각하는 모임' 대표)에게 이전부터 "선생님, 도박 의존증 환자 측면도 봐주세요"라는 부탁을 받아왔습니다만, 늘 고사하고 있습니다. 알코올이나 약물의 경우에는 괜찮습니다. 저는 니코틴과 카페인에 진짜 제대로 의존증을 앓고 있어서, 화학물질로 기분을 바꾸거나 자신의 집중력이나 사고력을 높이려는 사람들의 심정을 어렵지 않게 공감할 수 있습니다.

저의 애차愛車 편력을 알고 있는 사람들은 "아니, 마쓰모토 선생님, 중고 이탈리아 차를 탄다거나 하는 거야말로 도박 아닌가요?"라고 묻곤 합니다. 하지만 그것은 이탈리아 차에 다소 실례되는 표현이라고 생각합니다. 물론, 차량을 구입한 뒤 스스로 보닛을 열고 오일 양을 점검하는 등 기본적인 관리 없이 자동차 생활을 즐기고 싶은 사람들에게는, 중고 이탈리아 차가 확실히 도박처럼 느껴질 수도 있겠지요. 하지만 그러한 관리를 게을리하지 않는다면, 적어도 1990년대 이후 생산된 이탈리아 차의 고장은 충분히 예측 가능한 범위 안에 있습니다. 더욱이, 제가 소유한 이탈리아 차는 페라리나 람보르기니 같은 고급 차가 아니라 대중적인 모델입니다. 부품값 또한 같은 클래스의 독일 차나 일본 고급차에 비해 훨씬 저렴하고요.

또 하나, 저와 비슷하다고 느낀 점은 역사를 좋아하고 수학에 좌절했던 경험입니다.

먼저 역사를 좋아했던 것에 대해 이야기하자면, 초등학교 때부터 역사를 정말 좋아해서 할아버지가 구독하시던 〈역사독본〉을 매월 정독할 정도였습니다. 하지만 역사학자가 되겠다는 생각을 한 적은 없었습니다. 초등학교 시절에는 혼자 책상에 턱을 괴고 앉아 역사적 인물이 등장하는 가공의 이야기를 상상하며 2차 창작에 몰두했습니다. 그러나 사춘기에 들어서면서 역사를 향한 열정은 급격히 식었고, 독서 습관만 남게 되었습니다. 억지로 점과 점을 연결하자면, 정신과 의사가 하는 일은 '타자의 역사'를 읽어내는 일이라는 의미에서, 역사를 좋아했던 경험을 다소 살렸다고 말할 수도 있겠네요.

그리고 수학에서 좌절한 경험에 대해 이야기하자면, 부끄럽지만 저는 수학은커녕 산수 단계에서부터 좌절했던 것 같아요. 간단한 사칙연산도 계산이 느리고 자주 틀리곤 했습니다. 그래도 암기력으로 어찌어찌 넘겼지만, 고등학교 2학년쯤 되어 미분과 적분이 등장하자 완전히 낙오했고, 이해하려는 의욕조차 잃어버리고 말았습니다.

이런 이야기를 하면 사람들은 "그런데도 이과 중에서도 어려운 의학부에 입학했네요"라며 놀라곤 합니다. 하지만 저는 운이 좋았을 뿐이라고 생각합니다. 자랑할 만한 이야기는 아니지만, 저는 모교 이외의 의학부에는 입학하지 못했을 거예요. 설령 입학했더라도, 강의에 거의 출석하지 않았던 제가 모교 이외의 의학부에서 졸업하기는 어려웠을 거라고 확신합니다.

제가 졸업한 사가의과대학(현재의 사가대학 의학부)은 1973년 제2차 다나카 가쿠에이 내각에서 추진된 '1현 1의과대학 구상'(또는 '의대 없는 현 해소 구상')에 따라 신설된 국립의과대학 중 하나로, 저는 그 10기생입니다.

얼핏 풍문으로 들은 바에 따르면, 설립 당시 건학에 참여했던 히노하라 시게아키 선생(고인, 전 세이루카국제병원 명예원장) 등 당시 의학계에 새바람을 불어넣던 훌륭한 선배들이 이 학교가 지방의 변두리 국립 의대로 파묻히지 않도록 여러 방안을 강구하며 독자적인 색깔을 입히려고 노력했다고 합니다. 예컨대, 입학 2차 시험에서는 학과 시험을 없애고 소논문과 면접만으로 진행했으며, 대학 강의에서는 출석을 부르지 않고 유급 제도를 두지 않았습니다(다만 10년 이내에 모든 학점을 취득하지 못하면 중퇴기 아닌 퇴학 처리). 대신, 도서관을 24시간 이용할 수 있도록 하여 '공부는 학교에 의존하지 말고 스스로 하라'는, 의학부로서는 상당히 대담한 교육 방침을 채택했습니다.

그런 까닭에 저는 1차 시험(센터 시험)에서는 자신 있었던 문과 과목으로 수학의 실점을 만회했습니다. 그리고 〈Wakatte.tv〉의 학력 과시충인 다카다 후민으로부터 '오류 입시'라며 놀림을 받을 법한 2차 시험에서는 정신없이 소논문의 원고지 칸을 채웠습니다. 그 덕분에, 아마도 일본에서 수학을 가장 못하는 의대생이 탄생했던 것이죠.

그건 그렇고, 이런 변칙적인 입시 방식 때문인지 학생들의 면면은 매우 다양했습니다. 동급생의 약 30퍼센트는 재수생이었고, 그 대부분이 문과 학부를 졸업했거나 사회 경험이 있는 사람들이었습니다. 실로 다양한 경력과 개성을 가진 사람들이 모여 있었지요. 특별히 모교를 치켜세우려는 의도는 없지만, 당시 졸업생 중에는 유명하든 무명이든 각 전문 영역에서 독보적인 존재로 활약하는 사람들이 눈에 띄게 많았던 것 같습니다.

현재 모교의 2차 시험은 영어, 수학, 과학 등 통상의 학과 시험으로 진행되고, 입학 후에는 출석 관리와 진급이 까다로운 일반적인 의학부의 형태로 바뀌었다고 들었습니다. 개인적으로는 조금 유감스럽습니다.

고립과 자살

서신 교환이 끝나가는 종반에 새삼스럽게 제 이야기를 늘어놓아 죄송합니다. 이제 주제로 돌아가겠습니다.

저번 마코토의 편지는 평소와는 다른 무거운 톤이었습니

다. 그 말미에서 마코토는 이렇게 말했습니다. "점점 추워지면서, 예년과 같이 겨울철 우울에 사로잡히게 되었습니다. 따뜻해지면 죽고 싶다는 생각을 하는 사람이 줄어들고, 추워지면 반대로 그런 주제를 고르는 사람이 많아진다고 자조 모임의 동료가 말한 적이 있는데, 정말 그렇습니다."

동감입니다. 사실 요즘 담당 환자가 연달아 목숨을 잃어 죄책감에 시달리고 있습니다. 애초에 의존증 자체가 굉장히 사망 위험이 높은 정신질환이라는 것을 알고는 있지만, 그런데도 암울한 기분이 듭니다.

돌이켜보면, 모두 사고인지 자살인지 확실치 않은 죽음이었습니다. 그리고 사망한 환자들은 모두 다른 정신장애(대부분 발달장애나 트라우마 관련 정신장애)를 함께 앓고 있는, 이른바 '중복 장애'를 가진 사람들이었습니다. 이들은 학대나 따돌림 피해, 다양한 형태의 괴롭힘, 또는 가치관의 강요와 속박이라는 유형·무형의 폭력에 지속적으로 노출되어, 자신의 인생을 긍정할 수 없게 된 상태였습니다. 그로 인해 약물 사용을 시작하기 전부터 이미 '사라지고 싶다'거나 '죽고 싶다'는 심정을 품고 있었습니다.

그렇다고 해서 그들이 죽기 위해 약물을 사용한 것은 아닙니다. 약물은커녕, 죽고 싶을 만큼 괴로운 기분을 달래며 살아남으려는 가운데 어리석게도 계산이 틀어져 사고로 사망했을 뿐입니다. 그러나 그들의 의도를 더욱 정확히 추적해본다면, "과다 복용으로 죽는다는 건 생각지도 않지만, 만약 잘못돼서 죽는다고 해도 그건 그것대로 상관없다"는 느낌이었을 것입니다. 그런 의미에서 사고인지 자살인지 알 수 없다고 말했지만, 본질적으로는 자살의 범주에 포함시켜야 할 죽음이었다고 생각합니다.

어쨌든 공통적으로 드러난 사실은, 그 환자들이 고립되어 있었다는 점입니다. 가족은 환자의 무시무시한 약물 사용에 압도되어, 그런 행동에 대해 말참견을 하면 오히려 폭력이나 자살 협박에 내몰려 피폐해지고 무력감에 시달렸습니다. 그 결과, 환자와 가족 사이에는 깊은 단절이 생겨 평범한 대화조차 자유롭게 할 수 없는 상황이었지요.

가족 이외의 사람들과도 관계가 끊어져 있었습니다. 병존하는 정신장애의 영향으로 사회 참여가 어려워 직장 동료라고 할 만한 사람도 없었습니다. 연인이나 친구가 있는 사람도 드물었으며, 설령 그런 상대가 있다 하더라도 '미움받고 싶지 않다'는 일념으로 그 관계에 과도하게 적응한 나머지 속마음을 털어놓을 수 없게 되어, 오히려 스트레스를 잔뜩 쌓아가는 형국이었어요.

다르크DARC나 자조모임에 참가한 적은 있었으나, 그곳에서도 자신의 자리를 찾지 못했습니다. 중복 장애를 겪고 있는 의존증 환자의 경우 그룹 활동을 싫어하는 경향이 있어 정착률이 낮고, 설령 정착하더라도 상당한 시간이 걸립니다. 어쩔 수 없이 일반 정신장애를 대상으로 하는 데이케어센터나 직업재활시설에 연결해주려고 해도, 이번에는 "의존증인 사람은 좀······"이라며 배제당하는 상황이 발생합니다.

무엇보다도 담당 의사인 저 자신이 활용할 수 있는 사회 자원이 너무나 빈약해, 어찌할 바를 모르고 무력감에 사로잡혀 심하게 피폐해져 있었습니다. 이러한 기색은 환자에게도 분명히 전달되었을 것입니다. 물론 제가 피폐해지는 것을 방지하기 위해, 마치 복싱에서의 클린치와 같은 방식으로 위기 개입 차원에서 이따금 환자에게 입원을 제안하기도 했습니다.

그런 입원은 일시적으로 의존증을 중단시키고 단기적인 자살 방지에는 효과적이었지만, 한편으로 부작용도 있었습니다. 빈번한 입원은 병동 직원의 태도를 냉담하게 변화시키는 요인이 되기 때문입니다. 아니, 실제로 병동 직원은 아무렇지 않았다고 하더라도, 환자 자신이 '조금도 개선되지 않는 자신에게 병동 직원들은 틀림없이 진절머리를 내고 있을 것이다'라는 피해망상적인 상태에 빠지게 됩니다.

그 결과, 입원해도 마음이 편하지 않은 상황으로 점차 이어집니다. 이렇게 곰곰이 생각하며 글을 써보니, 사망한 환자들은 모두 적어도 주관적으로는 무척 고독하고 고립된 상황에 있었구나, 하고 새삼 통감하게 되네요.

중독과 죽음은 표리일체

지금 돌이켜보면, 사망한 환자들의 상황은 우리의 여섯 번째 편지에서 언급한 스키너 상자에 갇힌 고독한 쥐와 흡사

합니다. 우리 안에서 레버를 누르면 경정맥에 삽입된 정맥 주사 바늘을 통해 마약이 투여되는 그 쥐 말입니다.

쥐는 진종일 레버를 계속 누르다가 결국 죽고 맙니다. 하지만 그 쥐는 결코 죽고 싶어서 레버를 누른 것이 아니지요. 답답하고 자유도 없는 우리, 너무나도 부족한 자극과 외로움이라는 고통을 달래기 위해 필사적으로 레버를 계속 눌렀을 뿐입니다.

물론 레버를 누르지 않았다면 최종적으로 쥐가 죽는 일은 없었겠지만, '죽지 않으면 그것으로 충분한가'라는 생각도 듭니다. 어쨌든 쥐는 우리에 갇혀 있고, 언제 해방될지도 모르는 상황에 처해 있는 것입니다. 그런 곳에 장기간 방치되는 고통은 결코 예사로운 것이 아니겠지요. 혹시라도 저 자신이 그런 상황에 놓였다면, 설령 수명이 단축되더라도 마약이 가져다주는 심리적 무통 상태로 도망치고 싶었을 것입니다.

어쩌면 지난 편지에서 마코토가 다뤘던 만화 〈카이지〉에 등장하는 그 불합리한 지하 노역장을 예로 들어도 좋겠지요. 그 노역장에서 주인공 카이지 일행은 혹독한 장시간 노동을 강요받고, '페리카'라는 지폐로 지급되는 임금을 빚을 갚는 데 사용해야 했습니다. 가혹한 환경에서 일하니 스트레스가 엄청나고, 결국 애써 번 페리카를 자신도 모르게 캔맥주나 가키피*, 닭꼬치 같은 사소한 즐거움에 낭비하게 됩니다. 그 결과, 해방되는 날은 점점 멀어집니다.

사방이 막혀 있는 상황입니다. 오락에 낭비하는 것은 빈말로라도 건설적이라고 할 수 없지만, 그렇다고 해서 모든 낭비를 그만두고 금욕적인 생활을 한다 해도 빚이 너무 많아 완전히 갚는 것은 아주 먼 미래의 일입니다. 다시 말해, 낭비를 하든 안 하든 당분간은 가혹한 노동에서 벗어날 수 없고, 어차피 지옥 같은 상황인 것은 변함이 없습니다.

마코토가 겨울철 우울 속에서 사로잡히는 '죽어서 해방되는 이야기'가 이런 상황에서 비롯된 것인지 확실하지는 않습니다. 다만, 이런 상황에서 비롯된 '죽고 싶다'는 생각은 지금까지 제가 의존증 임상에서 접해온 환자들이 품고 있는 것과 놀라울 만큼 정확히 일치합니다.

생각건대, 중독과 죽음은 표리일체의 관계에 있습니다. 왜냐하면 중독 자체가 '죽고 싶을 정도로 괴로운 현재'를 살아남기 위해 '죽어서 해방되는' 것을 일시적으로 연기하고 우회하는 수단이기 때문입니다. 따라서 중독의 효과가 줄어들거나 어떤 사정으로 중독이 불가능해지면, 죽음은 현실적인 위기로 다가오게 됩니다.

이런 인식에서 도출되는 결론은, 약물 남용 방지 캠페인에서 흔히 보이는 '위협 교육'의 무의미함입니다. 10대 약물 남용의 고위험군이 그대로 자살의 고위험군과 겹친다는 사

- 간장 맛이 나는 감 씨 모양의 쌀과자와 땅콩이 섞여 있는 과자. 맥주 안주로 인기가 많다.

실을 새삼 명심할 필요가 있습니다.

저는 어느 10대 약물 남용자에게서 들은 말이 지금까지 잊히지 않습니다. 그는 약물 남용 방지 교육에서 약물이 초래하는 쾌감과 건강 피해에 대한 과장된 이야기를 듣고 이렇게 생각했다고 합니다. '스스로 죽는 것은 무섭지만, 쾌감에 빠져 정신이 아득해진 상태로 천천히 죽음으로 향하는 건 멋지다.' 또한, 어느 각성제 의존증 성인 환자는 이렇게 말했습니다. "제가 각성제를 사용하기 시작한 계기는, '인간이기를 포기하고 싶다'고 생각했기 때문입니다."

중독은 회복의 시작

1930년대 중반, 미국의 정신분석가 칼 메닝거는 알코올 및 약물 의존증을 '만성chronic 자살'로, 그리고 손목을 긋는 습관성 자해를 '국소성/초점성localized/focal 자살'로 명명했습니다. 이는 모두 위기 상황에서 마치 파충류가 꼬리를 자르고 연명을 꾀하듯, 자신의 건강을 일부 희생하면서 생존을 도모하는 것을 의미합니다. 의존증 치료 및 연구 분야에서는 완전히 잊힌 오래된 이론이지만, 저는 여전히 메닝거의 이 지적이 대단한 혜안을 담고 있다고 생각합니다.

그로부터 90년 가까운 시간이 지난 지금, 저 역시 같은 생각을 하고 있습니다. 다소 증거기반의학evidence-based medicine풍의 젠체하는 표현이기는 하지만, 다음과 같은 것입니다. "중독은 장기적으로는 자살의 위험 인자이지만, 단기적으로는 보호 인자로서 작용한다." 그렇기에 인간은 좀처럼 중독을 중단하지 못하고, 중단하겠다고 결심하더라도 금세 괴로워져 중독으로 다시 돌아가고 맙니다. 물론 이렇게 중독에 의존하며 살아간다면 시간이 지나면서 결국 다시 죽음을 끌어당기게 되겠지만, 그렇다고 해서 무리하게 강제로 끊어버린다면 이번에는 죽음이 눈앞에 닥쳐오는 현실적인 위험으로 변하게 됩니다.

그리고 모순되는 것처럼 보일 수 있지만, 이렇게도 생각합니다. 중독과 회복은 반대말이 아니라, 오히려 동일 선상에 위치하며, 연속적인 스펙트럼 위에 있다고 말입니다. 아니, 좀 더 과감하게 표현하자면, "중독은 회복의 시작"이라고 생각합니다.

여기에는 이런 의도가 담겨 있습니다—'죽고 싶을 정도로 힘든 현재'를 살아내기 위해 중독을 이용하는 것은 최악의 선택은 아니다, 적어도 곧바로 죽음을 택하는 것보다는 훨씬 나은 선택이다, 어쨌든 회복의 전제는 '우선 살아남는 것'이기 때문이다. 그러나 동시에, 중독에 의존하며 그저 연명하는 것만으로는 시간이 지나면서 결국 죽음이 다가오게 된다는 사실도 부정할 수 없습니다.

그렇다면 이 스펙트럼을 조금이라도 회복 쪽으로 가까워지게 하려면 무엇이 필요할까요? 아마도 그것은 새로운 가치관을 가진 커뮤니티와의 연결일 것입니다. 그리고 그러한 커뮤니티로서 자조모임을 비롯한 상호부조적인 모임의 장이 존재합니다(이것은 이 서신 교환을 통해 우리가 여러 차례 강조해온 점입니다).

　지난 편지에서 마코토는 중독에 빠져 있을 때의 감각에 대해 이렇게 표현해주었지요. "온화하고 환상적인 공간에 휩싸이며, 마치 미래가 점점 좋아질 것 같은 예감이 하늘의 계시나 다른 세계의 텔레파시처럼 전해져 옵니다." 그런 체험을 바탕으로 중독은 단순히 자신의 감각을 마비시키는 것만이 아니라, 중독 상태에 빠져 있으면서도 그 사람을 살리는 이야기를 가져다준다고도 했습니다. 다시 말해, 중독이 단순히 진통 효과를 제공하는 것만이 아니라, 이야기를 불러일으키는 '이야기 야기 효과' 같은 것까지 수반한다고 언급했습니다. 또한, 계속 살아가기 위해서는 새로운 이야기를 재가동시켜야 한다고 강조하며, 그 실현의 장으로 자조모임과 같은 곳을 지목했습니다. 이를테면 '이야기 재가동 장치로서의 자조모임론'을 제안한 것이지요.

　무척 흥미로운 생각입니다. 12단계 방식의 자조모임뿐만 아니라 오픈 다이얼로그에서도, 우선은 참가한 동료들의 내러티브가 다성적으로 울리는 것을 귀 기울여 듣는 데서 시작되겠지요. 그런 과정을 통해 자신 안에 새로운 이야기의 틀을 생성하고, 더 나아가서는 같은 사실이 새로운 틀 안에서 밝은 개성을 띠는 언어로 재생되는 것입니다. 즉, '살아남기 위한 이야기＝중독'이 이번에는 '계속 살아가기 위한 이야기＝회복'으로 재가동되는, 그런 프로세스를 상상할 수 있습니다.

이야기의 재가동에 필요한 것

그렇다 하더라도 의존증 임상에 종사하는 사람으로서 늘 고민되는 점이 있습니다.

자조모임의 이야기 재가동 장치설에는 깊이 공감하지만, 의존증 당사자는 좀처럼 그와 관계를 맺으려고 하지 않습니다. 여러 번 참가하도록 촉구해도 실제로 찾아가는 환자는 약 10퍼센트 정도에 불과하며, 지속적인 형태로 모임에 정착하는 사람은 그중에서도 아주 일부에 그치고 맙니다.

어쩔 수 없는 면도 있습니다. 현대인은 '연결'을 말로는 긍정하면서도, 막상 그것이 자신의 문제가 되면 단번에 경계심을 높이기 때문입니다. 적어도 춥다고 해서 일본원숭이 무리처럼 서로 몸을 밀착시키고 뭉치는 '원숭이 경단猿団子'을 만들지는 않습니다. 상당히 친밀한 관계가 아닌 이상, 우리는 타인을 자신의 체취나 구취가 닿는 영역 밖으로 내쫓고, 일정한 자기만의 공간을 유지하려는 경향이 있습니다.

그러나 위기에 직면했을 때나 자신의 가치관이 붕괴했을 때는 예외가 발생합니다. 예컨대, 열네 번째 편지에서 제가 언급한 AA 창시자 빌 윌슨의 화이트라이트 체험이나, 아메리카 선주민 주술의가 페요테를 이용해 일으키는 정신 변용 체험을 떠올려보세요. 이러한 인위적인 광기는 사람들이 기존 가치관에 사로잡혀 있던 상태를 붕괴시키고, 그 결과 새로운 커뮤니티에 대한 경계심을 누그러뜨리며 상호부조적인 모임을 자연스럽게 발생시키는 힘을 가지고 있습니다.

광기뿐만 아니라 격렬한 고통의 체험도 동일한 효과를 가져올 수 있을지도 모릅니다. 저는 오래전부터 자해로 인한 신체적 통증이 초래하는 심리적 진통 효과에 관심을 가지고, 의료인류학적 관점에서 다양한 부족의 주술적 의료를 조사해왔습니다. 그 과정에서 평원 인디언의 한 부족인 수족sioux이 행하는 피어싱 고행에 주목하게 되었습니다.

수족 사람들은 독수리의 깃털이나 뼈로 만든 갈고리를 가슴 피부에 깊이 찌르고, 밧줄로 나무에 몸을 매달아 피부가 찢어질 때까지 춤을 춘다고 합니다. 또는 등 피부에 갈고리를 찌르고, 거기에 밧줄로 버펄로의 두개골을 10여 개 매달아 피부가 찢어질 때까지 뛰어다니기도 합니다. 이 피어싱 고행은 매우 소중한 의식으로 여겨지며, 자신의 육체와 그 고통을 대정령에게 바침으로써 사람들의 병이 쾌유되기를 염원하는 동시에, 커뮤니티의 결속을 강화하고 안녕을 기원하는 의미를 담고 있다고 합니다.

새로운 커뮤니티의 탄생이나 참여에는 광기나 고통이라는 충격요법적인 요소가 필요할지도 모릅니다. 그리고 저는 지금 이렇게 문장으로 표현한 자신에게 놀라고, 더 나아가 소위 '바닥을 친 경험'이란, 굳어진 가치관을 붕괴시키고 새로운 삶의 방식으로 나아가게 하는 고통의 이벤트가 아닐까 하는 이상한 생각을 착상한 자신에게 한 번 더 놀랍니다.

저는 기존 의존증 회복 지원에서 중시되어온 '바닥을 친 경험의 필요성'에 대해 일관되게 회의적인 입장을 취해왔습니다. 그러나 거기에 긍정적인 요소가 전혀 없다고 할 수는 없을 것 같네요. 어디까지나 '의존증 당사자가 자신의 내러티브로서 그 말을 이용하는 한에서'라는 조건이 붙지만, '바닥을 친 경험'에는 일정한 치료적 의의가 있습니다. 그 위기적 경험은 사람을 회복 커뮤니티에 참여하게 만드는 계기가 되기 때문입니다.

묘한 이야기입니다. 한 바퀴 돌아 다시 원래 있던 곳으로 돌아온 듯한 느낌입니다. 중독이라는 분야가 얼마나 바닥을 알 수 없는 깊은 늪 같은 영역인지 새삼 통감하게 됩니다.

담당 편집자 F로부터

이 서신 교환은 마코토 씨가 행사나 미팅 중에 벌컥벌컥 술을 마시는 모습을 보고 충격을 받은 데서 시작되었습니다. 처음에는 '저렇게 많이 마시면 건강에 해롭지 않을까? 담당 저자가 빨리 죽기라도 하면 마음이 편치 않을 테니, 그만두면 좋을 텐데'라고 생각했습니다. 그러나 스스로 니코틴 의존증을 자처하는 의존증 전문의인 도시 씨와의 대화를 직접 들으며, '술이나 담배를 그만두면 된다'라는 단순한 이야기가 아님을 깨닫게 되었습니다.

마코토 씨와 도시 씨는 심리적 안전성이 높다고는 할 수 없는 공개적인 상황에서도, 편집자인 제가 조마조마할 정도로 자신의 이야기를 기꺼이 들려주었습니다. 그 이야기를 통해 의존증이라는 병의 복잡함과 당사자 및 그 가족들이 겪는 삶의 어려움이 분명하게 드러났습니다. 이제는, 당사자가 술이나 담배에 의존할 수밖에 없는 상황을 만들어온 사회가 나서서 뭔가를 해야 할 차례인지도 모릅니다.

특별 정담

도박 중독 문제를 생각하다

게스트 : 다나카 노리코
(공익사단법인 '도박 의존증 문제를 생각하는 모임' 대표)
2024년 4월 30일

─ 오늘 이렇게 함께해주셔서 진심으로 감사드립니다. 오늘은 '술을 끊지 못하는 문학 연구자와 담배를 끊지 못하는 정신과 의사가 진솔하게 털어놓는 의존증 이야기' 연재의 특별판으로, '도박 의존증 문제를 생각하는 모임'의 대표 다나카 노리코 씨를 모셨습니다.

이 책의 기반이 된 연재 종반의 글을 올릴 즈음, 메이저리거 오타니 쇼헤이 선수의 통역사 미즈하라 잇페이 씨가 도박으로 인한 손실을 메우기 위해 오타니 선수의 계좌에서 거액의 돈을 인출했다는 사실이 밝혀졌습니다. 이 사건은 미국과 일본을 떠들썩하게 만들었고, 그 여파로 수많은 도박 중독 당사자들과 그 가족들이 기억 속 상처를 떠올리며 SNS 등에서 다양한 경험과 생각을 나누기 시작했지요. 그런데 도시 씨와 마코토 씨는 도박 의존증에 대한 이해가 깊지 않다고 하셔서, 당사자의 이야기를 들어보자는 취지로 노리코 씨를 초대하게 되었습니다. 오늘 잘 부탁드립니다.

노리코 씨, 우선 자기소개를 부탁드려도 될까요?

노리코 안녕하세요, 다나카 노리코입니다. 저는 '도박 의존증 문제를 생각하는 모임'의 대표를 맡고 있습니다. 도박 중독 당사자와 가족을 지원하는 단체를 설립한 지도 2024년 4월로 꼭 10년이 됩니다. 저희 가족은 할아버지, 아버지, 남편까지 모두 도박 중독을 앓고 있으며, 저 역시 도박 중독을 경험한 당사자입니다.

저는 20년 전에 자조모임에 연결되어 그곳에서 회복의 길을 찾았습니다. 당시에는 도박 중독 당사자의 가족이면서 동시에 자신도 의존증을 가진 사람을 거의 들어본 적이 없었어요. '남편의 도박은 멈췄는데, 제 빚은 여전히 멈추지 않네요'라고 말하는 사람도 없었지요(웃음). 그래서 참으로 고독했고, 이제 더는 나아질 가능성이 없다고 생각했지만, 간신히 회복에 성공하여 오늘 이 자리에 있네요.

도박 중독의 현재

— 감사합니다. 이 책의 기반이 된 연재는 술과 담배라는 두 가지 일상적 의존 물질을 중심으로 다양한 의존증 문제를 다루었

습니다. 약물, 성적 행동, 절도 등 폭넓은 주제를 포괄했습니다. 도박 중독을 경험하신 노리코 씨께서 연재를 읽고 느끼신 솔직한 감상과 생각을 들려주시면 좋겠습니다.

노리코 공감이 갔던 부분은 '자기 치료 가설'이었습니다. 의존증에 빠지는 원인은 그 사람 안에 존재하는 여러 가지 괴로운 문제일 수 있다는 점, 중독 대상이 알코올이든, 약물이든, 도박이든 모두 비슷하다는 생각이 들었습니다.

또한, 모든 의존증에서 '서로 이해할 수 있는 커뮤니티'가 얼마나 중요한지도 새삼 깨달았습니다. 어떤 모습의 자신이라도 사랑받을 수 있는 곳이 있다는 사실은 우리의 긍지라고 생각합니다. 하지만 보통 사람들은 이런 장소를 갖지 못하고, 의존증을 겪은 후에야 비로소 얻게 되는 경우가 많습니다.

도박 중독 자조모임은 대부분 12단계 모임입니다. 이러한 12단계 모임의 멤버들이 주축이 되어 민간단체를 설립하게 되는데, 이 민간단체의 동료지원peer support 집단은 도박으로 인해 발생한 가족 문제나 재정적 문제에 대해 깊이 이해하고 있어요. 그래서 당사자와 가족들에게 조언을 하거나 변호사 및 행정 관련 기관과 협력하여 문제 해결을 돕는 역할을 하기도 합니다.

도박 중독이라는 문제는 여러 방면으로 얽혀 있어 해결하기 어렵기 때문에, 이를 해결하기 위해서는 커뮤니티와 경험자의 조언이 점점 더 중요해질 것 같습니다.

알코올과 도박은 각기 다른 특징을 가지고 있는 것 같아요. 알코올의 경우, 자조모임이나 금주회 안에서 운동부의 위계질서와 비슷한 구조가 형성되어, 마신 양이나 금주 기간으로 우월감을 드러내는 터줏대감 같은 존재가 자리잡는 경우가 있습니다. 하지만 도박에서는 그런 게 상대적으로 드물어요. 물론 베팅 액수로 자기 과시를 하는 일이 없지는 않지만, 도박은 시대와 함께 계속 변해가니까요.

알코올은 유행의 변화에 따라 의존 방식이 크게 달라지지 않는 것 같습니다. 그러나 도박은 시대의 흐름에 따라 변화를 겪고 있어요. 현재는 카지노와 온라인 도박이 주요 형태로 자리잡으면서, 도박 중독 관련 취재나 강연에서도 젊은 사람들의 의뢰가 많아지고 있습니다. 자조모임에 갓 연결된 사람들이 이러한 환경에서 활약할 기회를 얻을 수 있지요.

— 노리코 씨 시대는 도박이라고 하면 경정이나 경마였지요?

노리코 맞아요. 저는 현장에 직접 가서 도박을 하던 시대를 살았습니다. 하지만 요즘 사람들은 그런 장소에 가본 적이 없고, 유튜브로 정보를 얻거나 앱으로 베팅을 해요. 저도 그런 젊은 사람들에게 "어떤 앱으로 베팅할 수 있는 거야?"라고 묻지 않으면 알 수가 없습니다. "아니, 페이페이PayPay로도 가능하다고?" 하며 놀랄 때도 있지요. "자금이 부족한 상황인데 어떻게 아직도 베팅을 할 수 있지?"라고 물어보니 "페이디Paidy 같은 선구매 후불 결제 서비스는 심사도 필요하지 않아요"라고 답하더라고요.

그들의 설명을 통해서야 이렇게 겨우 실태를 알게 되지요. 도박 산업이 기술의 발전과 함께 끊임없이 변화하고 있기 때문에, 새로운 세대가 활약할 수 있는 기회가 점점 더 많이 생기는 것 같습니다.

도시　정말 흥미로운 부분이네요. 술은 종류가 다양하지만, 술과 친해지는 방식은 메이지 시대부터 크게 변하지 않은 것 같습니다.

약물 의존증에 관해서는, 일본에서는 각성제가 오랫동안 '전통'처럼 자리잡아왔는데, 앞으로는 어떻게 변화할지 궁금합니다. 얼마 전 NA 모임에 참석했는데, "시판 약을 사용한다고 무시당했어요. 어차피 사용할 거라면 기침약 브론Bronn이 아니라 각성제를 쓸 걸 그랬네요"라며 투덜거리는 환자도 있었지요(웃음).

각성제를 사용하는 사람들의 고령화가 점점 진행되면서 현재는 50대가 중심이 되고 있습니다. 반면, 젊은 세대는 다른 약물이나 시판 약을 사용하는 경향이 있지요. 남용되는 약물의 종류와 약물 남용에 수반되는 문제들도 조금씩 변하고 있습니다. 물론 이러한 변화도 10년 후에는 또 다른 양상을 보일 수 있겠지요.

노리코　정말 큰 차이가 있습니다. 도박의 자조모임은 이제 20대와 30대가 중심을 이루고 있어요. 하지만 너무 어려서인지, 이들이 지원 장소로 연결되는 일은 그렇게 쉽지 않더군요.
제가 자조모임에서 가장 중요하다고 생각하는 점은, 누군가를 돕는 입장이 되는 것이 곧 그 사람 자신의 회복을 돕는 일이라는 사실입니다. 새로 온 사람이 누군가를 도울 수 있는 상황을 만들면, 프로그램에 더 쉽게 참여할 수 있어요.

도시 그거 참 좋네요.

— 도시 씨는 도박 중독을 임상 현장에서 그다지 많이 접해보지 못했다고 하셨던 것으로 기억합니다.

도시 약물 의존증 환자를 대하는 것만으로도 이미 벅차서요. 그리고 연재 원고에서도 언급했지만, 제가 도박의 재미를 잘 모르는데 무리하게 그 치료까지 맡는 것은 적절하지 않다고 생각합니다. 사실 우리 같은 의존증 치료 전문가는 종종 '잘못하면 내가 이들처럼 될 수도 있겠구나'라는 생각을 하며 환자들을 대하기 때문에 더욱 친절하게 접근하게 되는 면이 있는 것 같아요. 저는 평생 파친코를 해본 적이 단 두 번뿐이고, 마작은 규칙조차 모릅니다. 그래서 도박 중독 환자를 진료하는 것은 어쩌면 당사자들에게 실례가 될 수도 있겠다는 생각이 듭니다.

— 마코토 씨는 도박은 아니지만 야후 옥션에서 꽤 아슬아슬한 경험이 있었다고 하셨지요?

마코토 네, 맞습니다. 한 미술품 경매에서 900만 엔 가까이 입찰했지만 결국 낙찰받지는 못했어요. 그 짧은 시간 동안 저는 마치 거대한 파도에 휩쓸린 듯한 기분이었고, 그 순간은 도박 의존증 상태와 크게 다르지 않았던 것 같습니다. 저의 아버지 이야기를 하자면, 한때 파친코나 복권 같은 것을 즐기셨지만, 중독까지는 아니었습니다. 술이 압도적인 의존 대상이었지요. 집에 돌아오시면 늘 술을 드시는 듯한 느낌이었습니다.

제가 어렸을 때는 우리 세대를 '텔레비전 게임용 컴퓨터 세대'라고 불렀습니다. 생활이 텔레비전 게임을 중심으로 돌아간 첫 세대였지요. 저 역시 게임 의존증, 게임 장애, 혹은 게임 중독의 경향이 있지 않았을까 생각합니다. 하지만 그것이 ADHD로 인한 과집중인지, 아니면 진정한 중독인지 구별하는 것은 여전히 어려운 문제입니다. 전문가들도 명확히 구분하기 힘든 듯하고, 저 자신도 그 차이를 정확히 알기 어렵습니다.

어렸을 때부터 중독이라고 할 만한 것이 있다면 과식입니다. 원래는 깡마른 아이였지만, 먹는 것으로 우울함을 해소하면서 점차 비만 경향이 심해졌습니다. 또한, 섹스 의존증적인 경향(자위를 포함하여)도 있어서 제어할 수 없을 정도로 성욕에 의존하며 스트레스를 해소했던 경험도 있었습니다.

이렇게 종합적으로 보면, 이러한 의존이나 행동장애가 도박 중독에 대해 일종의 위해성 감소 역할을 했던 것 같아요.

저는 특히 스스로 돈을 벌기 시작한 이후로, 자기 자신에게 투자하는 것이 하나의 취미가 되었습니다. 예를 들어, 15개 국어를 공부했던 시기도 있었고, 세계 50개국 가까이를 여행하기도 했습니다. 한때는 이렇게 저축한 돈 수십만, 수백만 엔을 들여 자기계발에 투자하기도 했지요. 그래서 도박과 같은 활동은 결국 자신에게 투자할 돈이 줄어드는 것이라 생각했고, 그것이 도박을 억제하는 힘이 되지 않았나 싶습니다. 만약 이런 감각이 조금이라도 달랐다면, 저 역시 도박 중독에 빠질 가능성이 있었을 것 같아요.

치유의 장이 된 경정장

— 그렇군요. 노리코 씨께서 도박 중독이 있었을 당시에는 어떤 심리 상태였는지 궁금합니다.

노리코 그때 자각했었는지는 모르겠지만, 나중에 돌이켜보니 심적으로 과부하가 걸린 상태였던 것 같아요. 제가 도박에 빠졌던 시기는 전 남편과 이혼한 직후였는데, 열심히 살아왔지만 여러 일이 뜻대로 풀리지 않았습니다.
도박의 어떤 점이 좋았느냐면, 경정장이 제게는 정말로 좋은 안식처가 되어주었다는 거예요.

— 경정장이요?

노리코 네, 그 당시 경정장은 다른 사람들의 시선을 신경 쓰지 않아도 되는 곳이었습니다. 허세를 부리거나, 인생에서 성공한 사람인 척할 필요가 없어서 마음이 무척 편했지요. 그래서 자연스럽게 그곳이 제가 있어야 할 곳이라고 느껴졌고, 경정장에 가는 일이 제게는 큰 기쁨이 되었지요.

— 허어! 서신 교환에서도 '커뮤니티'의 중요성이 강조되었는데, 지금 이야기를 들어보니, 경정장의 아저씨들과 특별히 친해지지 않더라도 그 장소 자체에 치유 효과가 있었다는 말씀이군요?

노리코 맞습니다. 도박장이 자신의 안식처가 되었다는 이야기를 하는 사람들이 꽤 많아요. 파친코와 같은 곳도 마찬가지인데, 아무 생각도 하지 않고 누구의 방해도 받지 않으며 혼자 있을 수 있다는 이유만으로도 그런 장소가 안식처가 되는 경우가 많습니다.

도시 심정적으로 틀어박히는 경우가 있지요. 화학물질의 약리작용으로 인해 틀어박히는 사람도 있고, 특정 장소에 의존하게 되는 사람도 있습니다. 그래서 약물 의존과 도박 의존 사이에는 공통점이 있다고 생각합니다. 한편, 노리코 씨의 도박 중독 동료들을 보면 고학력자나 다방면에서 활약하는 사람들이 많은 것 같습니다. 술이나 약물처럼 뇌를 직접적으로 점령당하지 않기 때문일지도 모르겠네요. 또한, 제가 만난 사람들 중에는 대학에 입학한 직후 파친코 같은 것에 빠지는 유형이 비교적 많았습니다. 그래서 학업에 큰 피해를 주는 건 아닌가 보다 생각할 때도 있지만, 반대로 굉장히 좋은 대학에 들어갔는데 도박 때문에 졸업하지 못하거나, 주변 친구나 여자친구에게 폐를 끼치는 사람들도 꽤 있더군요. 그 차이에 대해서는 어떻게 생각하시나요?

노리코 굳이 말하자면, 대학에 입학하기 전까지는 착실한 학생이었던 사람들이 많은 것 같아요. 요즘은 약물 의존증도 비행 청소년 같은 유형은 적지 않나 생각합니다. 하지만 처방약에 의존하는 사람들 중에는 가출을 반복하는 경우도 있지 않나요?

도시 있지요.

노리코 '반항아'랄까요, 도박 중독자들은 그런 느낌은 별로 없죠. 그보다는 중산층의 '착한 딸, 착한 아들' 같은 분위기인 경우가 많은 것 같아요. 우리 부모님들은 학교 선생님, 공무원, 간호사 같은 직업에 종사하는 분들이 많았거든요. 이러한 환경에서는 돈에 대해 미리부터 걱정하는 불안감이나 '레일에서 벗어나면 안 된다'는 생각이 강하게 자리잡게 됩니다. 그래서 '돈이 해결책이다'라고 생각하는 사람이 많은 것 같아요. '돈으로 인생을 한 방에 역전시켜보자!'라는 발상을 하기도 하고요.

도시 하지만, 역시…… 노리코 씨와 이야기할 때마다 느끼는 건데요, 저는 도박이 정말 무서워요. 모험 같은 건 절대 못 하는 겁쟁이라서요. 그런데 노리코 씨는 결정적인 순간에 과감히 승부를 거시잖아요. 옆에서 보기만 해도 조마조마하다니까요(웃음).

노리코 글쎄요, 지금은 실제 도박은 안 하지만, 대신 이런 활동으로 바뀌었을 뿐이에요. 그리고 솔직히 말하면, 모임 운영 방침 자체가 도박이라고 할 수 있지요(웃음).

— 원래 그런 승부사였던 건가요, 아니면 도박에 빠져 있는 동안 성격이 변해서 승부사적인 생활 방식을 좋아하게 된 건가요?

노리코 아, 역시 제 경우는 원래 ADHD 경향이 있어서 좀 엉뚱한 면이 있었어요. 어릴 때부터 돈이 생기면 바로 써버리는 성격이었지요. 그래도 그 덕에 침착성이 부족한 대신 부지런한 사람으로 살 수 있었던 것 같아요.

도시 마코토 씨, ADHD 당사자로서 노리코 씨도 꼭…… 아, 제가 따로 진료한 적은 없지만…….

마코토 노리코 씨는 딱 보기에도 정말 ADHD 성향이 강해서 저는 무척 친근감을 느껴요. X에 올리시는 글도 자주 보고 있고, 출간하신 책도 대부분 읽어봤지만, 이런 분일 줄은 상상도 못했습니다(웃음).

노리코 아하하. 선생님이 각성제를 먹으면 ADHD가 진정된다고 해서 마음이 살짝 흔들렸는데요(웃음).

도시 그런가요. 하지만 그렇게 하면 아마 노리코 씨다운 점이 없어질 거라고 생각합니다. 뭐랄까, 이상하게 얌전해질 것 같아서요.

노리코 뭐, 그렇겠지요(웃음).

마코토가 도박에 빠지지 않은 이유

마코토 노리코 씨의 이야기를 듣다가 깜짝 놀란 것은, 도박이란 우연이라는 파도를 얼마나 잘 탈 수 있는지에 대한 의존증이라는 사실입니다. 저는 우연의 지배를 당하는 것에 아주 질색하는 편이라서요. 저한테는 ADHD뿐만 아니라 자폐스펙트럼장애가 있어서 사물을 제대로 상상할 수 없는 특성이 있습니다. 그래서 평소에 상상 밖의 일이 차례로 일어나 곤란을 겪는 것이 제 인생이라는 느낌이 들 때가 많아요. 이 우연에 의한 지배력을 줄이고 싶다는 마음 때문에 만화, 레코드, 잡동사니 수집에 빠졌고, 제동이 걸리지 않아 빚을 지거나 돈을 낭비했던 경험도 여러 번 있습니다. 그런데 도박에 대해서는 불안감이 너무 커서 카지노에서 한몫 잡아 근사한 물건을 사는 일이 가능하다고 해도 그

불안감을 이길 수 없었어요. 그래서 그 방면에서는 도망친 것인지도 모릅니다. 술 같은 것이었다면 취할지 안 취할지가 우연에 좌우되는 그런 일은 없잖아요.

노리코 말씀하신 것처럼 도박은 최종적으로 우연에 좌우되는 것에서 오는 긴장감으로 사람을 중독시키는 것 같습니다. 모두가 공감할지는 확신할 수 없지만, 마작이나 포커는 실력이 중요한 역할을 하는 도박이지요. 실력이 꽤 영향을 미치고, 물론 그것만이 전부는 아니지만 잘하는 사람은 확실히 존재합니다. 그래서 다이오제지大王製紙의 회장이었던 이카와 모토타카 씨가 "실력이 좌우하는 도박을 하는 정도라면 아직 멀었다. 완전한 우연성의 게임에 거는 것이 진정한 도박꾼"이라는 말을 했을 때, 저는 정말 공감했습니다.

마코토 저는 미스터리 소설을 읽을 때 먼저 결말을 알고 싶은 편입니다. 우연에 맡기는 것이 굉장히 두렵게 느껴지거든요.

— 뭐라고요!(웃음)

마코토 범인이나 트릭의 진실을 알 수 있을지 없을지 모른 채 읽어야 하는 작품은 별로 좋아하지 않습니다. 그런 작품에 시간을 투자하기 싫다는 생각도 들고요.

노리코　저도 알 것 같아요. 하지만 우리는 완전히 우연성에 지배당해 앞날을 전혀 모르는 상황에서 조마조마한 긴장감을 느낄 때 각성하는 것 같아요. 앞날을 전혀 알 수 없는 우연성에 모든 것을 맡긴다는 것 자체가 흥분을 유발하고, 어딘가 활력을 불어넣는 느낌이라고 할까요. 그리고 승부에 집착하는 성향을 가진 사람들이 분명 있을 것 같아요. 승부를 좋아하는 사람들은 이러한 요소에 더 끌릴지도 모른다고 생각합니다.

도박 중독에 빠진 사람은 일을 잘할 수 있을까?

―확실히 그런 점을 보면, 도박을 좋아하는 사람들은 일도 잘할 것 같은 인상을 줄 수 있습니다. 승부를 앞두고 흥분하며 감정이 고조되는 경험이 공부나 시험뿐 아니라 비즈니스 상황에서도 강점을 발휘할 수 있을 것 같아요.

노리코　실제로 좋은 학교에 다니고 스포츠에서 나름의 성과를 거뒀던 사람들이 많이 있습니다. 학창 시절에는 그러한 성과로 영웅 대접을 받을 수 있지만, 일반 사회에 나오면 그만큼 인정받지 못하는 경우가 흔하잖아요. 그 차이로 인해 '내가 이대로 끝날 사람이 아니야, 도박으로 한몫 잡아서 부자가 되자!'와 같은 생각으로 빠지는 경우가 많지 않을까요. 그런 사람들에게는 인생이 벽에 부딪혔을 때 한순간에 역전할 수 있는 기회가 매력적으로 보이는 듯합니다. 하지만 점점 더 많은 것을 잃게 되고, 결국 빚을 갚기 위해 도박을 하는 지경이 되기도 하지요.

도박 중독에 빠진 사람들을 두고 확률 계산도 못 하는 바보라고 생각하는 경우도 많지만, 사실 그렇지 않습니다. 도박에 빠진 사람들 중에는 뛰어난 사람들도 많아요. 계산이나 예측 능력에 자신이 있기 때문에, 도박의 신이 될 수 있다는 식으로 생각하는 거지요. 게다가 처음에는 꽤 잘 되기도 하거든요. 그래서 이과 계열의 사람들이 도박에 빠지는 경우도 꽤 많습니다.

도시 아하하하.

노리코 좀 이상하지만, 약학부를 졸업한 사람이나 은행원 출신들도 도박에 빠지는 경우가 있고요.

도시 네, 맞아요. 그런 사례가 있지요.

노리코 이런 분들은 자신이 계산에 능하다고 생각하며, 그것으로 더 나은 인생을 만들 수 있다고 믿습니다. 하지만 잃은 돈이 쌓여가면, 오로지 빚을 갚기 위해 도박을 하게 됩니다. 그래도 역시 한 방에 역전할 수 있다고 생각하지요. 도박 중독 여부를 판단하는 데 중요한 지표 중 하나가 바로 '**도박으로 잃은 돈을 도박으로 되찾으려 한다**'는 점입니다.

지금 돌이켜보면 그런 일은 사실상 불가능하지만, 빠져 있을 때는 '크게 한 방 터뜨려서 만회해야 한다!'는 강박관념에 사로잡혀 있었어요. 점점 시야가 좁아지고 그 생각에 매달리게 됩니다.

당사자는 좀처럼 알아차릴 수 없다

— 노리코 씨께서 처음으로 자조모임과 연결된 때는 언제였나요?

노리코 20년 전에 남편의 빚이 발각되었을 때입니다. 사실 저는 저 자신의 도박이 이상하다고는 생각하지 않았어요(웃음). 하지만 남편의 도박은 이상하다고 생각했지요. 그래서 남편을 의사에게 데리고 갔습니다. 돌이켜보면 첫 만남이 매우 긍정적이었는데, 그 의사가 이런 곳에 와도 고쳐지지 않으니 자조모임에 가보라더군요. '그게 뭘까?' 하고 자조모임에 가본 것이 계기가 되었습니다.

— 처음에는 배우자와 함께 자조모임에 가셨군요. 자신이 회복의 주체가 된 계기는 무엇이었나요?

노리코 도박 중독자 가족을 위한 자조모임에 가라는 권유를 받고 참석했을 때 많은 것들이 드러나기 시작했습니다. '아, 그러고 보니 부모님도 도박 때문에 이상해졌었지' 하는 생각들이 떠올랐어요. 모임에 다니기 시작하자마자 괴로워졌고, 그때부터는 쇼핑 중독에 빠져들게 되었습니다.

— 이번에는 쇼핑 중독으로 이어졌군요.

노리코 네, 맞아요. 쇼핑 중독에 빠졌을 때 처음으로 '나는 의존증이 있구나'라고 깨달았어요. 잘 생각해보니, 도박에서도 이미 빚을 지고 있었더라고요!

— 그때 처음 깨달으신 거군요!

노리코 저는 제가 의존증이라는 걸 오랫동안 깨닫지 못했어요. 왜냐하면 빚은 결국 돈만 마련하면 해결되는 문제라고 생각했거든요. 그래서 어떻게든 돌려막고 있으니 문제 없다고 생각했고, 파탄에 이르렀다는 사실도 좀처럼 인식하지 못했던 거지요.

— 당시, 누군가로부터 특별히 말을 들은 것이 아니라, 자신을 돌아보는 과정에서 다른 의존증에 빠지게 되었고, 그로 인해 스스로를 다시 보게 되었다는 말씀이군요.

마코토 흔히들 의존증을 '부정의 병'이라고 하잖아요. 저는 그 말을 들을 때마다 '나는 부정하지 않아. 내가 의존증이라는 걸 있는 그대로 인정하고 있어'라고 생각했어요. 그런데 방금 그 이야기를 듣고 보니 '아, 이런 의미에서 부정이라고 하는 거구나' 하고 납득이 가네요. 알코올 의존증에 빠졌을 때 저 역시, 예를 들면 집에 저녁 6시쯤 돌아와 자정이 넘을 때까지 술을 마시다가 지쳐서 잠드는 생활을 했어요. 발달장애 지원자가 저에게 알코올 의존증 치료를 받으러 가자고 말했지만, 저와는 관계없는 일이라고 생각했지요. 그런 생활이 너무나도 당연하게 느껴져서 매일 반복하고 있었으니까요.

노리코 그랬을 거예요. 생활이 파탄났다는 사실조차 깨닫지 못했겠지요.

마코토 지금은 미팅이나 행사에서 제가 술을 마시면 사람들이 술렁거린다는 걸 느껴요. 그래서 이렇게 집에서는 커피잔 같은 컵에 맥주나 하이볼을 마시고 있습니다. (커피잔을 드는 마코토 씨)

— 그럴 줄 알았습니다 (웃음). 마코토 씨가 행사에서 도수가 높은 술을 캔째 들이켠 순간, 스태프들이 깜짝 놀랐지요.

노리코 저처럼 어렸을 때 가난한 집에서 자란 경우에는, 가난 때문에 생활비 조달이 어려운 게 일상이었기에 오히려 문제를 알아채지 못하는 경우가 많습니다. '다들 이런 게 보통 아닌가?'라고 생각했던 것이지요.

마코토　저도 비슷한 경험이 있습니다. 일을 시작하고 신용카드를 쓸 수 있게 되었는데, 카드를 세 종류 정도 가지고 있었고, 각각의 카드에 약 300만 엔 정도의 빚이 있었어요. 하지만 카드사로부터 소송을 당하거나 하는 일이 없어서 그저 평범한 일이라고 생각했지요.

노리코　맞아요. 저도 마찬가지로, 돌려막기로라도 돈이 돌아갔기 때문에 그 상황이 별문제가 아니라고 여겼습니다.

마코토　당시에는 앞으로 충분히 변제할 수 있을 거라고 생각했어요. "아니, 아무 문제 없어. 신경 쓰지 않아, 신경 쓰지 않아. 잠깐 쉬자, 잠깐 쉬자" 하고 말입니다. 어쩌면 이런 식의 태도가 바로 '부정의 병'의 한 형태일지도 모르겠습니다.

자인과 회복

— 노리코 씨는 그 후 생활을 어떻게 다시 일으켰습니까?

노리코　결국 꾸준히 빚을 갚아나가는 수밖에 없다는 걸 받아들였지요. 그걸 인정하는 과정은 엄청나게 힘들었지만요. 왜냐하면 당시 빚이 총 3000만 엔에 달했으니까요. 언젠가 그 빚을 모두 갚아야겠다고 결심하면서도, 도박 연구가 아직 부족하다는 생각에 계속 노력했던 겁니다. 하지만 고통 속에서 온갖 것을 참아가며 도박 연구에 돈을 쏟아부었는데, 그날은 오지 않는다는 사실을 마주하는 게 정말 괴로웠습니다. 모든 것이 소용없다는 분함과 상실감, 깊은 외로움이 가득했지요. 결국 이제는 평생 도박을 하지 못하겠다는 결론에 이르게 되었습니다.

— 마코토 씨는 신용카드 빚을 어떻게 갚으셨나요?

마코토 제 경우에는 알코올 등의 의존과 병행하면서 무언가에 빠져 빚이 생길 때까지 카드를 사용하는 일이 반복되었어요. 박사과정 시절 일본학술진흥회의 특별 연구에 채택되어 돈을 받았는데, 저축을 하기보다는 레코드나 CD를 사거나 해외여행에 모두 써버리거나, 심지어 열 종류 이상의 어학 공부에 돈을 쓰는 등 비슷한 행위를 몇 번이고 되풀이했지요. 골동품 수집이나 게임에도 빠졌던 적이 있는데, 이 순환에서 벗어난 계기가 마흔 살 때의 휴직입니다. 너무나도 잠을 이룰 수 없어서 일을 지속할 수 없었고, 그 뒤로 정신과 진료를 받았어요. 그러면서 적응장애와 발달장애 진단을 받았고, 치료를 받아야 한다는 권유와 함께 의존증 진단도 받게 되었습니다.

그때까지 많은 일이 있었지요. 여러 곳에서 인간관계가 파탄 나거나 커뮤니티에서 배척되며, 학회에 나가지 않게 되는 상황들이 이어졌어요. 하지만 자신의 장점에만 시선을 두고 자신을 북돋우려 했습니다. 연구자로서 '그 사람 지금 뭐하나?' 하는 상태였지만, '아직 반격할 수 있다'고 자신을 다독였습니다. 그러다 휴직을 하게 되고, 정신질환 진단을 받으면서 발달장애인 지원센터나 장애인 직업재활시설에 다니게 되었습니다. 이곳에서 인지행동치료나 사회기술훈련SST을 통해 자조모임을 알게 되었고, 나아가 스스로 자조모임을 조직, 운영하며 복지와 연결되어 다시 일어설 수 있었습니다.

그 후로 자조모임 활동이 점점 재미있어져서, 이제는 자조모임에 의존하며 열 개의 모임을 주재하고 있는 상황입니다.

노리코 자신이 보통이라고 생각하면 행동을 바꾸기가 어렵지요. 하지만 자신이 상당히 특수한 상황에 있다는 걸 깨닫게 되면, 확실히 깨달음이 오고 나서 마음이 조금은 편해지는 것 같아요.

마코토 맞아요. 그 깨달음이 오면 어깨에 들어갔던 힘이 빠지는 느낌이 들지요. 저도 '나는 전혀 보통이 아니다. 알코올 중독이다'라는 사실을 깨닫고 나서야 비로소 생활 방식을 바꿔야겠다고 결심할 수 있었습니다.(그렇게 말하면서도 커피잔에 담긴 맥주를 다시 쭉 들이켜는 마코토 씨)

앞으로의 의존증 대책

노리코 하지만 뭐랄까요, 도박은 알코올이나 약물과는 또 다르게, 범죄에 가까운 면이 있는 것 같습니다. 피해자를 발생시키는 범죄와 매우 밀접한 것이 도박이라고 생각합니다.

— 무슨 뜻인가요?

노리코 도둑질이나 절도 같은 행동도 그렇지만, 횡령이라든가 심한 경우에는 강도까지 포함해 주위 사람들에게 큰 피해를 끼치는 범죄에 가장 가까운 중독이 도박이라는 생각이 듭니다. 약물은 그 자체로 체포되어 범죄자라는 낙인이 찍히는데…… 정말 왜 그렇게 약물에 대한 낙인을 강화하는 걸까 모르겠어요. 하지만 도박은 약물에 비해 너무 쉽게 손을 댈 수 있다는 점에서 위험하다고 느껴져요.

알코올은 수백 엔에서 1000엔 정도면 충분히 마실 수 있고, 약물은 수만 엔에 달하는 작은 봉지로 며칠은 버틴다지만, 도박은 몇 초 만에 엄청난 돈을 잃을 수 있습니다. 도박 중독에 빠지면 그 정도를 훨씬 넘어 하루에 300만 엔을 날리는 수준까지 이를 수 있지요. 그래서 알코올, 약물, 도박, 게임 중에서 도박이 단연코 가장 위험하다고 생각합니다.

도시 미즈하라 잇페이 사건과 관련하여 일본 언론이 크게 다루지는 않았지만, 캘리포니아주는 미국에서 대마초의 오락적 사용을 빠르게 합법화한 지역 중 하나지요. 그래서 캘리포니아에서는 담배를 피우는 사람보다 대마초를 소비하는 사람이 더 많은 상황이에요. 하지만 흥미롭게도 캘리포니아에서는 스포츠 도박이 금지되어 있습니다. 역시 어떤 것을 긍정적 혹은 부정적으로 평가하는지는 문화에 따라 크게 달라지는 것 같습니다. 일본에서는 공영 도박이나 파친코와 같은 도박 시설은 흔하고, 반대로 약물에 대해서는 아주 엄격히 규제하지요.

그리고 미즈하라 잇페이 씨의 보도를 보면서, 노름판의 주인이 정말 잔인한 방식으로 돈을 뜯어가고 있어서, 불법화되어 지하로 숨어든다면 심각하고 위험한 상황이 발생할 수 있겠구나 싶었습니다. 노리코 씨는 이 문제에 대해 어떻게 생각하시는지, 취재 과정에서 어떤 의견들을 접하셨는지 궁금합니다.

노리코 그렇지요. 현재 도박은 공영 이외에는 기본적으로 금지되어 있는데도 이렇게나 확산되고 있습니다. 온라인 도박 같은 경우에는 규제 효과가 전혀 없다고 봐야겠죠. 만약 도박을 합법화하게 되면 합법 도박이 널리 퍼질 뿐 아니라, 불법 도박까지도 더 확대될 가능성이 높습니다. 그래서 불법으로든 합법으로든 중독 문제를 그런 식으로 해결하려는 접근은 현실적으로 적합하지 않다는 느낌이 듭니다. 약물의 경우를 보더라도, 불법 약물은 엄격히 처벌되고 있어서 유입이 제한되고 있는 반면, 불법은 아니지만 처방약 의존이 점점 더 확산되고 있는 실정이지요.

저는 최근 들어 사회가 도박에 대해 보여주는 관용을 이제 멈춰야 하지 않을까 싶습니다. 예를 들어, 경정을 '보트 레이스' 등 다른 이름으로 바꿔서 접근성을 높이거나, IR 사업* 같은 프로젝트를 추진하는 일이 그렇습니다. 일본 사회는 술이나 도박의 위험성에 대해 큰 신경을 쓰지 않는 반면, 약물이나 담배의 위험성에는 매우 민감하게 반응하고 있어요. 그렇기 때문에 저는 도박 중독의 심각한 위험성을 사회적으로 더 알릴 필요가 있다고 생각합니다.

마코토 그런 말을 들으니 술은 왜 규제가 진행되었는지 궁금해지네요. 우리가 어렸을 때는 18세에 대학에 들어가면 술을 마시는 것이 당연한 일이었지요. 신입생 오리엔테이션 합숙에서는 교수들이 술을 준비해오고, 학생이 술을 마시지 못하면 혼나는 문화도 있었어요. 지금도 술은 공공연한 광고도 많고 느슨한 부분은 여전히 남아 있지만, 지금 그런 짓을 한다면 아마 신문에 나지 않을까요? 미성년자에 대한 술 규제는 왜 강화된 걸까요? 사망 사고가 많이 보도된 영향일까요?

— 제가 대학생일 때도 원샷 같은 문화가 있었어요.

도시 그래서 알코올의 유해성이 갑자기 널리 알려지게 된

---

* 복합리조트Integrated Resort. 컨벤션 센터, 호텔, 쇼핑몰, 레스토랑, 카지노, 극장, 영화관, 놀이공원, 스포츠 시설 등이 포함될 수 있다. 일본에서는 이를 '통합형 리조트'라고 부르며 관광객 유치와 경제 활성화를 목표로 추진되고 있다.

것일지도 모르겠네요. 하지만 스무 살 이상의 성인을 대상으로 한 인식 개선 활동은 전혀 없지요.

마코토 음주운전에 대한 규제는 매우 엄격해졌습니다. 예전에는 '그런 건 당연하다'고 여겨졌던 일이었지만, 지금은 음주운전 한 번이면 바로 해고되잖아요.

— 1999년에 도메이고속도로에서 음주운전 트럭이 사고를 일으켜 어린아이 두 명이 사망한 사건이 계기가 되었던 것 같아요. 당시 사고 현장에서 간신히 탈출한 어머니가 불길 속에 남겨진 아이를 바라보는 모습이 보도되며 강렬한 인상을 남겼습니다.

마코토 유가족들이 정말 열심히 활동했지요. 그런 노력들이 사회적 변화에 영향을 미쳤을 것 같아요. 피해자나 그 가족이 직접 호소하면 그 목소리가 더 널리 퍼지기 쉬운 점이 있지요.

— 미즈하라 잇페이 씨 사건 이후로 도박 중독이라는 말이 언론에 등장하는 일이 급격히 늘어난 것 같습니다.

노리코 그렇습니다. 하지만 지상파 텔레비전의 보도 방식이 인격 침해처럼 보여서, 이제 그런 방식의 보도는 좀 멈췄으면 좋겠어요.

 오타니 선수가 세계 최고 수준의 스포츠 선수이기 때문에 미즈하라 잇페이 씨가 사용한 금액이 큰 주목을 받았던 것이겠지요. 하지만 그 외에도 엄청난 횡령 사건들이 계속 일어나고 있습니다. 세상 사람들이 도박 중독에 대해 그렇게 심각한 문제로 생각하지 않았던 것이 아닐까 싶습니다. 실제로는 관심을 기울이지 않았을 뿐이고, 당사자나 그 가족, 피해자들은 계속해서 무척 힘든 상황을 겪고 있지요. 앞으로는 모두가 도박 중독에 대해 올바른 지식을 가지는 것이 꼭 필요하지 않을까 생각합니다.

도박 중독자 가족에 대한 지원

— 방금 당사자 가족 이야기가 나왔습니다만, 연재 후반에서도 의존증 가족이 어떤 점에서 괴로움을 느끼는지, 또 가족을 주변 사람들이 어떻게 보살피고 지원해야 하는지에 대해 다뤘습니다. 도박 중독 당사자이면서 동시에 가족이기도 한 노리코 씨가 보시기에 어떤지 궁금합니다.

노리코 우선 돈 문제가 가장 큽니다. 가족도 함께 가난해지니까요. 돈 문제가 악화되면서 '이 사람도, 우리도 대체 어떻게 되는 걸까?' 하는 불안감이 엄청나게 키집니다. 이러한 상황을 지원해주는 시스템을 만드는 것이 가장 중요하다고 생각해요.

예전에는 가족이 빚을 대신 갚아주면 안 되며, 그걸 딱 거절할 수 있느냐 없느냐가 회복의 시금석이라고 여겨졌습니다. 하지만 저는 그 방법만으로는 너무 두려워서 가족이 손을 놓을 수 없다고 생각했습니다. 말로만 '손 떼라'고 하면 가족들은 절대 그렇게 할 수 없거든요. 그래서 가족이 손을 뗀 후에도 "저희에게 맡기세요, 저희가 어떻게든 해결하겠습니다"라고 말해줄 수 있는 시스템을 만드는 과정에서 여러 가지 시행착오를 겪어왔습니다.

저도 예전에 '12단계 모임만이 유일한 방법이다!'라고 생각했던 적이 있었지만 이제는 꽤 어른스러워져서(웃음), 요즘에는 다양한 회복 방식이 있을 수 있다는 생각을 하고 있습니다.

연재 도중에도 나왔지만, 사실 도박 중독의 위해성 감소를 시도하고 있어요. 12단계 모임을 통해 도박을 완전히 끊을 수 있는 사람은 극히 일부의 선택받은 엘리트라고 할 수 있지요. 그런 방식으로 회복할 수 없는 사람들을 위해 우리가 할 수 있는 것을 더 찾아내고 실천해야 하지 않을까 하는 생각이 들었습니다.

— 도박 중독의 위해성 감소는 구체적으로 어떤 건가요?

노리코 말 그대로 도박의 위해성을 줄여가는 활동이겠지요. 도박이 초래할 수 있는 위기라고 하면 역시 자살과 범죄가 가장 큰 문제라고 생각합니다. 그렇기 때문에 이러한 위기를 예방하는 것이 중요하고요. 이를 위해 환자들에게 약간의 돈을 지원함으로써 돌이킬 수 없는 범죄나 자살을 막는 활동을 시작하려고 해요.

그래서 가족은 더 이상 뒤치다꺼리를 하지 않는다는 원칙을 유지하지만, 정말 어쩔 도리가 없을 때에는 우리 쪽에서 1000엔 정도의 소액을 지원하기도 합니다. 이렇게 하면 당사자가 지원 단체에 더 많이 연결되고, 회복할 수 있겠구나 하는 걸 알게 되었지요.

그러면 가족도 안심하고 손을 뗄 수 있지 않겠어요? 왜냐하면, 자신이 돈을 건네지 않으면 이 사람이 밥을 어떻게 먹을지 걱정하게 되는 상황에서, "괜찮아요, 손을 떼세요. 저희가 손을 내밀어줄 테니까요"라는 말을 듣는다면 가족도 안심하고 손을 뗄 수 있잖아요. 그러니까 가족이 안심하고 손을 뗄 수 있는 시스템을 구축하는 것이 가족 지원에서 가장 중요한 부분이라고 생각합니다. 아무리 "손 떼세요, 손 떼세요. 사채업자가 와도 법적으로 갚을 필요가 없어요"라고 말해도, 가족은 자기 가족을 버릴 수 없으니까요.

도시　처음에 노리코 씨에게 이 아이디어를 들었을 때는 정말 놀랐습니다.

노리코　하하하하.

도시　돈을 돌려받을 가망이 없을 것 같아서요.

노리코　어떻게든 되겠지 싶어서요. 모임 운영은요.

도시　그래도 정말 중요한 이야기를 하신 것 같아요. 기존에 "가족은 손을 떼세요"라는 말만 강조되다 보니, 가족들은 무서워서 관계를 끊지 못하는 경우가 많았지요. 그렇게 되면 결국 문제 행동은 변하지 않고 상황이 지속될 수밖에 없습니다. 그래서 동시에 "손을 떼세요. 그리고 저희에게 맡겨주세요"라는 방식으로 접근하는 것이 핵심이에요. 지금까지는 이런 지원 시스템이 없어서, 가족들이 어떻게 대응해야 하는지에 대한 잘못된 정보만 퍼져 있던 경우가 많았습니다. 그 결과 가족들도 '부정'하거나 상처를 입는 일이 반복되었고요. 하지만 노리코 씨가 말씀하신 도박 중독의 위해성 감소 활동 덕분에, 이제는 당사자가 자살하거나 노숙하거나 굶어 죽지 않아도 되는 희망적인 변화가 생겼네요.

노리코　역시 사회적 안전망을 지키는 것은 매우 중요합니다. 그도 그럴 것이, 당사자가 회사에 가서 영업을 나가 차를 주차장에 주차했는데, 주차 요금을 낼 돈이 없다고 하는 거예요. 정말 어떻게 해야 좋을지 모르겠다고요. 본인에게는 죽고 사는 큰 문제죠. 그럴 때 저는, 그 정도의 돈이라면 제가 보내주겠다고 하고 보냅니다. 그러고 나서 "오늘 모임에 같이 가자"고 권해요. 의외로 당사자들은 2000~3000엔 정도의 적은 돈이라도 남이 주면 엄청나게 고마워합니다. 가족한테서는 이미 2000만 엔을 짜내고도 더 요구하는 경우가 많지만요(웃음). 생판 남이 준 1000엔은 가족이 준 100만 엔만큼의 가치를 느끼는 걸까요? 전혀 다르게 받아들이더라고요. 그렇게 해서, 돈을 빌렸으니 미안한 마음에서라도 모임에 참석하게 되는 거죠.

— 생판 남의 힘이라는 건 정말 대단하네요.

노리코 네, 정말 대단해요. 의존증 환자들은 뭐랄까, 예의가 아주 바르다고 느껴질 때가 많습니다.

도시 의리 하나는 확실하지요.

노리코 맞아요. 그래서 생판 남이 1000엔을 도와준 것에 대해 은혜를 입었다고 생각하고 매우 감사해합니다. 정말 신기한 일이지요. 다만, 옛날 방식을 고수하는 사람들은 이러한 방식에 대해 화를 낼지도 모르지만요.

— 돈을 건넬 때 액수나 기간은 정하나요?

노리코 하루에 1000엔 정도로 하고, 열흘 정도까지 지원하는 방향으로 생각하고 있어요. 그 정도 금액이라면 생활보조금을 받거나 행정 지원을 통해 현물 지급을 받을 수도 있고, 잠잘 곳을 확보해 어떻게든 해결되는 경우가 많습니다. 그 밖에 집이 없을 때 인터넷 카페나 캡슐 호텔에 들어갈 돈 같은 것은 상황에 따라 그때그때 지원 여부를 결정합니다. 이런 부분에 대해 미리

정해두지 않고, 조금씩 해보고 있어요.

— 정말 감사합니다. 마코토 씨, 어떻게 느끼셨나요?

마코토 글쎄요, 조금 전에 이야기했던 것처럼, 노리코 씨가 굉장히 ADHD 성향을 가지고 계시다는 생각도 들었고요. 동시에 굉장히 중독적인 면도 있으신 것 같더라고요. 이분은 정말 진짜구나, 하는 아우라가 느껴져서 일종의 감명을 받았다고 할지…… 뭐랄까 그런 느낌이에요.

노리코 하하하하.

마코토 눈도 깜박이지 않고 한 곳만 응시하고 계시잖아요(웃음).

노리코 그렇네요. 요즘 저는 '도박 의존증 대책 의존증 환자'라는 말을 들을 정도니까요(웃음).

마코토 저도 스스로를 자조모임 의존증이라고 부르곤 합니다만, 그건 차치하더라도, 중독자들은 제 경우처럼 발달장애나 역기능 가족 같은 배경을 가지고 있는 경우가 많습니다. 그래서 마음의 상처나 불쾌한 기억을 잊기 위해 자기 치료를 하는 과정에서 걷잡을 수 없게 되는 패턴이 자주 나타나지요.

노리코 그렇지요. 흔히 의존증 환자는 의지가 약하다고들 하지만, 그렇게 힘든 상황을 스스로 극복하려는 거니 의지도 근성도 있다고 생각해요. 저는 그런 동료들을 정말 좋아합니다.

특별 정담 게스트
다나카 노리코(田中紀子)

공익사단법인 '도박 의존증 문제를 생각하는 모임' 대표. 국립정신·신경의료연구센터 정신보건연구소 약물의존연구부 연구생. 할아버지, 아버지, 남편이 도박 의존증 환자였으며, 자신도 도박 의존증과 쇼핑 의존증에서 회복한 경험이 있다. 2018년 12월 로마 교황 주최 '의존중 문제 국제회의'에 초청되어 일본의 도박 의존증 대책 등의 현 상황을 바티칸에서 보고했다. 저서로 《3대째 도박 의존증 남편을 둔 아내》《도박 의존증》《가족을 위한 도박 문제 완전 대응 매뉴얼》 등이 있다.

닫는 글

서신 교환집은 세상에 많습니다. 하지만 이 주고받는 편지 형식은 의외로 느슨해지기 쉽다는 약점이 있습니다. 자칫 느긋하고 막연한 소통으로 흐를 가능성이 있지요. 제가 처음 마쓰모토 도시히코 선생님과의 서신 교환 기획을 제안받았을 때, 우선 그러한 점들이 우려되었습니다.

마쓰모토 선생님은 친분이 생기기 전부터도, 학문적으로 정교한 문장을 구사하며 본질적인 어휘를 무수히 쏟아내는 스릴 넘치는 문체의 대가라고 감탄하며 존경과 경의를 표해왔던 분이었습니다. 그리고 외람되지만, 제 문장도 비교적 비슷한 장점을 띠는 경우가 종종 있지 않을까 생각하곤 합니다(자만심이 아니길 바랍니다).

제가 가장 먼저 떠올린 것은 서신 교환이라는 형식 탓에 우리가 지닌 고유의 특색이 사라져서는 안 되겠다는 것이었습니다. 즉, 마쓰모토 선생님이나 저의 다른 저서들처럼 우리가 엮어내는 말들이 반짝이며 자유롭게 표현되어 독자에게 흥분과 각성을 선사하고, 마치 중독과도 같은 독서 경험을 제공해야 한다는 생각이었습니다.

그래서 저는 첫 미팅에서 이렇게 제안했습니다. "이번에는 자조모임 방식으로 진행해보면 어떨까요? 제가 '헤이, 도시!'라고 부르면 마쓰모토 선생님께서 '헤이, 마코토!'라고 응답하는 식으로 편지를 주고받아보는 것은 어떨까요?" 물론 이런 아이디어가 없었어도 마쓰모토 선생님은 평소와 다름없이 진가를 발휘하셨을 거라고 생각합니다. 하지만 적어도 저는 이 '헤이, 도시!', '헤이, 마코토!'의 방식 덕분에 연재를 끝까지 두근거리는 마음으로 즐겁게 쓸 수 있었다고 말씀드릴 수 있습니다.

담당 편집자인 후지사와 지하루 씨로부터 최근 저의 중독 상황을 후기에 써달라는 요청을 받았기에, 다음은 그에 관한 이야기로 이어가겠습니다.

제 생활은 여전히 매일 음주가 기본적으로 빠지지 않지만, 연재를 시작한 1년 전과 비교하면 음주량이 줄어든 것 같습니다. 알코올 의존증 진단을 받기 몇 년 전까지의 음주량을 100으로 본다면, 진단 이후에는 30으로 줄었고, 현재는 10에서 15 정도로 감소한 상태입니다.

한 달에 한 번 정도 술자리에 참석하는 일이 있습니다. 그런 날 저녁에는 평소보다 더 많이 마시게 되지만, 예전에 오랫동안 그랬던 것처럼 한없이 들이붓듯, 간의 알코올 분해 효소가 무한히 작동하기라도 하는 양 끝없이 마시는 일은 이제 완전히 사라졌습니다.

과식하는 습관도 사라졌고, 섹스나 자위도 그다지 탐닉하지 않습니다. 좀도둑질 같은 행동은 물론이고, 게임이나 도박도 거의 하지 않습니다. 젊었을 때처럼 어떤 것에 지나치게 몰두하여 전 재산을 탕진하는 일도 없어져, 지금은 대체로 평온한 생활을 유지하고 있습니다.

발달장애와 알코올 의존증 진단을 받은 데 이어, 수면무호흡증후군, 녹내장, 당뇨병 등 다양한 신체질환 진단을 받았습니다. 그러면서 자조모임을 다수 주재하게 되었는데, 지난 약 4년 동안 주재한 횟수가 500회를 넘어섰습니다. 저 자신의 의존증과 완전히 단절하지는 못했지만, 생활 방식을 근본적으로 바꾼 덕분에 지금은 이를 온화하게 받아들이며 화해를 진행하고 있다고 말할 수 있을 것 같습니다.

이 책의 기반이 된 연재는 많은 독자의 열렬한 환영을 받았습니다. 당시 응원해주셨던 독자분들(이 책도 구매해주신다면 감사하겠습니다)뿐만 아니라, 이번 책을 통해 처음으로 우리의 편지를 접하는 새로운 독자분들께도 진심으로 감사의 말씀을 전하고 싶습니다. 또한, 연재를 기획하고 꾸준히 우리를 지지해준 후지사와 지하루 씨, 장정과 삽화를 맡아준 스즈키 지카코 씨에게도 감사를 드립니다. 물론 친애

하는 도시에게도, 그리고 즐거운 좌담회를 능숙하게 이끌어 준 노리코 씨께도 깊은 감사의 마음을 전합니다.

2024년 8월

요코미치 마코토

찾아보기

정신건강 관련 용어 등

ㄱ~ㄷ

각성제 30, 36, 90, 95~97, 101~102, 109, 111, 121, 151, 153~155, 172, 181~183, 220, 250, 262, 269

게이트웨이 드러그gateway drug 151

게임 장애/게임 중독/게임 의존증 33, 104, 114, 136, 139, 199, 264

경이로움(타우마제인thaumazein) 143

고양감high 79, 90, 203

공의존codependence 205~206, 216~217, 222, 236

과집중 98, 117, 197~198, 209, 229, 264

국소성/초점성 자살localized/focal suicide 250

금단증상 79, 97, 120~121, 128, 190

날록손 184

녹빈 113, 128

니어미스near miss 172

니코틴 30, 40, 82~83, 101, 128, 136, 159, 241, 256

다르크Drug Addiction Rehabilitation Center, DARC 30, 76, 145, 246

대마/대마초 34~35, 97~99, 109, 121, 135~136, 148~152, 166, 168, 172, 279

데이비고 202

덱스트로메토르판 187, 190~191

도박 장애/도박 중독 240, 258~261, 263~267, 271~273, 279, 281~284, 286

도파민 116, 133, 142~143, 199, 203

동반이환comorbidity 93~94, 107

디히드로코데인 184, 186~187, 190

ㄹ~ㅅ

렉테트 113, 203

리스페리돈 201~204

만성 자살chronic suicide 250

메스암페타민 30, 136, 179

메스카티논 136

메스칼린 189, 198

메틸에페드린 183, 186~187, 190

멘즈리브men's liberation/남성 해방 147

멘헤라メンヘラ 84

몰입flow 67, 126, 139, 196~197, 228, 231~232

물질 의존substance dependence 121, 134~135, 137

미미크리mimicry(모방) 126~127, 129, 139

바기나 덴타타vagina dentata 156, 170

발달성 협응장애developmental coordination disorder, DCD 22

발달장애/신경발달장애 22~23, 41~46, 49, 69~70, 85, 87~89, 91, 94~95, 107, 110, 115~116, 133~134, 166~167, 169, 171~172, 196~200, 226, 232, 235~237, 245, 275, 277~278, 288, 292

발모광/털뽑기장애 125, 142

벨라돈나 알칼로이드 190, 198

병적 도벽/클렙토마니아kleptomania 19, 116, 171

복합성 외상후 스트레스장애C-PTSD 24~26, 202, 230, 233

빨간 깃털 공동모금赤い羽根共同募金 223

사회기술훈련social skills training, SST 278

생활 지원 공동체 145

섭식장애 20, 101, 238

세로토닌 202~203

섹스 의존증/강박적 성행동 장애 compulsive sexual behaviour disorder, CSBD 19, 45, 136, 264

셀린크로 113, 128, 144, 202

손목 긋기/손목 자해 6, 37, 39, 73, 125, 142, 222, 250

쇼핑 중독/쇼핑 의존증 6, 136, 274, 281, 289

수집광 228, 233

스트라테라 110, 112, 144, 201

시안아미드 113, 128

시타글립틴 200~201

시판 약(일반의약품) 74, 183~188, 190~191, 193, 222, 262

신경전달물질 133, 203

신체의존 121

심료내과 213

ㅇ

아곤agon(경쟁) 126, 139

아좁트 201

아토목세틴 110, 201, 204

아편/아편계 58, 111, 135~136, 183

알레아alea(우연) 126~127, 139

알아넌Al-Anon 214, 217~218, 220, 237

알코올 의존증 52, 54~57, 60, 64, 74, 80, 103~104, 112~113, 166, 173, 189, 202, 205, 211, 214, 235, 275, 291~292

암페타민 30, 136, 179

약물 습관화drug habituation 135

약물 의존drug dependence 135

약물 중독drug addiction 135

약물요법 96, 127, 183, 197, 207

어덜트 칠드런adult children 49, 133, 173

엑스타제Ekstase 195

영케어러young carer 193, 238

오페란트operant 137

오픈 다이얼로그 42~43, 47, 67~68, 72, 145, 234, 252

오피오이드 128, 183~184, 188

옥시코돈 58

옥시콘틴 188

옥시토신 203

외상후 스트레스장애post-traumatic stress disorder, PTSD 24, 44, 93~94, 111, 202, 229

우라카와 베델의 집浦河べてるの家 67, 175, 206~207

우울증 103, 128~129, 184, 202

위해성 감소harm reduction 10, 26, 48, 59, 77~81, 88, 90, 143, 173, 185, 206, 264, 284, 286

이인성-비현실감 장애 depersonalization-derealization disorder 111

이차의견second opinion 42

익명의 알코올중독자들Alcoholics Anonymous, AA 18, 26, 45~47, 49, 51~58, 64, 66~67, 70, 76, 86, 88~89, 108, 145~146, 189, 198, 234, 237, 253

익명의 약물중독자들Narcotics Anonymous, NA 29, 76, 88, 262

인슐린 데글루덱 200

인에이블러enabler/인에이블링enabling 205~206, 214, 216~217, 225, 236

인지행동치료 60, 63, 69, 179, 197, 278

일링크스ilinx(현기증) 126~127, 130, 139

ㅈ

자극제 135~136

자기 치료 가설self-medication hypothesis/자기 치료 10, 21, 36, 38, 95, 99~102, 104, 109, 111, 114, 129, 260, 288

자발적 사고spontaneous thoughts 196

자폐스펙트럼장애 20, 22, 25, 109, 114, 169, 196~197, 202, 228,

233~234, 269
전능감 omnipotence 66
절제위반효과 abstinence violation effect 59
정신분석 42, 156, 178~179, 194~196, 250
정신요법 178~179, 232
정신의존 122, 131
정신활성물질 100, 136, 150, 166
제11차 국제질병분류ICD-11(세계보건기구 분류 체계) 19, 25, 135
제이졸로프트 202
젤리넥 곡선Jellinek curve 54~55, 57
조현병 68, 100~101, 103, 196, 201, 206~207
존zone 196~200, 209, 231
종교 2세 23, 39, 46, 48~49, 62, 87~88, 107, 133~134
종교적 열광religiomania 52, 64
종교적 트라우마 증후군religious trauma syndrome, RTS 25~26
주의력결핍 과잉행동장애attention-deficit/hyperactivity disorder, ADHD 22, 93~99, 109~113, 117, 144, 170, 196~197, 201, 226, 229, 233, 264, 268~269, 288
중복 장애 95, 99, 102~104, 107, 109, 115, 245~246
쥐 공원 실험 81, 210~211, 230
증거기반의학evidence-based medicine,

EBM 250
진정제 102, 121, 135~136

ㅊ~ㅎ, 기타

챔픽스 128
치료 공동체 145
카나비노이드 136
카트khat 111
카페인 6, 30, 101, 107, 112, 135~136, 241
커뮤니티 강화와 가족 훈련Community Reinforcement and Family Training, CRAFT 217~218
케타민 136, 187
코카인 36, 60, 121, 123, 136, 184
콘서타 111
타프콤 201
탈법 허브 58
테라피 스피크therapy speak 84
특정학습장애specific learning disorder, SLD 22
틱장애 23
페요테 189, 191, 253
펜시클리딘 136
펜타닐 58, 188
폭식장애/마구 먹기증 112
플래시백flashback 22, 25, 48, 62, 94, 101~102, 107, 111, 114, 233

피타바스타틴 200~201

필로폰/히로뽕 30, 70, 90, 121

합성 카티논 136

항불안제 123, 135~136

해리(해리장애dissociative disorders)
115, 136, 138, 171, 195

행위 중독behavioral addiction
134~135, 137

헤로인 36, 58, 79~80, 90, 121,
184, 188

환각버섯magic mushroom 188

환각제 135~136, 187~189, 198

회복 커뮤니티 50, 60~63, 68~69,
72~74, 81~82, 255

흡입제 135~136

12단계 18, 48, 51, 53~54, 60, 63,
65~66, 145, 234, 252, 260, 284

LGBTQ+ 49, 133, 168

MAC(Maryknoll Alcohol Center)
145

SMARPP(Serigaya
Methamphetamine Relapse
Prevention Program) 179, 182,
205, 207

SNS 6, 73, 116, 176, 258

인물(실존 인물, 가상 캐릭터 포함)

ㄱ~ㅂ

가네코 미스즈金子みすゞ 89

가라사와 도시아키唐沢寿明 43

가시라기 히로키頭木弘樹 231

젠ケン(맨발의 젠) 70

구마가야 신이치로熊谷晋一郎 74, 118

기타 고지北公次 155

기타 모리오北杜夫 42

노부타 사요코信田さよ子 147,
155~156, 158, 169

니무라 히토시二村ヒトシ 226

니부어, 라인홀드Niebuhr, Reinhold 30

다나카 노리코田中紀子 13, 241,
258~259, 289

다카노 히데유키高野秀行 111

다카다 후민高田ふーみん 244

다카하타 이사오高畑勲 140

렘키, 애나Lembke, Anna 116

마쓰모토 다쿠야松本卓也 195

마흐, 에른스트Mach, Ernst 195

맥레이, 콜린McRae, Colin 127

메닝거, 칼Menninger, Karl 250

무민트롤Mumintrollet(무민) 159

무스비ムスビ(맨발의 젠) 70

무카이야치 이쿠요시向谷地生良
67, 206

미야자키 하야오宮崎駿 140

미즈하라 잇페이水原一平 258, 279~280, 282~283

베버, 막스Weber, Max 137, 148

보니젓, 커트Vonnegut, Kurt 46

ㅅ~ㅎ

사이토 다마키斎藤環 42~43

스기야마 도시로杉山登志郎 25, 233

스너프킨Snufkin(무민) 159~160, 173

스즈키 다다시鈴木直 117, 137, 148

스즈키 지카코鈴木千佳子 292

시라이시 마사아키白石正明 111

실크워스, 윌리엄 던컨Silkworth, William Duncan 190

쓰시마 류타津島隆太 45

아라세 나가히데荒勢永英 156

아라키 히로히코荒木飛呂彦 24

아사다 데쓰야阿佐田哲也 226~227

아카기 시게루赤木しげる(텐) 227

오구라 이치로小倉一郎 156

오기우에 지키荻上チキ 9, 40

오니가와라 곤조鬼瓦権造(우리들은 익살족) 149

오시마 에이코大嶋栄子 145

오타니 쇼헤이大谷翔平 258, 282

요시카와 도루吉川徹 199

우사미 린宇佐見りん 236

위넬, 마를린Winell, Marlene 25

윌슨, 빌Wilson, Bill 52~53, 189, 253

융, 카를 구스타프Jung, Carl Gustav 195

이노하라 요시히코井ノ原快彦 161

이시다 쓰키미石田月美 66, 117

이카와 모토타카井川意高 270

이토 시오리伊藤詩織 161

이토 카이지伊藤開司(카이지) 248

자니 기타가와ジャニー喜多川 155, 168

제임스, 윌리엄James, William 52, 64

젤리넥, E. M.Jellinek, Elvin Morton 55~56

지겐 다이스케次元大介(루팡 3세) 159~160, 173

카유아, 로제Caillois, Roger 126, 139

칸치안, 에드워드Khantzian, Edward 38

프로이트, 지크문트Freud, Sigmund 194~195

하이데거, 마르틴Heidegger, Martin 195

허먼, 주디스Herman, Judith 25

후지사와 지하루藤澤千春 9, 13, 291~292

후지와라 다쿠미藤原拓海(이니셜 D) 127, 138

후쿠모토 노부유키福本伸行 226~227

히노하라 시게아키日野原重明 243

문헌 및 콘텐츠

ㄱ~ㅅ

가구야 공주 이야기かぐや姫の物語(다카하타 이사오의 애니메이션) 140

게임 장애 재고: 기벽인가 발달장애인가, 아니면 어른의 조바심인가ゲーム障害再考: 嗜癖か、発達障害か、それとも大人のいらだちか(마쓰모토 도시히코 외 편저, 日本評論社, 2023) 116

그 섬 사람들은 사람의 말을 듣지 않는다: 정신과 의사, '자살 희소 지역'을 가다その島のひとたちは、ひとの話をきかない: 精神科医、「自殺希少地域」を行く(모리카와 스이메이, 青土社, 2016) 223

그대들은 어떻게 살 것인가君たちはどう生きるか(미야자키 하야오의 애니메이션) 140

기동전사 건담機動戦士ガンダム(토미노 요시유키의 애니메이션) 174

나와 작은 새와 방울과私と小鳥と鈴と(가네코 미스즈의 동시) 89

놀이와 인간Les jeux et les hommes(로제 카유아, Gallimard, 1967) 126

'도와줘'라고 말할 수 없는 아이 편「助けて」が言えない 子ども編(마쓰모토 도시히코 편저, 日本評論社, 2023) 163, 174

도파민 중독Dopamine Nation(애나 렘키, Dutton, 2021) 116

루팡 3세ルパン三世(몽키 펀치의 만화) 159

마녀 배달부 키키魔女の宅急便(미야자키 하야오의 애니메이션) 141

만화, 해보고 싶어지는 오픈 다이얼로그まんが、やってみたくなるオープンダイアローグ(사이토 다마키 해설, 미즈타니 미도리 그림, 医学書院, 2021) 43

맨발의 겐はだしのゲン(나카자와 케이지의 만화) 70

모노노케 히메もののけ姫(미야자키 하야오의 애니메이션) 141

모두가 물속: '발달장애' 자조 모임의 문학 연구자는 어떤 세상에 살고 있는가みんな水の中: 「発達障害」自助グループの文学研究者はどんな世界に棲んでいるか(요코미치 마코토, 医学書院, 2021) 41, 46, 69, 133, 231

모이는 장소가 필요하다Palaces for the People(에릭 클라이넨버그, Crown, 2018) 73

무민파파 바다로 가다Pappan Och Havet(토베 얀손, Schildts, 1965) 170

발달장애 아이들의 학습, 학교생활, 마음의 케어: 당사자인 내가 지

금 전달하고 싶은 것発達障害の子の勉強・学校・心のケア: 当事者の私がいま伝えたいこと(요코미치 마코토, 大和書房, 2023)　226

살기 좋은 마을: 자살률이 낮은 데는 이유가 있다生き心地の良い町: この自殺率の低さには理由がある(오카 마유미, 講談社, 2013)　223

살아남기 위한 중독: 폭풍 후를 사는 '그녀들'에 대한 소셜워크生き延びるためのアディクション: 嵐の後を生きる「彼女たち」へのソーシャルワーク(오시마 에이코, 金剛出版, 2019)　145

삿짱サっちゃん(동요)　109

섹스 의존증 환자가 되었습니다セックス依存症になりました(쓰시마 류타의 만화)　45

센과 치히로의 행방불명千と千尋の神隠し(미야자키 하야오의 애니메이션)　141

ㅇ～ㅎ, 기타

아부상ぁぶさん(미즈시마 신지의 만화)　173

아카기ァカギ(후쿠모토 노부유키의 만화)　226~227

알코홀릭스 어나니머스Alcoholics Anonymous/빅북(빌 윌슨, Alcoholics Anonymous World Services, 1939)　47, 52~53, 64

알코홀릭스 어나니머스의 역사Not God(어니스트 커츠, Hazelden Educational Services, 1979)　52

역사독본歷史読本(잡지)　242

우연의 힘偶然のチカラ(우에시마 게이지, 集英社, 2007)　129

우울혼!!: 죽고 싶은 내가 살아남기 위한 결혼 활동ウツ婚!!: 死にたい私が生き延びるための婚活(이시다 쓰키미, 晶文社, 2020)　117

유이가 간다!: 당사자 연구와 오픈 다이얼로그 분투기唯が行く!: 当事者研究とオープンダイアローグ奮闘記(요코미치 마코토, 金剛出版, 2022)　47

의사는 누구를 위해 존재하는가: 약과 사람의 현대론誰がために医者はいる: クスリとヒトの現代論(마쓰모토 도시히코, みすず書房, 2021)　41

이니셜 D頭文字D(시게노 슈이치의 만화)　138

이스탄불에서 파랑에 빠지다: 발달 장애인의 세계일주기ィスタンブールで青に溺れる: 発達障害者の世界周航記(요코미치 마코토, 文藝春秋, 2022)　46, 167

이웃집 토토로となりのトトロ(미야자키 하야오의 애니메이션)　141

장난꾸러기 지에じゃりん子チェ(하루키 에쓰미의 만화)　173

정신과 의사가 발견한 세 가지 행복: 최신 과학에서 최고의 인생을 만드는 방법精神科医が見つけた3つの幸福: 最新科学から最高の人生をつくる方法(가바사와 시온, 飛鳥新社, 2021)　203

정신질환의 진단 및 통계 편Diagnostic and Statistical Manual of Mental Disorders, DSM(미국정신의학협회의 책) 25, 111, 120, 134~135, 148

제5도살장, 혹은 어린이 십자군: 죽음과 함께 의무로 추는 춤 Slaughterhouse-Five, or The Children's Crusade(커트 보니것, Delacorte, 1969) 46

종교 2세宗教2世(오기우에 지키 편저, 太田出版, 2022) 9, 40

종교적 경험의 다양성 The Varieties of Religious Experience(윌리엄 제임스, Longmans, Green & Co., 1902) 52

죠죠의 기묘한 모험ジョジョの奇妙な冒険(아라키 히로히코의 만화) 24

중독과 금융자본주의 정신アディクションと金融資本主義の精神(스즈키 다다시, みすず書房, 2023) 117, 122, 137, 148

차의 딸くるまの娘(우사미 린, 河出書房新社, 2022) 236

천공의 성 라퓨타天空の城ラピュタ(미야자키 하야오의 애니메이션) 141

카이지カイジ(후쿠모토 노부유키의 만화) 226~227, 248

텐天(후쿠모토 노부유키의 만화) 227

평범한 상담ふつうの相談(도하타 가이토, 金剛出版, 2023) 174, 178, 181~182, 193, 204

폭력은 어디에서 왔는가: 인간성의 기원을 찾아서暴力はどこからきたか: 人間性の起源を探る(야마기와 주이치, NHK出版, 2007) 222

하나가 되지 않는다: 발달장애인이 섹스에 대해 이야기하는 것ひとつにならない: 発達障害者がセックスについて語ること(요코미치 마코토, イースト・プレス, 2023) 46, 110, 172

해리와 중독: 고독한 발달장애인의 일본 기행解離と嗜癖: 孤独な発達障害者の日本紀行(요코미치 마코토, 教育評論社, 2023) 171

히카루GENJI에게光GENJIへ(기타 고지, データハウス, 1988) 155

2016년 세계 마약 보고서World Drug Report 2016(UN 보고서) 36, 121

AA 그레이프바인AA Grapevine(잡지) 56

Wakatte.tv(유튜브 채널) 244

추천의 글

우리는 모두 무언가에 기대 살아간다. 그것이 술이든 담배든, 혹은 관계든. 문학 연구자와 정신과 의사, 서로 다른 길을 걸어온 두 사람이 "그만둘 수 없고, 멈출 수 없는 것들"에 관한 이야기를 진솔하게 털어놓으며 중독이라는 주제를 깊이 파고든다. 술에 빠졌으면서도 여전히 글을 쓰고, 담배에 의존하면서도 의존증 환자들을 치료하는 이 아이러니하고도 인간적인 상황은 우리 모두의 모습과 다르지 않다.

이 책에서는 삶의 고통과 나약함으로 중독을 들여다보는 문학 연구자의 시선과, 임상 경험과 뇌과학적 지식으로 중독의 메커니즘을 파헤치는 정신과 의사의 시선이 만난다. 전혀 다른 두 시선이 교차하며 독자에게 입체적이고 균형 잡힌 통찰을 선사한다. 중독을 넘어, 우리 마음의 깊은 곳을 따뜻한 시선으로 들여다보고, 자신과 타인을 이해하려는 용기를 건네는 책이다. 당신이 지금 무엇에 기댔든, 이 책은 그 의존을 다시 바라보게 할 것이다.

_권준수(한양대 의대 정신건강의학과 석좌교수, 서울대 의대 명예교수)

'중독'이라는 단어는 우리 사회에서 낙인처럼 쓰여왔다. 그 해법도 늘 단순했다. 그것을 끊는 것. 중독과 탈중독의 이분법적 구도에서 정답은 언제나 하나뿐인 듯 제시되었다. 하지만 '의존'과 '의존증'이라는 개념은 다르다. 명확한 경계가 없는 두 개념은 당사자를 낙인 찍는 대신, 인간의 삶에 스며든 의존-의존증의 영역이 얼마나 복잡하고 넓은지 보여준다. 새로운 이름은 '중독'이라는 단어를 부정하지 않으면서 훨씬 보편적이고 중립적인 언어로 기능한다.

이 책은 병이기 전에 삶이 드러나는 방식으로서의 의존증을 다룬다. 당사자를 환자의 자리에 묶어두지 않고, 중독을 안고 편안하게 살아갈 수 있는 방법을 함께 모색하고 나누는 적극적인 '동료'로 재설정한다. 의존증은 우리가 함께하는 관계, 사회 제도, 문화와도 연관된 문제임을 드러낸다. 살아남기 위해 무언가에 의존하며 필사적으로 버티는 사람, 그 속에서 사람과의 관계를 모색하는 모든 이들을 위한 책이다. 중독의 세계를 내 삶과 무관하다며 지워버리기보다 이 책으로 한번 마주해보자. 누군가의 모습을 발견하게 될 것이다.

_리단(《정신병의 나라에서 왔습니다》 저자)